国家自然科学基金（71371173，70901066，～～～～～～～～～）

先进制造模式扩散的建模与分析

曹海旺　等著

国防工业出版社

·北京·

图书在版编目（CIP）数据

先进制造模式扩散的建模与分析 / 曹海旺等著. —北京：
国防工业出版社，2015.6

ISBN 978-7-118-09969-0

Ⅰ. ①先… Ⅱ. ①曹… Ⅲ. ①制造工业－工业企业管理－
研究 Ⅳ. ①F407.4

中国版本图书馆 CIP 数据核字（2015）第 082673 号

※

国防工业出版社出版发行

（北京市海淀区紫竹院南路 23 号 邮政编码 100048）
国防工业出版社印刷厂印刷
新华书店经售

*

开本 880×1230 1/32 印张 8½ 字数 240 千字
2015 年 6 月第 1 版第 1 次印刷 印数 1—2000 册 定价 79.00 元

（本书如有印装错误，我社负责调换）

国防书店：（010）88540777 发行邮购：（010）88540776
发行传真：（010）88540755 发行业务：（010）88540717

前　言

　　制造企业在全球竞争环境中要提高自己的竞争优势，需要能准确感知并迅速满足社会与市场多样化的需求。为实现这一目的，各种先进制造模式不断涌现，并且先进制造模式取代传统制造模式已经成为制造业发展的必然趋势。然而先进制造模式的实施需要投入大量的人力和物力资源，是否实施、实施哪种先进制造模式，对先进制造模式的实施过程如何干预、干预到何种程度，正是企业和政府在实际工作中亟待解决的难题。因此，有必要对先进制造模式被接受、采纳并具体应用的过程进行深入研究。

　　先进制造模式是指通过有效地组织制造要素从而达到良好制造效果的先进生产方法，它可以依据不同的环境条件，实现不同的制造目标。先进制造系统的实施，实际上是先进制造模式被接受、采纳并具体应用的过程，即先进制造模式在制造业中的扩散过程。因此，本书作者认为，可以从扩散理论的视角来研究制造业实施先进制造模式的客观规律，分析先进制造模式扩散过程的动力学机制，建立数学模型来描述扩散过程中的数量关系，通过模型研究干预先进制造模式扩散过程的方法与策略，从而推动先进制造模式的合理利用，健康发展。

　　全书共分为 10 章，各章的主要内容如下：

　　第 1 章，先进制造模式概述。本章首先从先进制造的概念及发展入手，探讨了先进制造的概念与发展，接着引入了制造模式的概念，界定了先进制造模式的概念、内涵及其发展、特征及特性等，并从不同的视角对先进制造模式进行分类，随之，给出了常见的先进制造模式，包括精益生产、敏捷制造、计算机集成制造以及并行工程等，最后，说明先进制造模式的应用。

　　第 2 章，扩散理论及其发展。从扩散的视角来观察，先进制造模式的应用实施也是一种扩散。为了对先进制造模式的扩散进行研究，本章首先对扩散理论进行概述，说明了扩散理论的研究现状，然后给出了几个典型的扩散模型，为先进制造模式扩散模型奠定了理论基础，最后，说明了扩散模型的应用，并介绍了相关的研究和应用现状。

第3章，微分方程及其应用。从模型的视角看，扩散模型也是一种微分方程。为此，本章从微分方程的定义入手，概述了动态系统及非线性系统的描述，探讨了微分方程的分析方法，随后说明了微分方程的建模过程及建模方法，最后，通过具体的例子说明了微分方程在不同方面的应用。

第4章，先进制造模式扩散的影响因素分析。本章在分析先进制造模式实施应用现状的基础上，研究了先进制造模式扩散的影响因素。首先，从先进制造模式实施的应用与发展出发，探讨了先进制造模式发展中的影响因素，通过 GQM 方法，获得先进制造模式扩散的影响因素；然后，根据分析得到的影响因素以及根据先进制造模式的特点，从宏观与微观两个方面来构造先进制造模式扩散过程的系统动力学模型，并通过模型对先进制造模式的扩散因素进行定量的分析和讨论，奠定了先进制造模式扩散建模的基础。

第5章，先进制造模式扩散建模的分析。本章综述了系统建模中的基本理论，从中提取用于先进制造模式扩散建模的方法，随后，界定了先进制造模式扩散建模的范畴及需要获得的基本内容，再次，结合先进制造模式扩散的特点，获得先进制造模式扩散建模的视角，最后，结合第4章关于先进制造模式扩散影响因素的分析，明确了建立先进制造模式扩散模型的先行条件，奠定了扩散模型建立的基础。

第6章，单模式扩散的模型及分析。本章针对单模式扩散问题建立了单模式扩散模型，并对模型进行分析和应用。首先对单模式的扩散特点进行分析，然后结合扩散过程中的影响因素建立扩散模型，并对单模式扩散模型进行了分析，最后，通过计算机集成制造模式的扩散过程，说明单模式扩散模型的应用。

第7章，多模式扩散的模型及分析。本章建立先进制造模式的多模式扩散模型，并对其进行分析。首先对多模式的扩散特点进行分析，然后结合扩散过程中的影响因素建立扩散模型，并对多模式扩散模型进行了分析，最后，通过实际应用中多种制造模式的扩散过程，说明多模式扩散模型的应用。

第 8 章，多阶段扩散的模型及分析。本章建立先进制造模式的多阶段扩散模型，并对其进行分析。首先讨论先进制造模式扩散过程中的影响因素，分析扩散的特点和扩散机制，然后对企业的应用能力进行区分，并且考虑外部影响，建立先进制造模式的多阶段扩散模型，随后对该模型的稳定性及灵敏度进行分析，最后以 CIMS 的扩散为例建立多阶段扩散模型，并对模型进行仿真及分析，验证模型的正确性。

第 9 章，扩散模型的参数辨识。先进制造模式的扩散模型中，模型参数的取值对于扩散过程有很大的影响，为了使扩散模型更契合先进制造模式实际的扩散过程，本章讨论先进制造模式扩散模型的参数辨识问题。首先，给出参数辨识问题的基本理论；其次，针对先进制造模式的扩散模型，利用优化思想，建立参数辨识的模型；再次，结合先进制造模式的多模式扩散模型建立扩散模型的参数辨识模型，并对模型进行了求解，得到模型的最优参数；最后，说明扩散模型参数辨识的应用。

第 10 章，先进制造模式扩散的调控策略。本章首先从扩散理论的视角来研究制造业实施先进制造模式的客观规律，根据先进制造模式扩散过程的系统动力学分析，分析不同视角下先进制造模式扩散的因素，以及对先进制造模式扩散的调控策略，并分别讨论了政府、企业及社会资源对先进制造模式扩散的调控措施。

本书是在国家自然科学基金项目研究成果基础之上形成的，本书的出版得到了国家自然科学基金项目"先进制造模式扩散的外部干预模型与机制研究"（编号：71371173）、"先进制造模式扩散过程的动力学机制分析"（编号：70901066）、"基于对象知识网的企业信息系统适应性优化研究"（编号：70971119）的资助。另外，还得到了郑州航空工业管理学院以及郑州大学管理工程学院的大力支持，本书由薛朝改教授撰写了第 2 章及第 3 章，陈良骥副教授撰写了第 1 章，其余章节由曹海旺副教授撰写。另外，研究生王国会在本书第 1 章，盛雨在本书第 2 章、第 3 章及第 10 章的整理工作中做了大量细致的工作，在此表示感谢！

本书在先进制造模式扩散的理论及应用研究方面做了初步的探讨，希望能为该领域的研究人员提供参考。值得说明的是，先进制造模式扩散的建模与分析方法不仅可以应用于讨论先进制造模式的扩散，也可以应用于其他相关领域。

写作本书是对研究成果的总结和整理，也是一种尝试，不足之处敬请读者不吝赐教。

著　者

2015 年 1 月

目　　录

第1章　先进制造模式概述

　　制造业是将可用的资源和能源通过制造过程转化为人们可以使用或者利用的工业品或消费品的行业,它涉及国民经济的大部分行业,例如电子、轻工、机械、化工、食品、航空航天、军工等行业。由于制造业不仅产生物质财富和新的知识,而且为国民经济各部门和科学技术的进步与发展提供先进的装备和手段,因此,制造业不但是一个国家国民经济的支柱,而且是综合国力的重要体现。当前,随着科技创新速度的不断加快和市场的全球化,制造业面临的环境发生了巨大的变化,即市场的需求日益个性化、多样化和快速化,这使得传统的制造模式面临困境。为了应对这些市场变化,制造业中也不断出现应用现代科技的先进制造模式,以赢得新形势下的市场竞争。本章对这些先进制造、先进制造模式的概念、发展及应用进行概括介绍。

1.1　先进制造概述

1.1.1　先进制造的基本概念

1. 制造的概念

　　制造(Manufacture)的概念,有狭义和广义之分。狭义上来讲,制造就是加工,即把原材料加工成可以使用的产品。伴随着科技的进步和人类社会的发展,制造的主要方式发生了变化,因此人们对于制造的狭义上的理解已经不能确切描述当今的制造活动,从而引入了对制造的广义理解。如今对制造的广义理解,包含了整个产品生命周期内一系列相互联系的生产活动,即产品设计、工艺设计、加工装配、质量控制、销售、维修和废品处理等。从对制造的广义理解出发,又形成了多种定义。国际生产工程学会(CIRP)在 1983 年主要从生产过程角度把制造定义为：包括制造企业的产品设计、材料选择、规划、生产、质量保证、管理和营销的一系列有内在联系的活动与运作/作业。美国国家研究委员会（NRC）在 1998 年把制造定义为：创造、开发、支持和提供产品与服务所要求的过程与组织实体。美国生产与库存控制学会（APICS）在 2002 年从物流的角度把制造定义为：设计、物料选择、规划、生产、质量保证、管理和对顾客与耐用货物营销的一系列相互关联的活动和运作/作业。如今被大家广泛认同的制造的概念是：制造是一种有特定目标的技术经济活动，是人们从市场需求出发，运用主观掌握的科学知识、实践经验和技能，在遵循自然规律的基础上，综合技术、经济、环境和人的因素，借助于可利用的物质工具或手工，采用有效的技能、手段和方法，耗费一定的能源、资源和时间，将原材料转化为最终物质产品并投放市场以适应和满足社会需要的复杂过程。

2. 先进制造的概念

20 世纪 90 年代以来，发达国家为了提高其竞争力，提出了先进制造技术的概念，随着对制造领域研究的不断深入，形成了先进制造系统理论。对于制造业来说，先进制造也就是先进制造系统，即不仅有先进制造技术还有先进制造模式的综合体。

先进制造相对于传统制造而言，指制造过程中不断吸收电子信息、计算机、机械、材料以及现代管理技术等方面的高新技术成果，并将这些先进制造技术综合应用于制造业产品的研发设计、生产制造、在线检测、营销服务和管理的全过程，实现优质、高效、低耗、清洁、灵活生产，即实现信息化、自动化、智能化、柔性化、生态化生产，来取得更好的经济、社会和市场效果。

先进制造中的"先进"两字，可以从产业、技术、管理三个方面认识：

（1）产业方面。产业先进性是指该产业处于世界生产体系的高端，具备较高的附加值和技术含量。通常这些产业含有较高的技术或新兴起的产业。

（2）技术方面。从"只有夕阳技术，没有夕阳产业"这句话，我们可以明白先进制造业基地并不只属于高新技术产业。如果传统产业运用高新技术或先进适用技术进行改造，并且在制造技术和研发方面保持先进水平，同样可以成为先进制造业。

（3）管理方面。制造业不仅要在产业和技术方面取得先进性，更重要的是还要在管理水平方面必须是先进的，落后的管理是不能够发展先进产业和先进技术的。

与传统制造系统相比，先进制造系统可以实现全球性的、灵活敏捷的组织形态与控制机制，从而快速响应市场需求的变化。这是由于先进制造系统广泛应用先进制造技术，信息技术与各种先进制造技术相融合，驾驭生产过程中的物质流、能量流和信息流，实现制造过程的系统化、集成化和信息化。同时，先进制造系统采用先进制造模式，制造模式是制造业为提高产品质量、市场竞争力、生产规模和速度，以完成特定生产任务而采取的一种有效的生产方式和生产组织形式。其目标是实现设计数字化、制造自动化、管理信息化、经营网络化。

先进制造在不同行业的先进性，具体表现在：

（1）高新技术产业方面。微电子、计算机、信息、生物、新材料、航空航天、环保等高新技术产业广泛应用先进制造工艺，包括先进常规工艺与装备、精密与超精密加工技术、纳米加工技术、特种加工技术、成形工艺和材料改性等先进制造技术和工艺。

（2）传统产业方面。机械装备工业、汽车工业、造船工业、化工、轻纺等传统产业广泛采用先进制造技术，特别是用信息技术进行改造，给传统制造业带来了重大变革，生产技术不断更新，设计方法、加工工艺、加工装备、测量监控、质量保证和企业经营管理等生产全过程都渗透着高新技术，CAD、NC 和柔性制造技术在制造业中已得到了广泛的应用，使其发生质的飞跃，产生了一批新的制造技术和制造生产模式。

（3）装备工业方面。在高新技术的带动与冲击下，装备工业走向机电一体化、人机一体化、一机多能、检测集成一体化，出现机器人化机床、虚拟轴车床、高速模块化机床等新型加工机床，数控机床走向智能化加工单元。

（4）制造技术方面。制造技术不断向高加工化和高技术化方向发展，给制造业带来深刻的变革，未来的制造业将进入融柔性化、智能化、敏捷化、精益化、全球化和人性化于一体的崭新时代。

1.1.2　先进制造的发展

以典型技术为基础研究先进制造的发展，可以划分为以下五个阶段。

1. 刚性自动化

刚性自动化包括刚性自动线和自动单机，在 20 世纪 40～50 年代，刚性自动化已经很成熟。制造业应用传统的机械设计与制造工艺方法，采用专用机床和组合机床，自动单机或自动化生产线进行大批量生产。它的特征是高生产率和刚性结构，然而却很难实现产品的改变。

刚性自动化设计的主要技术有：继电器程序控制、组合机床。

2. 数控加工

在 20 世纪 50～70 年代数控技术迅速发展并已成熟。数控加工包括数控（NC）和计算机数控（CNC）。随着计算机技术的迅速发展，到了 70～80 年代，数控技术迅速被计算机数控取代。数控加工设备包括数控机床、加工中心等。数控加工的特点是柔性好、加工质量高、适应于多品种、中小批量（包括单件产品）的生产。

其涉及的主要技术有：数控技术、计算机编程技术等。

3. 柔性制造

柔性制造包括计算机直接数控（DNC）、柔性制造单元（FMC）、柔性制造系统（FMS）、柔性加工线（FML）等。其主要特点是强调制造过程的柔性和高效率，适用于多品种、中小批量的生产。

其涉及的主要技术有：成组技术（GT）、DNC、FMC、FMS、FML、离散系统理论、方法与仿真技术、车间计划与控制、制造过程监控技术、计算机控制与通信网络等。

4. 计算机集成制造系统（CIMS）

在 20 世纪 80 年代以后，CIMS 得到迅速的发展。其特征是强调制造过程的系统性和集成性，以解决现代企业生存和竞争的 TQCS 问题，即时间（Time）、质量（Quality）、成本（Cost）和服务（Service）。

其涉及的主要技术有：现代制造技术、管理技术、计算机技术、信息技术、自动化技术和系统工程技术等。

5. 智能制造系统（IMS）

智能制造系统是一种由智能机器和人类专家共同组成的人机一体化智能系统，它在制造过程中能进行智能活动，诸如分析、推理、判断、构思和决策等。

其涉及的主要技术有：人工智能、特征分析、加工过程的智能监视、诊断规划、仿真与优化等。

先进制造运用先进制造技术，通过合理、系统地管理企业和生产资源，最大限度地发挥企业设备、技术和人员的作用来产生最大的生产效益。文献中也有根据制造系统运作空间的变化对先进制造发展阶段的划分，如表 1.1 所列。

表 1.1　先进制造的发展

发 展 时 间	制 造 系 统	运 作 空 间
20 世纪 50 年代	机械加工系统	设备
20 世纪 60 年代	刚性制造系统	单元
20 世纪 70 年代	柔性制造系统	车间
	计算机集成制造系统	工厂
20 世纪 80 年代	智能制造系统	公司
	现代集成制造系统	
20 世纪 90 年代	敏捷制造系统	社会
21 世纪	全球制造系统	全球

1.1.3　先进制造的趋势

当前，全球经济正在由资源消耗型的工业经济向以信息知识为基础的知识经济转变，知识经济在很大程度上由高知识附加值的产品来体现。产品的不断创新是知识经济的一个重要标志，传统制造已经难以满足快速响应市场变化等需求，先进制造模式则向着全球性的、灵活的组织形态与控制不断发展，其发展趋势可以概括如下。

1. 数字化

在这方面，人们提出了 CIMS、数字化工厂等概念。通过 CAX

（CAD、CAPP、CAE、CAM）系统和 PDM 系统，进行产品的数字化设计、仿真，并结合数字化制造设备，进行自动加工。采用 MRPII/ERP 系统，对整个企业的物流、资金流、管理信息流和人力资源进行数字化管理。进一步的发展是，通过数字化的供应链管理（SCM）系统和客户关系管理（CRM）系统，支持企业与供应商和客户的合作，网络技术的发展使企业内部和外部的数字化运作更加方便。

2. 全球化

随着互联网技术的发展，制造全球化的应用迅速发展，越来越多的人关注和研究制造全球化。制造全球化的概念来自于美日欧等发达国家的智能系统计划。其内容非常广泛，包含：①产品市场的国际化；②产品制造的跨国化；③国际间合作产品的设计和开发；④在世界范围内制造企业重组与集成；⑤制造资源的跨地区、跨国家的共享、优化配置和协调使用。

3. 知识化

技术创新是企业最重要的生存和竞争能力，知识将成为企业的最重要的生产要素。知识管理技术、学习型组织等将越来越受到重视。知识化让制造企业不仅持续继承原有好的方面，同时接受先进思想不断做出改善以适应社会的发展。例如：精益生产是对准时制生产的继承与发展，而 MRPII 是对 MRP 的继承与改善，ERP 是对 MRPII 的补充与完善。

4. 敏捷化

21 世纪，制造业面临着市场环境的不断变化和人们的需求多样化问题，因此制造环境和制造过程的敏捷化是制造业发展的必然趋势。敏捷化包括：①柔性：如运行柔性、工艺柔性等；②模块化：产品的模块化和企业的模块化也将使企业能快速地、低成本地生产出顾客所需要的个性化产品；③重构能力：快速的重组重构能增强对新产品开发的快速响应能力等。

5. 网络化

科技的进步和社会发展的需要使网络技术（Internet/Intranet/Extranet）迅猛发展和迅速普及。对于制造业来说，就要求制造环境内部网络化，实现制造过程的集成；制造环境与整个制造企业的网络化，从而实现制造环境与企业中工程设计、管理信息系统等各子系统的集成；企业间网络化，从而实现企业间的资源共享、组合与优化利用；异地网络化制造等制造模式成为重要的发展趋势。

6. 绿色化

绿色制造强调产品和制造过程对环境的友好性。如今人们环保意识逐渐增强和面临可持续发展的需要，特别是颁布实施的 ISO9000 系列国际质量标准和 ISO14000 国际环保标准为制造业提出了一个新课题，要求制造业要快速实现制造的绿色化。面对这样一种形势，制造模式逐渐向绿色化方向发展。绿色制造实质上是人类社会可持续发展战略在现代制造模式上的体现，同时也是未来制造业发展的一个重要的趋势。

1.2　先进制造模式的基本概念

市场需求的多样化使产品朝多品种、小批量、短生产周期方向演进，传统的大量生产模式正逐步被先进制造模式所取代。近年来，先后提出了敏捷制造、精益生产等多种先进制造模式。

1.2.1　先进制造模式的定义

模式是某种实物的标准形式或可以典范的标准样式。制造模式（Manufacturing Mode）是制造业为了提高产品质量、市场竞争力、生产规模和生产速度，以完成特定的生产任务而采取的一种有效的生产方式和一定的生产组织形式。体现为企业体制、经营、治理、生产组织和技术系统的形态和运作模式。虽然现代制造过程比较复杂，但它按照一定的规律运行，这种制造过程运行的规律就是制造模式。制造模式是制造系统某些特性的集中体现，是表征制造企业管理方式和技术形态的一种状态。

随着社会的发展，产品竞争要素不断丰富完善，由单一的成本要素到现在的不仅包含成本要素，还包含质量、交货期、服务、环境友好等多种要素，因此如今制造企业要使产品具备竞争力，仅仅依靠技术已经无法达到目的，而需要对制造模式进行变革，各工业发达国家先后提出了多个制造战略和研发计划，以技术进步为支撑不断推出新的先进制造模式，如精益生产模式、敏捷制造模式、智能制造模式等。

国内外对先进制造模式的看法有许多种，具体可以归纳为两种，即从管理的角度和从制造系统的角度。从管理的角度出发，先进制造模式被认为是一种制造战略，即在生产和制造领域中应用的新生产方式和方法。从制造系统的角度出发，一些工程领域的学者认为先进制造模式是具有典型的制造过程和具备明确功能、结构、通信和操作机制的运行机制；对于企业内部的信息流、物流和人流的管理拥有明确的处理方法；对于企业外部动态联盟也具有相应的对策，同时对于上述问题的处理还有相应的评价指标和方法。

单一的制造模式通常不能满足需求，在不同地区、不同时间、不同的使用者可能会有不同的制造模式。另外，对于制造企业，采用先进制造模式的目的是通过培育核心竞争力、发挥竞争优势使企业盈利。因此对于先进制造模式的定义和研究必须结合具体的环境和目的。

总结以上因素，本书认为先进制造模式（Advanced Manufacturing Mode，AMM）为企业在生产制造过程中，依据不同制造环境因素应用先进制造技术的生产组织和技术系统有效地组织各种生产要素来达到良好制造效果的先进的生产、制造和管理的方法或样板。这种生产方法所蕴含的概念、哲理和结构对其他企业具有可仿效性。它的首要目标是获取生产的有效性，基本原则是快速有效地集成制造资源，实施途径是人—组织—技术相互结合。先进制造模式的先进性表现在企业的组织结构合理、管理手段得当、制造技术领先、市场反应迅速、客户满意度高、单位产品成本低等诸多方面。先进制造模式使制造系统变得精益、敏捷、优质与高效，能够适应市场变化对时间、质量、成本、服务和环境的新要求。

先进制造模式的形成过程可以概括为 3 个层次，即先进制造技术、先进制造组织、制造战略。如图 1.1 所示，先进制造模式以先进制造技术为基础，发展成先进制造组织，进而形成制造战略。

图 1.1　先进制造模式的层次

先进制造技术（Advanced Manufacturing Technology，AMT）是传统制造技术不断吸收机械、电子、信息、材料、能源和现代管理等方面的成果，并将其综合应用于产品设计、制造、检测、管理、销售、使用、服务的制造全过程，以实现优质、高效、低耗、清洁、灵活的生产，并取得理想技术经济效果的制造技术的总称。先进制造模式与先进制造技术密切相关，广义上来讲 AMM 包含 AMT，但是具体来讲 AMM 与 AMT 应是制造系统中两个不同的概念。过去之所以未明确区别，是因为二者具有十分密切的相关性，并把 AMM 归为 AMT 的系统管理技术。事实上，AMT 是实现 AMM 的基础。AMT强调功能的发挥，形成了技术群；AMM 更加强调生产制造的哲理，偏重于管理，强调环境、战略的协同。AMM 与 AMT 需要相匹配并共同进步。

1.2.2　先进制造模式产生的时代背景

企业所处的外部环境日趋复杂多变，使得企业面临一系列前所未有的挑战。为使制造业摆脱困境，人们仍沿传统思路企望依靠制造技术的改进和管理方法的创新来解决问题。具体地讲就是，抓住由于计算机的普及应用所提供的有利契机，以单项的先进技术（CAD、CAM、CAPP、MRP、GT、CE、FMS 等）和全面质量管理（TQC）作为工具与手段，来全面提高产品质量和赢得供货时间。虽然单项先进制造技术和 TQC 的应用确实取得了很大成效，但在响应市场的灵活性方面并没有实质性的改观，而且巨额投资和实际效果形成了强烈反差，其中以国内外应用 FMS 的教训最为深刻。至此人们才意识到问题不在具体制造技术和管理方法本身，而是因为它们仍在大批量生产模式

的旧框架之中。先进制造生产模式就是在对大批量生产模式的质疑、反思和扬弃中应运而生的。具体背景如下:

(1)市场与顾客的需求多样化。在市场方面:市场对产品性能、质量要求更高,产品寿命缩短。在顾客需求方面:市场需求波动,消费者行为更加具有选择性,产品需求朝多样化发展。开放—自由表达—多样化潮流的发展,是消费者价值观念结构性变化的必然结果。面对市场的多变性和顾客需求的个性化、产品品种和工艺过程的多样化以及生产计划与调度的动态性,迫使人们寻找新的生产方式,提高工业企业的柔性和生产率。这就要求现代企业必须具备一定的生产柔性来满足市场多变的需要。如美国提出的敏捷制造(AM)其主线就是高柔性生产。上海同济大学张曙教授提出的独立制造岛(AMI)也是高柔性生产模式。

(2)合作全球化。科学技术的发展使合作逐渐走向国际化,国际合作成为发展的强大势头。先进技术、经济、生产及市场的全球化、一体化、社会化已成为必然趋势,国家间的市场界线即将消失。企业经营处于全球化竞争环境之中,科技的发展对经济和社会的影响将空前广泛,愈加深刻。

(3)竞争日趋激烈。技术的迅速发展,市场的用户化、经济的全球化及基于不同基础上的企业竞争行为等组合作用的结果,使竞争形势瞬息万变。竞争形势变化的速度远远超过了原有企业内部因素变化的速度,使得企业的生存与发展越来越取决于对市场变化的响应速度。

(4)技术迅猛发展。大量新技术的不断涌现,并向各个领域渗透,使科学技术与社会相互作用进一步增强,技术、知识及产品的更新速度加快,特别是计算机技术、信息技术的发展,引起人类生产力的飞跃和社会生产方式的巨变,成为推动企业全面变革的主导力量。

(5)环保意识增强。随着生活水平不断提高,人们对环保意识也日益增强,而政府对环保的要求也日益严厉。如何在新的要求下,设计符合环保要求的产品,成为了企业的新课题。

总之,技术推动与市场牵引两项因素对先进制造模式发展起着重要作用,而企业生存的关键——掌握核心技术能力、快速响应能力,则不断促使先进制造模式的产生。

技术的需求和市场的变化是先进制造模式产生的主要因素，但是任何事物的发展都离不开当时社会生产力水平。联合国在关于 20 世纪 50 年代西欧经济增长的决定因素的报告中，首次指出并分析了技术、组织、人因三种资源对企业经营的关键作用。事实上技术、组织与人因三大资源集成构成了现代企业制造生产方式的基石。下面从社会生产力水平因素、技术因素、环境因素、组织因素、人员因素方面来分析影响先进制造模式的因素。

（1）社会生产力水平因素。社会生产力的水平，包括社会的经济水平、科学文化水平、技术应用的整体水平等，在很大程度上决定制造系统采取和发展何种制造模式。新的制造模式的出现实际上是生产力发展的产物，例如，网络化信息时代的到来产生了敏捷制造模式；传感器技术和人因工程学的发展使虚拟制造模式成为可能。发达国家和发展中国家所采取的制造模式并不完全相同，因为它们的生产力水平不同，因此每个国家必须根据生产力的实际水平采取合理的制造模式。

（2）技术因素。先进制造模式的基础是技术和方法。通常制造企业为了解决制造系统中出现的技术需求而产生制造技术。由于先进制造技术的应用必须建立在与之相适应的制造模式下才能收到实效，由此产生新的制造模式。例如，虚拟制造技术的产生并发展到一定阶段后，导致虚拟制造系统的出现。

（3）环境因素。制造业市场和社会需求的变化共同影响促进先进制造模式的产生。市场需求是制造模式变化的一个主要原因。市场需求包括顾客对产品的种类需求、质量需求、价格需求、时间需求和服务需求等。由于不同时期的市场需求是不同的，因此产生了不同的制造模式。例如，20 世纪中期的大量生产模式主要是满足顾客对产品的质量和价格需求；当市场需求从大批量向多品种、小批量转变时，出现了 CIM、AM 模式，可以满足顾客对产品多样性的需求。另外，社会需求的变化也是一个非常重要的方面，社会需求包括对人类生存环境的需求、国家的发展计划、就业政策、人们的意识观念和素质、世界范围的社会发展潮流等因素。例如，绿色制造模式就是为了满足社会对人类生存环境保护的需求而产生的。

（4）组织因素。大多数先进制造技术失败的原因是组织问题。许多已有研究表明：缺少合适的组织基础结构是新的制造技术不能有效实施的最大障碍。先进制造模式的组织因素包括两个方面：①先进制造模式的实施过程的组织；②先进制造模式可能要求企业改变原有的组织形式。

对于先进制造模式的实施过程组织可以采用项目管理的方式。在采用项目管理方式时，需要组织涉及企业的各个方面，制定详细的计划。先进制造模式的实施过程可能要求企业改变原有组织形式，即重新设计组织结构。在组织结构设计时，必须考虑以下因素：外部环境变化的现有水平和趋势；信息技术的使用、对组织结构有显著影响的组织文化作用；个人表现等因素。

（5）人员因素。如今关于先进制造技术的研究热潮中，技术、组织和人的集成研究已成为重点。尤其在人们经历了独立自动化的发展之后，已经明确地认识到生产制造水平的提高必须依赖与技术、组织和人的集成管理。如今先进制造模式不断地强调人—机协同、人—人协同因素的重要性，例如 JIT 和 TQM 都强调全员参与，因此从人机工程学的观点，决定企业是否利用先进制造技术达到目的的关键因素是人。

1.2.3　先进制造模式的进展

农业社会阶段及以前时期，制造活动是采用简单工具的手工制作，制造对象主要是地表层的天然物质资源。在这个阶段，工具化从原始经济到农业经济节省了人的体力。工业社会阶段，制造活动是采用复杂机器作为工具的机器制造，制造对象主要是地下石油和其他矿产资源。在这个阶段，机械化由机械动力取代或放大了人的体力，电气化利用电力减轻体力并提高效率，自动化通过自动控制设备节省体力和脑力。信息社会阶段，制造活动出现了智能机器，制造对象已拓展到纳米制造、生物制造、信息和知识等无形资源。在此阶段，信息化增加时效，减少错误，使人与环境和谐发展。

从 20 世纪 90 年代中期开始，人们从国内外众多的实施 CIMS 制造企业的实践中，认识到了制造模式的重要性，形成了先进制造模式的概念，目前有不少文献把制造模式当作系统管理技术来称谓。本书以制造系统的发展历史，即制造模式的更新过程（图1.2）来说明先进制造模式的发展。制造模式的更新，是为了改善制造系统的柔性和生产率，柔性是指制造系统对市场变化做出快速响应的有效能力，而生产率则是指单位时间内生产的产品数量。

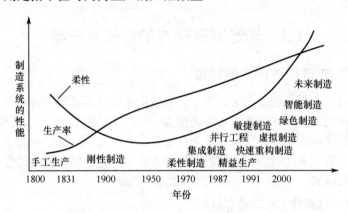

图 1.2   先进制造模式的发展

由图 1.2 可知，农业社会阶段，手工作坊的制造模式，柔性好，但生产率低。工业社会阶段，大批量生产的刚性制造模式，生产率高。20 世纪后半叶，刚性制造模式逐渐被柔性制造模式所替代。近30 年来，出现了多种新型制造模式。先进制造与传统制造的主要区别如表 1.2 所列。

表 1.2   传统制造模式与先进制造模式的比较

主要特征	制造模式				
	传统制造	柔性制造	精益制造	敏捷制造	绿色制造
价值取向	产品	顾客	顾客	顾客	顾客
战略重点	成本、质量	品种	质量	时间	时间
指导思想	以技术为中心	以技术为中心	以人为中心人因发挥	以人为中心组织变革	可持续发展
基本原则	专业化、自动化	高技术集成	生产过程管理	资源快速集成	资源利用率高
实现手段	机器、技术	技术进步	人因发挥	组织创新	技术、组织、人因
竞争优势	低成本、高效率	柔性	精益	敏捷	绿色
制造经济性	规模经济性	范围经济性	范围经济性	范围集成性	范围集成性

在以变化为特征的 21 世纪，制造企业要求先进制造模式必须面向顾客，及时了解顾客需求和市场走向；兼顾顾客需要与企业生产能力，并采取以质量取胜的方针；企业要推行有效的精良生产；掌握信息，并对市场作出快速、灵活的响应；将所有资源合理集成。

1.3 先进制造模式的特征及分类

1.3.1 先进制造模式的特征

目前关于先进制造的研究中，学者们的定义不尽相同。有些学者将各种模式分为生产方式与管理模式、产品开发模式、先进制造模式、质量管理模式等；有些学者认为在先进生产模式中包括了精益生产、敏捷制造、柔性制造和智能制造等。实际上，先进制造模式包含了上述所有模式，先进制造模式的主要特征包括：

1. 以高效生产为首要目标

获取生产的有效性和提高生产效率是所有制造模式的基本使命。过去是卖方市场，产品不愁卖不出去，这使得与之相适应的大批量定制模式产生，致力于提高生产效率。然而人们生活水平逐渐提高，市场环境复杂多变，消费者需求的主体化与多样化倾向使得生产有效性的问题凸现出来。先进制造生产模式将生产有效性置于首位，从而导致制造价值定向（从面向产品到面向顾客）、制造战略重点（从成本、质量到时间）、制造原则（从分工到集成）、制造指导思想（从技术主导到组织创新和人因发挥）等一系列的变化。

2. 以集成制造资源为基本原则

制造是一种多人协作的生产过程，这就决定了组织制造的基本形式是"分工"与"集成"。制造分工与专业化可大大提高生产效率，但同时却造成了制造资源（技术、组织和人员）的严重割裂。先进制造模式用制造资源集成的方式来获得制造资源的整体联系和功能来获得生产的有效性和效率，以集成为前提的专业化制造分工避免了制造资源（技术、组织和人员）的严重割裂。

3. 经济性

AMM 的经济性在于制造资源快速有效地集成。快速响应不可预测的市场变化，以满足企业的生产有效性。集成制造资源的快速有效性使得制造技术被充分利用、减少各种浪费、积极发挥人员的积极性、缩短供货时间、增加用户满意度等，充分体现了先进制造模式的经济性。

4. 以人—技术—管理三要素的集成为实施途径

先进制造模式与以技术为主导的大量制造生产模式不同的是其更强调组织和人因的作用。技术、人员和组织是制造生产中不可缺少的三大必备资源。技术是实现制造的基本手段，人是制造生产的主体，组织则反映制造活动中人与人之间的相互关系。技术源于人的实践活动，作用于实际目的，只有被人掌握与应用才能发挥作用。由于在制造活动中人的因素的发挥很大程度上受到所在组织的影响、激励和制约，制造技术的有效应用有赖于人的主动积极性。因此，先进制造生产模式问题的关键应着眼于组织与人因因素。

5. 重视应用新技术和计算机信息的作用

先进制造模式的"先进"一方面体现在其采用先进制造技术。技术是实现制造的基本手段。先进制造模式抓住计算机发展和应用所提供的机会，以全面质量管理（TQM）、柔性制造系统（FMS）以及计算机网络等作为工具和手段，将当今先进的技术与组织变革和人因改善有效集成起来，使其发挥出巨大潜能。

1.3.2 先进制造模式的分类

企业在利用先进制造技术提高企业竞争力的过程中，新的制造模式不断涌出，因此有必要分析各种模式之间的关系，从而给企业制定企业战略和制造战略提供依据。对于先进制造模式的分类原则有多种，例如基于时间和发展过程的划分，如表 1.3 所列。

表 1.3　先进制造模式的发展历程

时间	20 世纪 50 年代	20 世纪 60 年代	20 世纪 70 年代	20 世纪 80 年代	20 世纪 90 年代	21 世纪
模式	刚性制造 MC	单机柔性制造、JIT、GT、MRP	FM、CIM、OPT	TOC CE、AM	LAF、VM、LP、IM	GM、RM、BM、DNM、全球制造

按照制造过程可变性进行分类：

（1）刚性制造模式。一般采用自动流水线，包括物流设备和相对固定的加工工艺，适应于大批量、少品种。其特征：实现从设计、加工到管理的标准化和专业化生产；采用移动式的装配线和高效的专用设备，工序分散，节拍固定；实行厂内自制管理，纵向一体化组织结构；劳动分工很细；对市场和用户需求的应变能力较低。这种模式的优点：生产率高，设备利用率高，产品成本很低；缺点：投资大，设备不灵活，只能加工一种零件，或几种相似零件。若要改变产品品种，则需对自动流水线做较大改动，投资和时间的耗费很大。

（2）柔性制造模式。这种模式特征：工序相对集中，没有固定的节拍，物料的非顺序输送；将高效率和高柔性融于一体，生产成本低；具有较强的灵活性和适应性。又分为①单机柔性：采用单台数控机床来解决小批量、多品种的问题；②系统柔性：结合自动流水线与数控机床的特点，将数控机床与物料输送设备通过计算机联系起来，形成一个"柔性制造系统"，来解决中等批量、中等品种的制造问题。

（3）可重构制造模式。这种模式特征：制造系统可按功能划分为若干制造单元。不管是加工系统、信息流，还是工件流和刀具流，或是组织机构和产品结构，所分单元即为模块。可重构制造模式是指将各种模块加以标准化，从标准化的模块中选出若干模块，以组成适合不同用户要求的制造系统。

按照信息流和物流运动方向分类，有精益制造模式（LMM/LP/拉动式）和信息化制造模式（IMM/MRPⅡ/推动式）两种。如图1.3，拉动式生产的信息流与物流反向运动，代表是精益生产；推动式生产的信息流与物流同向运动，代表是制造资源计划（MRPⅡ）。

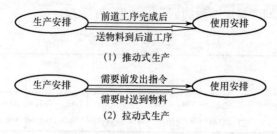

图1.3　推动式生产与拉动式生产

按照制造过程利用资源的范围分类：

（1）集成制造模式（IMM）。以计算机网络和数据库为基础，利用计算机软硬件将企业的经营、管理、计划、产品设计、加工制造、销售及服务等全部制造活动集合成一个综合优化的整体。CIM作为一种集成制造模式，其制造思想包括四个基本观点：①信息集成；②整个制造过程是一个系统；③以人为本；④动态发展。CIM是一种理想状态，是一个无限追求的目标。由CIM构成的制造系统称为计算机集成制造系统（CIMS）。CIM是一种制造哲理，CIMS是CIM制造哲理的具体体现。

（2）敏捷制造模式（AM）。宗旨是使制造系统对市场有快速响应的能力，而又不大幅度增加成本。强调企业间的紧密联系，以便共同的尽快满足用户需求的变化。敏捷性体现在：①企业管理模式要适应持续变化的市场；②为快速反应抓机遇，要求公司共担风险；③由用户来评价产品质量；④以合理的费用满足市场需求。实现AM的必要条件：①高柔性、可重组的自动化加工设备；②标准化的、易维护的信息网络系统；③人因的发挥和管理机构改革。

（3）智能制造模式。是人工智能（AI）技术广泛应用于制造领域和响应制造活动全球化趋势的结果。它不仅强调信息集成，更强调知识集成。知识集成是比信息集成水平更高的集成。工厂的设计、生产和管理等过程中隐含着大量的知识，而且各职能部门的工作是相互联系的，因此存在着知识共享。有些工作需要不同领域专家协同完成，故知识的协同也是非常重要的问题。智能不仅体现在知识的处理上，还体现在感知手段上，对于加工技术而言，感知手段尤为重要。缺乏智能感知手段，就难以实现智能制造。鉴于知识集成的困难，要开发出不受环境和国家限制、彼此合作的智能系统来，必须利用全球的智力资源。

先进制造模式的核心在于它的哲理，可以从技术和方法层、系统方法层、哲理层进行分类。

（1）技术和方法层。

技术和方法层主要是一些相对独立的技术和方法。从技术和方法层角度分类，包含制造技术、设计技术、管理技术三类。

① 制造技术。主要包括由中国机械科学院提出的六项对国民经济和制造业特别重要的重大综合技术，即工业智能技术、数字化制造技术、精密制造技术、绿色制造技术、虚拟制造与网络制造技术、快速响应制造技术。另外，一些基础的先进制造技术也必须考虑在内，例如材料加工工艺技术、超精密加工技术、超高速加工技术、物流系统及辅助过程自动化等技术。

② 设计技术。设计技术是针对生产系统的工程技术，如 CAD/CAM、CAPP、DFX、可靠性设计、健壮设计、优化设计、精度设计、反求工程技术、快速原型设计等。

③ 管理技术。按照生产管理的功能模块，针对不同的管理职能有不同的具体管理技术和方法。例如：在生产计划和控制模块中，有看板控制、MRP、TOC、质量功能环、ISO9000 等方法；在信息交流模块中，有各种计算机通信技术、EDI、产品代码识别技术等管理方法；在组织管理模块中，有小组工作、授权、工作设计、流程分析技术；CIM-OSA 方法、IDEF 方法、基于工作流建模技术、面向对象的建模方法等。

（2）系统方法层。

系统方法层强调方法和技术的综合集成。各种独立的技术和方法侧重对象不同，经过充分发展可以形成一套系统的技术。依据侧重对象的不同，系统方法层可以分为三类，即制造模式、生产模式、管理模式。

① 制造模式。制造模式是针对制造系统中的系统方法，包含单元制造系统、柔性制造系统（FMS）、计算机集成制造系统、柔性计算机集成制造系统（FCIMS）、现代集成制造（CIM）、智能制造、同步制造、虚拟制造、合同制造、可重构制造系统、自主性分散化制造、多代理制造、灵捷/敏捷制造、全息制造系统/全能制造系统、生物制造、分形制造系统、清洁生产、再制造。

② 生产模式。生产模式是针对生产系统中各种职能管理，特别是系统管理所采用的系统方法。主要包含开发、TQC、CE、BPR、会计管理（如作业成本法）、后勤供应链管理、人因集成管理（以人

为中心的生产系统（APS））、计算机集成人机制造、基于文化差异的单元生产、基于思考方式的制造、基于地域和人种特性相互协调的生产等。

③ 管理模式。管理模式是针对制造中的组织结构和人员管理，以及有特色的整个企业管理。它偏重生产管理的企业管理系统方法，包含约束理论（TOC）、精益生产（LP）、全面制造管理（TMM）、企业资源计划（ERP）。基于各种新型制造系统发展起来的新型企业形态：精益企业、扩展企业、分形公司、虚拟企业、光速商务、数码工厂、企业动态联盟。对于侧重管理的组织形态包含虚拟组织、三叶草组织、适应性组织等。

（3）哲理层。

哲理层强调的是一种思想、一种理念。模式的核心在于它的哲理，模式之间的关系从哲理上分析能揭示本质，任何模式都具有建立在先进方法和技术上的独特思想，不同的制造模式在制造哲理上，彼此强调各自特点的同时又吸收彼此的优点，从而有许多共同点。从哲理上对各种模式进行分类：

① 精益化制造哲理。以精益生产为代表的生产模式充分体现了消除一切浪费的哲理，与之相关的技术体现了全面和准确的哲理，如精益生产、准时制制造、全面质量管理、全面制造管理等。

② 敏捷制造哲理。外部环境的多变，敏捷制造的产生体现了变化性、时间性。如敏捷制造、快速响应制造、虚拟组织、虚拟企业、扩展企业、网络制造等。

③ 智能化制造哲理。智能制造哲理包含自动化、柔性、智能性。如柔性制造系统、计算机集成制造系统、智能制造系统等。

④ 网络化制造哲理。特征为分布性、虚拟性、并行性，如虚拟制造、数码工厂、多代理制造、分散化网络制造、自主性分散化制造、云制造等。

⑤ 社会化制造哲理。特征为环境协调性、文化协调性、地域协调性，如绿色制造、再制造、基于不同文化的制造模式、基于地域和人种特性相互协调的生产等。

⑥ 知识化制造哲理。特征为人本主义、知识管理。如以人为中

心的生产系统、基于思考方式的制造模式、计算机集成人机制造、精益生产以及各种新型组织模式等。

⑦ 集成化制造哲理。特征为系统性、适应性，如现代集成制造、灵捷—精简—柔性生产系统。

⑧ 对象化制造哲理。特征为封装性、兼容性、继承性、自组织性，如单元制造中的单元体、分形制造中分形体、多代理制造中的代理、全息制造系统/全能制造系统中的全息体、生物制造中的细胞、独立制造岛制造模式等。

1.3.3 先进制造模式的趋同性

随着科技的发展，环境的变化，各种先进制造模式不断涌现出来，这些模式之间具有一定共性，表现在以下几方面：

1. **经营理念方面**

（1）以价格取胜转为以创新取胜（以产品包含的独占性知识和信息取胜）。

（2）从以产品为中心向以客户为中心转变。

2. **制造系统方面**

在从以技术为中心向以人为中心转变，更加重视人的价值。

3. **组织结构方面**

组织机构从金字塔的多层次生产结构向扁平的网络结构转变，从按功能划分部门的固定组织形式向高度自治的、动态的小组团队组织形式转变，企业对市场反应速度快，重构性好。

4. **企业间竞争方面**

企业间由仅重视竞争转向竞争与资源合作，走向动态联盟，共同盈利。

5. **工作方式方面**

工作方式由传统的顺序工作方式向并行工作方式转变。

6. **竞争策略方面**

竞争策略由质量第一向快速响应市场的策略转变。

1.4 常见的先进制造模式

1.4.1 LP

1. LP 的产生与发展

20 世纪 70 年代的石油危机以后,丰田生产方式在日本汽车工业企业中得到迅速普及,并体现了巨大的优越性。此时,整个日本的汽车工业生产水平已迈上了一个新台阶,其汽车产量在 1980 年一举超过美国,成为世界汽车制造的第一大国。

美国为了重新夺回竞争优势,1985 年初,麻省理工学院成立了一个名为"国际汽车计划(IMVP)"的专门机构,耗资 500 万美元,历时五年对美、日以及西欧共 90 多家汽车制造厂进行了全面、深刻的对比、调查、分析和研究。其结果表明,造成日本与美国以及西欧各国在汽车工业发展上的差距,不在于企业的自动化程度的高低、生产批量的大小、产品类型的多少,其根本原因在于生产方式的不同。这种新的生产方式被美国人称为"精益生产 LP"。随着日本制造业在国际竞争中的不断取胜,以及世界各国对 LP 的研究的逐步深入,LP 在实践上也逐步被诸多企业所采用。首先在汽车行业内,几乎所有的大型汽车制造厂商都开始吸收 LP 的思想,推行准时生产,加强企业间的协作。尤其在部分生产方法的改进方面,有些企业推行 LP 甚至超过了日本国内的企业。随后,在越来越多其他行业的企业中,LP 的生产组织方法、人员管理方法及企业协作方法都被广泛地吸收与推广。

2. LP 的原理

从生产方式来说,LP 是指以整体优化的观点,以社会需求为依据,以发挥人的因素为根本,有效配置和合理使用企业资源,最大限度地为企业谋求利益的一种新型生产方式。从系统方面来说,LP 是通过系统结构、人员组织、运行方式和市场供求等方面的变革,使制造系统能很快适应用户需求的不断变化,并能使生产过程中一切无用、多余的东西精简,最终实现包括市场供销在内的制造的各方面都达到最好的结果。

LP 的核心思想在于"消除浪费、强调精简组织机构"和"不断改善"（图 1.4）。前者指的是从组织管理到生产过程，侧重于分析"产品流""物料流"和"信息流"，及时暴露问题，删繁就简，杜绝浪费，从而使"价值流"连续流动起来。后者则强调充分发挥人的潜能，力争精益求精，追求尽善尽美。LP 模式所要实现的目标是低成本、高效率、高质量地进行生产，使顾客完全满意。

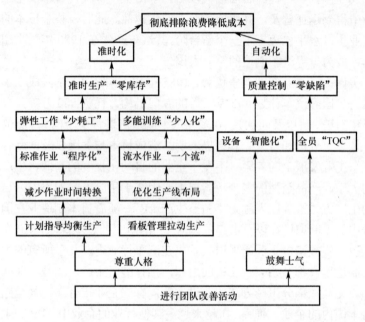

图 1.4　LP 的内涵

LP 的精髓在于"Lean"——"没有冗余""精打细算"，没有一个多余的人，没有一样多余的东西，没有一点多余的时间；岗位设置必须是增值的，不增值岗位一律撤除；工人要求是多面手，可以互相顶替。

LP 的基本特点如下：

（1）准时生产（Just in Time，JIT）。

准时生产是以市场为龙头，在合适的时间、生产合适的数量和高质量的产品。它是精益生产的支柱。它需要以拉动式生产为基础，以平准化（Leveling System）为条件。

22

① 拉动式生产。它是以看板管理为手段，采用"取料制"，即后道工序根据"市场"需要进行生产，对本工序在制品短缺的量从前道工序取相同的在制品量，从而形成全过程的拉动控制系统，绝不多生产一件产品。看板是保证准时生产的工具。看板的生产指令、取货指令、运输指令来控制和微调生产活动，使生产储备趋向于"零"。这种现场自律微调的"后补充"生产，以多品种、高质量、低成本和零库存为目标，很好地响应了市场需求。

② 平准化。它是指将产品的流量波动尽可能控制到最小程度，即实现产品总量和品种数量的均衡。按产品总量的均衡就是将连续两个时间段（一般为一天）间的总生产量的波动控制到最小程度；按品种数量的均衡就是多种产品在同一生产线进行混流生产时，不同的产品应交替生产，使各工序的生产和供应能够在总量上实现均衡，从而减少浪费，适应市场需求的多样化。

（2）人员自主化，以"人为中心"。

人员自主化是人员与机械设备的有机配合行为，它也是精益生产的支柱。人是企业一切活动的主体，应以人为中心，大力推行独立自主的小组化工作方式，充分发挥一线职工的积极性和创造性，使他们积极为改进产品的质量献计献策，使一线工人真正成为"零缺陷"生产的主力军。

（3）团队工作和并行设计。

团队工作和并行设计是精益生产的基础。通过七至十人组成小组以产品的质量、数量、物流、设备、成本（物料消耗）等为对象，充分发挥小组团队精神和每个人的聪明才智及积极性，进行自主地无止境的改善活动。

（4）成组流水线。

成组流水线是精益生产的集中体现。成组技术（GT）已成为生产现代化不可缺少的组成部分。利用 GT 的相似性特点，组织相似的零件在生产线上加工，就成了成组流水线。其特点是制造对象多样化，但仍保持着大量生产的速度，而生产线则由刚性变成了柔性。

（5）全面质量管理（TQM）。

全面质量管理是实现精益生产的重要保证，强调全员参与和关心质量工作。精益生产所追求的目标不是"尽可能好一些",而是"零缺陷",即最低的成本、最好的质量、无废品、零库存与产品的多样性。

根据精益生产的特点,对精益生产与大批量生产模式进行比较,如表 1.4 所列。

表 1.4　精益生产方式与大量生产方式的比较

比较项目	精益生产方式	大批量生产方式
生产目标	追求尽善尽美	尽可能好
工作方式	集成、多能、综合工作组	分工、专门化
管理方式	权力下放	宝塔式
产品特征	面向用户,生产周期短	数量很大的标准化产品
供货方式	JIT 方式、零库存	大库存缓冲
产品质量	由人工保证,质量高,零缺陷	检验部门事后把关
返修率	几乎为零	很大
自动化	柔性自动化,但尽量精简	刚性自动化
生产组织	精简一切多余环节	组织机构庞大
设计方式	并行方式	串行模式
工作关系	集体主义	相互封闭
用户关系	以用户为上帝,产品随用户需求多变	以用户为上帝,产品少变
供应商	同舟共济,生死与共	互不信任,短期行为
雇员关系	终身雇佣,以企业为家	随时解雇,工作无保障

3. LP 的体系

精益生产的基础就是全员现场 5S 活动、观念革新、全员改善活动。

支柱 1:准时化生产(JIT),即追求零库存。零库存是指把库存"尽量减到最少的必要程度",它是缩短生产周期和降低生产成本的主要方法。

支柱 2:全面质量管理(TQM),它是保证产品质量,达到零缺陷目标的主要措施。

支柱 3:成组技术(GT),这是实现多品种、按顾客定单组织生产、扩大批量、降低成本的技术基础。大厦的屋顶就是精益生产体系,挑战七项零极限目标,分别是:零切换浪费、零库存、零浪费、零不良、零故障、零停滞、零事故,如图 1.5 所示。

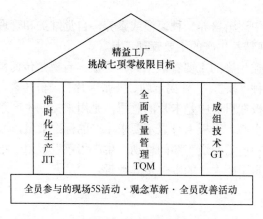

图 1.5　LP 体系结构

1）全员参与的 5S 现场管理

"5S"是整理（Seiri）、整顿（Seiton）、清扫（Seiso）、清洁（Seikeetsu）和素养（Shit-suke）这 5 个日语单词的缩写。

（1）整理。就是区分必需和非必需品，现场不放置非必需品，将混乱的状态收拾成井然有序的状态。5S 管理是为了改善企业的体质，整理也是为了改善企业的体质。

（2）整顿。对整理后现场留下的物品进行科学合理的布置和摆放。整顿后可以使工作场所布置井然有序、一目了然，减少找寻物品的时间。

（3）清扫。将岗位保持在无垃圾、无灰尘、干净整洁的状态，清扫的对象是地板、天花板、墙壁、工具架、橱柜以及机器、工具、测量用具等。

（4）清洁。将整理、整顿、清扫进行到底，并且制度化。管理公开化，透明化。

（5）素养。培养每位员工养成良好的工作习惯，自觉遵守规章制度，工作积极主动。

推行 5S，保持生产场地环境优雅，机械设备干净明亮、工位器具摆放有序易于寻找，文件、资料各归其位易于查找。这样才能激发人们的工作热情，减少事故的发生率，保证安全、提升产品的质量和企业的竞争力。5S 不仅仅是为了打扫而打扫，而是让员工在每天的整理整顿、清扫中逐渐培养一种习惯或素养，自觉维护和管理生产现场。

2）实现精益生产的主要管理工具

实现精益生产的主要管理工具是看板。看板是传递信息的工具，它可以是某种"板"，一种揭示牌、一张卡片、一份传真，也可以是一种信号。看板在日文中是卡片的意思，是用来控制生产系统中的物料流动和授命生产。看板卡片显示要求生产的标准数量，取货看板用于指挥零部件在前后两道工序间移动，生产指示看板用于指挥工作地的生产，它规定了所生产的零件及其数量。

1.4.2 AM

1. AM 的产生与发展

针对 20 世纪 70～80 年代美国制造业的衰退及应付来自日本、德国和世界许多其他同家和地区的激烈挑战，美国国会提出了重振美国制造业雄风的目标并委托里海大学的 Iacocca 研究所就此问题做一个调查、研究，提交一份执行建议。里海大学 Iacocca 研究所的教授们联合了美国 13 家大公司的高级行政和技术总裁以及著名的咨询和顾问公司的专家，经过半年多的艰苦工作，完成了著名的"21 世纪制造业战略发展报告"（1991 年），提出了敏捷制造概念，并对敏捷制造（Agile Manufacturing，AM）的概念、方法及相关技术做了全面的描述。

关于 AM 的研究，主要包括两个层面：第一层面是侧重从企业组织、结构和管理、营销策略的角度研究 AM 的实现；第二层面是侧重从技术的角度研究 AM 的实现方法和关键使能技术。

2. AM 的内涵及主要思想

敏捷制造模式是一种直接面向用户不断变更的个性化需求，完全按定单生产的可重新设计、重新组合、连续更换的新的信息密集的制造系统。这种系统对用户需求的变更有敏捷的响应能力，并且在产品的生命周期内使用户满意。生产系统的敏捷性是通过技术、管理和人这三种资源集成为一个协调的、相互关联的系统来实现的。主张以全球信息网络为基础，建立跨企业的动态（虚拟）企业，实现优势互补，充分利用信息，发挥人的创造性，实现生产和营销的总体敏捷化，从而快速响应市场需求，在竞争中立于不败之地。

敏捷制造要求企业具备技术研发能力、生产的柔性能力、个性化生产、企业间的动态合作、激发员工的创造精神以及新型的用户关系。

AM 的主要思想是充分意识到小规模、模块化的生产方式和一个公司不追求全能，从而追求很有特色的、很先进的局部优势。当市场上新的机遇出现时，组织几个有关公司合作，各自贡献特长，以最快的速度、最优的组合赢得一个机遇，完成之后又独立经营。

因此，AM 可定义为：企业在无法预测的持续、快速变化的竞争环境中生存、发展并扩大竞争优势的一种新的经营管理和生产组织模式。它强调通过联合来赢得竞争；强调通过产品制造、信息处理和现代通信技术的集成来实现人员、知识、资金和设备（包括企业内部的和分布在全球各地合作企业的资源）的集中管理和优化利用。总之，AM 是指制造企业采用现代通信手段，通过快速配置各种资源（包括技术、管理和人），以有效和协调的方式响应用户需求，实现制造的敏捷性。

AM 的宗旨是使制造系统对市场有快速响应的能力，而又不大幅度增加成本，强调企业间的紧密联系，以便共同尽快地最大限度地满足用户需求的变化。

AM 的原理：必须采用标准化和专业化的计算机网络和信息集成基础结构，以分布式结构连接各企业，构成虚拟制造环境。以竞争合作为原则，在虚拟制造环境中动态选择、择优录用成员，组成面向任务的虚拟企业，进行快速生产。

3. AM 的要素及特征

1）AM 的三个要素

（1）生产技术。敏捷性是通过将技术、管理和人员三种资源集成为一个协调的、相互关联的系统来实现的。

① 具有高度柔性的生产设备是创建敏捷制造企业的必要条件（但不是充分条件）。

② 在产品开发和制造过程中，能运用计算机能力和制造过程的知识基础，用数字方法设计复杂产品；可靠地模拟产品的特性和状态，

精确地模拟产品制造过程。

③ 敏捷制造企业是一种高度集成的组织。

④ 把企业中分散的各个部门集中在一起，靠的是严密的通用数据交换标准、坚固的"组件"（许多人能够同时使用同一文件的软件）、宽带通信信道（传递需要交换的大量信息）。

（2）管理。

① 敏捷制造在管理上所提出的最具创新性的思想之一是"虚拟企业"，或称动态联盟。

② 敏捷制造企业应具有组织上的柔性。

（3）人力资源。敏捷制造在人力资源上的基本思想是：在动态竞争的环境中，关键的因素是人员。

2）敏捷制造蕴涵的不同于传统生产方式的哲理和思想

（1）需求响应的快捷性。

速度是敏捷化竞争的基本特征；"满意度"是敏捷化竞争的直接目标；"知识创新"是敏捷化竞争的决定性因素；系统论和进化论是敏捷化竞争的指导思想。AM 最突出的特点是敏捷性。敏捷性的根本含义是企业应付市场快速变化的能力。一般有两种评价企业敏捷性的方法，即基于实效的敏捷性评价法（从时间、成本、稳健性、适应范围等四个方面来评价一个企业的敏捷性）和基于企业因素的敏捷性评价法。敏捷性体现在：

① 持续变化性：产品和过程技术发展迅速，制造企业采用适应这种变化的管理模式。

② 快速反应性：持续变化的市场要求公司相互共同承担风险，以抓住市场机遇。

③ 高的质量标准：由用户对产品的评价来衡量质量。

④ 低的费用：敏捷系统应有合理的消耗，以合理的费用满足市场的需求。

（2）采用多变的动态组织结构。

21 世纪衡量竞争优势的准则在于企业对市场反应的速度和满足用户的能力，而要提高这种速度和能力，必须以最快的速度把企业内部的优势和企业外部不同公司的优势集中在一起，组成灵活的经营实体，即虚拟公司。

（3）战略着眼点在于长期获取经济效益。

传统的大批量生产企业，其竞争优势在于规模生产，即依靠大量生产同一产品，减少每个产品所分摊的制造费用和人工费用，来降低产品的成本。

（4）建立新型的标准基础结构。

敏捷制造企业需要充分利用分布在各地的各种资源，要把这些资源集中在一起，即把企业中的生产技术、管理和人集成到一个相互协调的系统中。

（5）最大限度地调动、发挥人的作用。

敏捷制造提倡以"人"为中心的管理。强调用分散决策代替集中控制，用协商机制代替递阶控制机制。

3）实现 AM 的必要条件

（1）柔性、可重新配合组合的、模块化的自动化加工设备。柔性主要指制造柔性和组织管理柔性，制造柔性主要是指企业能够针对市场的需求迅速转产，转产后能够实现多品种、变批量产品的快速制造。

（2）先进的技术系统。敏捷制造企业应具有领先的技术手段和掌握这些技术的人员，还应具有可快速重组的、柔性的但并不强调完全自动化的加工设备，以及一套行之有效的质量保证体系，使设计制造出来的产品达到社会用户都满意的程度。

（3）高素质人员。敏捷制造的一个显著特征就是以其对机会的迅速反应能力来参与激烈的市场竞争。

（4）用户的参与。传统的制造过程是收集用户的要求，由制造者进行设计，或者由制造者预测市场需求，再将"自以为是"的产品推向市场。

4. AM 的实现技术

AM 的精髓在于提高企业的应变能力。对于一个具体的应用，并非必需具备这两种现代技术方法才算实施 AM，而应理解为通过各种途径提高企业响应能力都是在向 AM 发展。实施 AM 模式的技术包括：

1）总体技术

包括 AM 方法论、AM 综合基础。

2）关键技术

跨企业、跨行业、跨地域的信息技术框架；集成化产品过程设计的模型和工作流控制系统；企业资源管理系统和供应链管理系统；设备、工艺过程和车间调度的敏捷化，如图 1.6 所示。

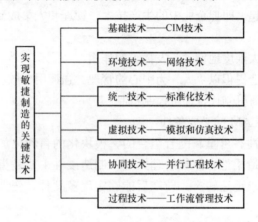

图 1.6　敏捷制造关键技术

（1）基础技术——CIM 技术。

CIM 技术是一种组织、管理与运行企业的技术，它借助计算机硬软件，综合运用现代管理技术、制造技术、信息技术、自动化技术、系统工程技术，将企业生产全过程中有关人、技术、经营管理三要素及其信息流与物料流有机地集成并优化运行，以实现产品高质、低耗、上市快，从而使企业赢得市场竞争。它为提供敏捷制造的集成环境打下了坚实的基础，是敏捷制造的基础技术。同时，比较两者的内涵可以发现，它们的思想有许多的相同之处，有人因此而将敏捷制造看成 CIMS 发展的新阶段。很多国家的 CIMS 研究均有很大的进展，我们应继续深化 CIMS 的研究、实施，为敏捷制造打好基础。

（2）环境技术——网络技术。

实现敏捷制造，企业需要具有通信连通性，因此，网络是必不可少的。企业的敏捷化变革应按照企业网—全国网—全球网的步骤建立、实施网络技术，利用企业网实现企业内部工作小组之间的交流和并行工作，利用全国网、全球网共享资源，实现异地设计和异地制造，及时建立最佳动态联盟。基于网络的企业资源计划管理系统和商品供应链系统都将为敏捷制造的实施提供必需的信息。

（3）统一技术——标准化技术。

以集成和网络为基础的制造离不开信息的交流，交流的前提是有统一的交流规则，这就是标准化的工作。当前企业在制造活动中各行其事，统一规范化的思想仍有待强化。认真贯彻执行电子数据交换标准 EDI、产品数据交换标准 STEP 及超文本数据交换标准 SGML 等，是我们进入国际合作大环境，参加跨国动态联盟的前提。

（4）虚拟技术——并行模型和仿真技术。

敏捷制造通过动态联盟和虚拟制造来实现，因而对产品经营过程进行建模和仿真，采用基于仿真的产品设计和制造方法是十分必要的。另外，作为敏捷制造在产品设计和制造过程中的主要手段之一的虚拟原型系统，也是以模型和仿真技术为基础的。

（5）协同技术——并行工程技术。

并行工程技术是对产品及相关过程（包括制造过程和支持过程）进行并行、一体化设计的一种系统化技术。该技术要求产品设计人员在设计一开始就考虑到产品全生命周期（从概念形成到产品报废）中的所有因素，包括质量成本、速度、进度及用户要求等。并行工程通过组成多学科的产品开发小组协同工作，利用各种计算机辅助工具等手段，使产品开发的各阶段既有一定的时序又能并行。同时采用由上、下游因素共同决策产品开发各阶段工作的方式，使产品开发的早期就能及时发现产品开发过程中的问题，从而缩短开发周期，降低成本，增强对市场的敏捷度。

（6）过程技术——工作流管理技术。

动态联盟是面向具体产品而动态创建的虚拟公司，其组织结构的临时性和动态性，加上产品研制过程的创新性和协同特性，在很大程度上决定了动态联盟的管理将采用或者基于项目管理的方式来进行。能够有效支持企业业务重组、业务过程集成、项目管理和群组协同工作的工作流管理技术，对于实施动态联盟具有重要的支持作用。另外，工作流管理系统还可以作为企业间信息集成的使能工具，基于 Web 和基于邮件方式的工作流管理系统可以为企业灵活地组建动态联盟和实现信息交换发挥重要作用。

3）相关技术

包括标准化技术、并行工程技术、虚拟制造技术等。

1.4.3　CIMS

1. CIM 的产生

1974 年，美国人约瑟夫·哈林顿博士根据计算机技术在工业生产中的应用及其发展趋势，首先提出了计算机集成制造的概念，即 CIM 概念，其基本观点有两个：

（1）企业生产的各个环节，即从市场分析、产品设计、加工制造、经营管理到售后服务的全部活动是一个不可分割的整体，需紧密连接、统一考虑。

（2）整个制造生产过程，实际上是一个数据的采集、传递和加工处理的过程，最终形成的产品，可以看作是数据的物质表现。

CIM 概念提出后，未被立即接受，因条件不成熟。直至 20 世纪 80 年代初，各项单元技术（CAD、CNC、CAPP、MIS、FMC、FMS 等）得到充分发展，并形成一个个自动化"孤岛"。在这种形势下，为取得更大的经济效果，需要将这些"孤岛"集成起来，CIM 概念受到重视并被实施。

20 世纪 80 年代中、后期，CIM 逐渐开始实施，并显示出明显的效益——提高企业的生产率和市场竞争能力。以往，竞争力主要取决于生产率，现今更重要的是对市场的响应能力。CIMS 在 20 世纪 80 年代中期才开始重视并大规模实施，其原因是 20 世纪 70 年代的美国产业政策中过分夸大了第三产业的作用，而将制造业，特别是传统产业，贬低为"夕阳工业"，这导致美国制造业优势的急剧衰退，并在 20 世纪 80 年代初开始的世界性的石油危机中暴露无遗，此时，美国才开始重视并决心用其信息技术的优势夺回制造业的霸主地位。于是美国及其他各国纷纷制定并执行发展计划。自此，CIMS 的理念、技术也随之有了很大的发展。

2. CIMS 的定义

CIM 是一种新的制造模式，是信息技术与生产技术的综合应用，也是信息技术与制造过程相结合的自动化技术与科学，其目的是提高制造系统的生产率和响应市场的能力。

计算机集成制造系统（Computer Integrated Manufacturing System，CIMS）是基于 CIM 哲理而组成的系统，是 CIM 思想的物理体现。我国 863 计划 CIMS 专家组将它定义为：CIMS 是通过计算机硬件和软件，并综合运用现代管理技术、制造技术、信息技术、自动化技术、系统工程技术，将企业生产全部过程中有关的人、技术、经营管理三要素及其信息流与物料流有机集成并优化运行的复杂的大系统。

总体来说，CIMS 是一种基于 CIM 哲理构成的计算机化、信息化、智能化、集成化的制造系统。通过计算机及其软件，把制造工厂全部生产活动所需的各种分散的自动化系统有机地结合起来，是适合于多品种、小批量生产和实现总体高效益、高柔性的制造系统。

CIM 与 CIMS 区别是：CIM 是一种哲理、思想、方法；CIMS 是 CIM 哲理的具体体现；CIMS 是一个计算机控制的闭环反馈系统，其输入是产品的需求和概念，输出的是合格的产品。CIMS 核心是将企业内的人和组织、经营管理和技术三要素之间的集成，以保证企业内的工作流、物质流和信息流畅通无阻。

CIMS 包含三要素，即人/机构、经营与技术，其中人是核心（图 1.7）。经营管理与技术：技术支持企业达到预期的经营目标；人与技术：技术支持各类人员互相配合、协调一致工作；人与经营管理：人员素质提高支持企业的经营管理。

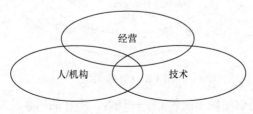

图 1.7　CIMS 三要素

在要素的相交部分需解决四类集成问题：①使用技术以支持经营；②使用技术以支持人员工作和组织机构的运行；③人员设岗/机构设置协调工作以支持经营活动；④统一管理并实现经营、人员、技术的集成优化运行。

CIM 是各种计算机辅助技术（CAX）和企业管理信息系统（MIS、MRPⅡ或 ERP）等在更高水平上的集成。

3. CIMS 的体系

CIMS 是在 CIM 的概念指导下建立的先进制造系统。1988 年美国制造工程师学会 SME 提出了以数据库为核心的 CIMS 模型。1993 年该学会又提出一个现代制造业的模型——新型制造企业进步之轮，如图 1.8 所示。

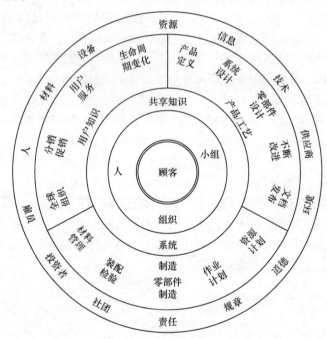

图 1.8　CIMS 模型

第一层是驱动轮子的轴心——顾客。潜在的顾客就是市场。企业任何活动的最终目的应该是为顾客服务，快速而圆满地满足顾客的愿望和要求。市场是企业获得利润和求得发展的基点，也是从计划经济体制转向市场经济体制的核心。

第二层是企业组织中的人员和群体工作方法。传统的管理概念，认为仅有供销人员是面向用户和市场的，但是，在多变的、竞争激烈的市场中，企业中的每个人都必须具有市场意识，每个职工都要了解市场的变化以及企业在市场中的地位、本职工作和市场竞争能力的关系。企业的成败关键不只是技术，而更重要的是人和组织。

第三层是信息（知识）共享系统。信息是企业的主要资源。现代企业的生产活动是依靠信息和知识来组织的。传统的生产方式中，各个部门都有自己的信息处理方式，所采用的知识各不相关。因此信息冗余量大，传递速度慢，共享程度很低。现代制造企业一定要建立一个信息和知识共享系统，它是以计算机网络为基础的，并有可参与的、使用操作方便和可靠的系统，使信息流动起来，形成一个连续的信息流，才有可能大大提高企业的生产和工作效率。

第四层是企业的活动层。

第五层是企业管理层，它的功能是合理配置资源，承担企业经营的责任。这一层应该是很薄的但卓有成效的一层，是企业内部活动和企业所在环境的接口。企业管理层是把原料、半成品、资金、设备、技术信息和人力资源作为投入，去组织和管理生产，并将产品推出到市场销售。企业管理层还要承担一系列责任，如员工的利益和安全、投资者的合理回报、社团公共关系、政府法规和行业道德以及环境保护等。

第六层是企业的外部环境。企业是社会中的经济实体，受到用户、竞争者、合作者和其他市场因素的影响。例如老用户和新用户的各种需求，原料和外购件的供应渠道，推销和代理商的组织，能源、交通和通信基础设施的好坏，劳动力和金融市场的变动，大专院校和研究所的支持，政府的经济法规和政治形势的变化等。企业管理人员不能孤立地只看到企业内部，必须置身于市场环境中对企业发展做出决策。

从功能上进行划分，CIMS 基本构成及功能如图 1.9 所示。

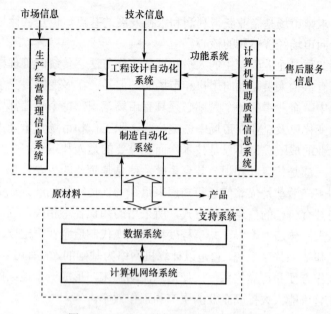

图 1.9 CIMS 计算机集成制造系统组成

（1）生产经营管理信息系统。

生产经营管理信息系统属于管理信息系统（Management Information System，MIS），是一个由人、计算机及其他外围设备等组成的能进行信息的收集、传递、存储、加工、维护和使用的系统。一个完整的 MIS 应包括：辅助决策系统（DSS）、工业控制系统（IPC）、办公自动化系统（OA）以及数据库、模型库、方法库、知识库和与上级机关及外界交换信息的接口。其中，特别是办公自动化系统（OA）、与上级机关及外界交换信息等都离不开 Intranet（企业内部网）的应用。可以这样说，现代企业 MIS 不能没有 Intranet，但 Intranet 的建立又必须依赖于 MIS 的体系结构和软硬件环境。

生产经营管理信息系统作为 CIMS 的神经中枢，用于收集、整理及分析各种管理数据，向企业和组织的管理人员提供所需要的各种管理及决策信息，必要时还可以提供决策支持。其核心为制造资源计划 MRP II 或企业资源计划 ERP。通过各种信息集成，达到缩短产品周期、降低流动资金占用、提高企业应变能力的目的。

（2）工程设计自动化系统。

工程设计自动化系统是 CIMS 中的主要信息源，根据生产经营管理信息系统下达的产品开发要求，通过计算机技术来完成产品的概念设计、工程与结构分析、详细设计、工艺设计以及数控编程等一系列工作，并通过工程数据库和产品数据库 PDM 实现内外部的信息集成。核心为 CAD/CAPP/CAM 的 3C 一体化。

（3）制造自动化系统。

制造自动化系统是 CIMS 中信息流与物流的结合点，是 CIMS 最终产生经济效益的所在。它将能源、原材料、配套件和技术信息作为输入，完成加工和装配，最后输出合格的产品。通常由数控机床、加工中心、清洗机、测量机、运输小车、立体仓库、多级分布式控制计算机等设备及相应的支持软件组成。

其目标包括：实现多品种、中小批量产品制造的柔性自动化；实现优质、低耗、短周期、高效率生产；提高企业竞争能力，并为工作人员提供舒适、安全的工作环境。

（4）计算机辅助质量信息系统。

在企业内部各个部门之间也有大量的质量信息需要交换，所以只有从系统工程学的观点去分析所有活动和信息，使全部质量活动构成一个有机的整体，质量系统才能有效地发挥效能。质量信息系统的功能包括质量计划、质量检测、质量评价、质量控制和质量信息综合管理。系统注重对过程的实时控制和问题的预防，提供主动式问题处理与改善追踪的系统平台，以实现持续改善。同时，它也是一个企业的集成化质量信息管理平台，它的客户价值在于通过监控和分析整个产品周期从研发、采购、制造、质保、销售及客户服务等过程的质量信息，为企业提供专业的数据采集平台，建立企业产品质量数据中心，帮助企业加强质量问题的监督管理，切实提升产品质量，并借此建立质量工程和管理体系，实现质量人员从"救火"到"预防"的角色转变，从而增强企业核心竞争力。

（5）计算机网络系统。

计算机网络技术是 CIMS 各个系统重要的信息集成工具。在网络软、硬件的支持下，将物理上分布的 CIMS 各个功能系统的信息联系起来。计算机网络系统应满足 4R（Right）要求，即：在正确的时间、将正确的信息，以正确的方式，传递给正确的对象。

（6）数据库系统。

数据库系统是 CIMS 信息集成的关键之一，用集成和分布相结合的体系结构来保证数据存储的准确一致性、及时性、安全性、完整性，以及使用和维护的方便性。

4. CIMS 的发展轨迹

系统集成优化是 CIMS 技术与应用的核心技术，因此我们认为，可将 CIMS 技术的发展从系统集成优化发展的角度来划分为三个阶段，即信息集成、过程集成、企业集成，如图 1.10 所示。

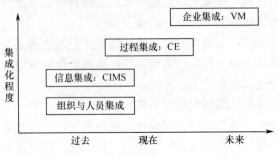

图 1.10　CIMS 的发展过程图

1）信息集成

主要内容有：企业建模、系统设计方法、软件工具和规范、异构环境下的信息集成。解决的根本问题是：解决设计、管理和加工制造中大量存在的自动化孤岛问题，使信息正确、高效的共享和交换。信息集成是改善企业时间（T）、质量（Q）、成本（C）、服务（S）所必需的。早期信息集成的实现方法主要通过局域网和数据库来实现。近期采用企业网、外联网、产品数据管理（PDM）、集成平台和框架技术来实施。值得指出，基于面向对象技术、软构件技术和 Web 技术的集成框架已成为系统信息集成的重要支撑工具。

2）过程集成

对过程进行重构（Process Reengineering），尽量实现并行工程，产品开发设计中的各个串行过程尽可能多地转变为并行过程，在设计

38

时考虑到下游工作中的可制造性、可装配性，设计时考虑质量（质量功能展开），则可以减少反复，缩短开发时间。

3）企业集成

企业提高自身的市场竞争力，不能走"小而全"、"大而全"的封建庄园经济的道路，而必须面对全球经济、全球制造的新形势，充分利用全球的制造资源（包括智力资源），更快、更好、更省地响应市场。为充分利用全球制造资源，把企业调整成适应全球经济、全球制造的新模式，CIMS 必须解决资源共享、信息服务、虚拟制造、并行工程、资源优化、网络平台等关键技术，以更快、更好、更省地响应市场。企业间集成的关键技术包括：信息集成技术、并行工程的关键技术、虚拟制造、支持敏捷工程的使能技术系统、基于网络（如 Internet/Intranet/Extranet）的敏捷制造，以及资源优化（如 ERP、供应链、电子商务）。

5. CIMS 的发展趋势

随着 CIMS 的发展，其趋势如下：

（1）集成化。从当前企业内部的信息集成和功能集成发展到过程集成（以并行工程为代表）并正在步入实现企业间集成的阶段（以敏捷制造为代表）。

（2）数字化/虚拟化。数字化包括管理数字化、设计数字化、企业数字化、生产过程数字化、制造装备数字化。在数字化基础上，虚拟化技术正在迅速发展，主要包括：虚拟现实应用、虚拟产品开发、虚拟制造。

（3）网络化。从基于局域网发展到基于 Intranet/Extranet/Internet 的分布式网络制造，以支持全球制造策略的实现。

（4）柔性化。实现柔性化的企业间动态联盟技术、敏捷设计生产技术、可重组技术等正在不断发展，以实现敏捷制造。

（5）智能化。智能化是制造系统在柔性化和集成化基础上进一步的发展与延伸。它是引入各类人工智能和智能控制技术，实现具有自律、分布、智能、敏捷等特点的新一代制造系统。

（6）绿色化。包括绿色制造、环境意识的设计与制造、生态工厂、清洁化生产等，它是全球可持续发展战略在制造业中的体现，是摆在现代制造业面前的一个崭新课题。

1.4.4　CE

1. CE 的产生

20 世纪 80 年代中期，制造业商品市场发生了根本性变化，随着经济全球化、迅速变化的市场以及日趋激烈的国际竞争，企业赢得市场竞争的关键是其能否快速响应市场需求，迅速开发出满足用户需求的新产品，并尽快上市。据统计，1870—1980 年，制造加工过程效率提高了 20 倍，管理效率提高了 1.8～2.2 倍，而设计效率只提高了 1.2 倍，基本上是传统的串行设计方式。传统产品开发模式已经不能满足市场竞争要求，其存在以下缺点：部门之间信息共享存在障碍；操作流程的串行实行，使得设计早期不能全面考虑产品生命周期中的各种因素，不能综合考虑产品的可制造性、可装配性和质量可靠性等因素，导致产品质量不能达到最优；各部门对产品开发的独立修改导致产品开发出现各种反复，总体开发时间延长；基于图样以手工设计为主，缺少先进的计算机平台，不足以支持协同化产品开发。因此，迅速开发出新产品，使其尽早进入市场成为赢得竞争胜利的关键，要解决这一问题，必须改变长期以来传统的产品开发模式。

1982 年，美国国防高级研究项目局开始研究如何在产品设计过程中提高各活动之间的并行度的方法。5 年后，美国国防高级研究计划局（DARPA）发表了其研究成果。后来的事实证明，该研究成果成为其后所有这方面研究的重要基础。1986 年夏天，美国国防部防御分析研究所发表了非常著名的 R-338 报告，明确提出了并行工程的思想。1988 年美国国家防御分析研究所（Institute of Defense Analyze，IDA）完整地提出了并行工程（Concurrent Engineering，CE）的概念，即"并行工程是集成地、并行地设计产品及其相关过程（包括制造过程和支持过程）的系统方法。同年，DARPA 发出了并行工程倡议，西弗吉尼亚大学设立了并行工程研究中心，许多大型软件公司、计算机公司开始对支持并行工程的工具软件及集成框架进行开发。CE 在国际上引起各国的高度重视，其思想被更多的企业及产品开发人员接受和采纳，各国政府也加大支持并行工程技术开发的力度。并行工程已在一批国际著名企业中获得成功应用，如波音、洛克希德、雷诺、通用电气等均采用并行工程技术来开发自己的产品，取得显著效益。

2. CE 的原理

CE 是对产品及其相关过程（包括制造过程和支持过程）进行并行、一体化设计的一种系统化工作模式。这种工作模式力图使开发者从一开始就考虑到产品全生命周期中的所有因素，包括质量、成本、进度和用户需求。CE 方法将传统模式中开发各阶段相对独立、按顺序逐段开发的流程，变成各阶段相互关联、并行或搭接进行。

CE 的基本点：一是要求设计和制造过程的多项计划同时并行交叉进行；二是在设计阶段很早就考虑到这一项产品的所有要素。

CE 的开发模式：同步、并行、交叉、协同的过程。

1）CE 的特点

（1）设计人员的团队化。一个人的能力总是有限的，不可能同时精通产品从设计到售后服务各个方面的知识和技能，也不可能掌握各个方面的最新情报。因此，为了设计出便于加工、装配、维修、回收、使用的产品，就必须将产品整个生命周期中各个方面的专家，甚至包括潜在的用户都集中起来，形成专门的工作小组，共同工作，随时对设计出的产品和零件从各个方面进行审查，力求使设计出的产品便于加工、装配、维修、运送，并且外观美、成本低、便于使用。在集中了各方面专家的智慧后设计出来的产品（在定型之前一般要经过多次设计、修改）必然可以满足（或基本满足）上述要求。在设计过程中，要定期组织讨论，大家都畅所欲言，对设计可以"横加挑剔"，帮助设计人员得出最佳化设计。

（2）设计过程的并行性。有两方面的含义：其一是在设计过程中通过专家把关，同时考虑产品寿命循环的各个方面；其二是在设计阶段就可同时进行工艺（包括加工工艺、装配工艺和检验工艺）过程设计，并对工艺设计的结果进行计算机仿真，直至用快速原型法产生出产品的样件。这种方式与传统的设计在设计部门进行，工艺在工艺部门进行已大不相同。

（3）设计过程的系统性。设计、制造、管理等过程不再是一个个相互独立的单元，而要将它们纳入一个整体的系统来考虑，设计过程不仅出图纸和其他设计资料，还要进行质量控制、成本核算，也要产生进度计划等。这种工作方式是对传统管理机构的一种挑战。

（4）设计过程的快速反馈。并行工程强调对设计结果及时进行审查，并及时反馈给设计人员。这样可以大大缩短设计时间，还可以保证将错误消灭在"萌芽"状态。

2）CE 的关键技术

（1）过程管理与集成技术。包括过程建模、过程管理、过程评估、过程分析和过程集成。

（2）团队。由传统部门制或专业组变成项目为主的多功能集成产品开发团队（Integrated Product Team，IPT）。

（3）协同工作环境。产品开发由分布在异地的采用异种计算机软件工作的多学科小组完成。具体关键技术包括约束管理技术、冲突仲裁技术、多智能体技术、CSCW（Computer Supported Cooperative Work）技术等。

（4）DFX。DFX 是 CE 的关键使能技术，X 代表产品生命周期中的各项活动。应用较多的是 DFA（面向装配设计）和 DFM（面向制造设计）。

（5）PDM。产品数据管理（Product Data Management）集成和管理产品所有相关数据及其相关过程。PDM 能在数据的创建、更改及审核的同时跟踪监视数据的存取，确保产品数据的完整性、一致性及正确性，保证每个参与设计的人员都能即时地得到正确数据，使产品设计返回率达到最低。

3. CE 的体系

并行工程的体系结构包括：

（1）产品概念设计。对产品设计要求进行分组描述和表述，并对方案优选、批量、类型、可制造性和可装配性评价，选出最佳方案，指导概念设计。

（2）结构设计及其评价。将产品概念设计获得的最佳方案结构化，对各种方案进行评价和决策，选择最佳结构、设计方案或提供反馈信息，指导产品的概念设计和结构设计。

（3）详细设计及其评价。根据结构设计方案对零部件进行详细设计，并对其可制造性进行评价，即时反馈修改信息，指导特征设计，实现特征/工艺并行设计。

（4）产品总体性能评价。该阶段产品信息较完善，对产品的功能、性能、可制造性和成本等采用价值工程方法进行总体评价、提出反馈信息。

最后必须进行工艺过程优化，对零件的实际加工过程进行仿真。

4. CE 的发展趋势

经过多年的研究与工程实施，并行工程技术思想、方法、工具取得了飞速的进展，从理论研究走向工程实用化，为企业获得市场竞争优势提供了有效的手段。随着需求的进一步深入，可以预计，在今后的一段时间内，并行工程的发展主要集中在以下几个方面：

（1）并行工程的方法体系结构更加完备。

并行工程已经从传统的产品与过程设计的并行发展到产品、过程、设备的开发与组织管理的并行集成优化，集成范围更加广泛，而在此基础上，并行工程的方法体系也将更加完备。

（2）团队与支持团队协同工作环境支持全球化动态企业联盟。

团队技术发展十分迅猛，各种类型的团队和组织管理模式在发展中逐步统一和规范化。随着计算机网络技术的进展，项目管理软件功能的增加，集成框架、CAX/DFX、PDM/ERP、Internet/Intranet，以及协同工作环境与工具的飞速发展和应用领域的不断扩大，以集成产品团队为核心的组织管理模式日益成熟。IPT 从企业内部走出，进一步发展为与客户和供应商共同工作，并在特定情况下与竞争对手合作。可以说：IPT（或其他团队形式）正在逐步发展为跨企业、地域，乃至遍布全球的规模，IPT 的组织管理方式也发生了根本变化，散布性和动态性更加明显，团队、CSCW 技术将有力支持全球化动态企业联盟。

（3）过程重组技术逐渐成熟、应用范围和规模不断扩大。

随着信息技术的广泛使用（共享数据库、专家系统、决策支持工具、通信、过程建模仿真、Internet 等），团队等并行工程技术的发展，企业组织结构由金字塔变为扁平化，人员素质的提高，BPR 技术将逐渐成熟，应用范围和领域也不断扩大，经营过程重组也随之从单一企业的重组逐步走向世界范围内跨国经营过程重组的需求。值得注意的是，跨地域、企业的国际化合作因其多面性和深层次结构增加了经营过程的复杂性，也对重新设计经营过程的选择产生巨大的影响。经营过程重组必须考虑其内容、活动结构、国际化和复杂性的巨大变化。

（4）产品数字化定义技术、工具和支撑平台将日趋完善。

研究人员的工作重点进一步完善 CAX/DFX 理论，开发商正致力于实现数字化产品定义工具的实用化与通用化。产品全局数字化模型将更加完备，基于标准和特征技术实现集成化也将成为人们关注的中心。产品数据管理（PDM）系统和支持并行工程的框架技术的功能将不断加强，跨平台的 PDM 系统和框架已问世，基于 Web 技术的系统成为其发展新方向。

（5）实施模式与评价方法的系统化、规范化。

随着并行工程技术的推广，实施模式与评价方法的研究也将逐渐加深，企业对实施模式与评价体系的系统化、规范化的要求日益强烈。有关并行工程实施的通用方法、评价体系方面的研究都取得了很大的进展，系统化、规范化工作将进一步完善。

1.5　先进制造模式的应用

在传统制造技术逐步向现代高新技术发展、渗透、交汇和演变的过程中，形成了先进制造技术的同时，出现了一系列先进制造模式。

根据国际生产工程学会（CIRP）的统计，发达国家所涌现的先进制造系统和先进制造生产模式就多达 33 种。发达国家制造业企业，特别是跨国公司和创新型中小企业已广泛采用了一些新的制造模式和制造系统，如：柔性制造系统（FMS）；计算机集成制造系统（CIMS）；精益生产模式（LP）；清洁生产模式（CP）；高效快速重组生产系统；虚拟制造模式（VM）等。目前，正在开发下一代制造和生产模式，如并行工程和协同制造（HM）、生物制造（BM）、网络化制造和下一代制造系统（NGMS）等。

目前，在国外工业发达国家所涌现的 AMM 中，有的已投入生产使用，产生了可观的经济效益，如精益生产、柔性制造、集成制造等；有的尚未成熟，在制造业有一定影响，如并行工程、智能制造、敏捷制造等；有的正在探索，有未来应用前景，如生物制造、绿色制造、网络制造等。

在国内 AMM 的推广应用，必将带动制造业的整体变革，提高制造业的竞争力。从我国实施先进制造模式（AMM）的实施途径来看，根据技术、组织、人因三种资源对企业经营的关键作用，目前受到普遍重视的 AMM 主要有：柔性制造、智能制造、精益生产、敏捷制造。其中，实现柔性制造、智能制造和敏捷制造（外部环境）的手段是基于投资的；而实现精益生产和敏捷制造（制造系统）的手段是基于创新的。为了实现制造企业的战略目标，尽早建立先进制造系统（AMS），制造企业建立 AMM 可从制造技术、制造组织和人的作用这三种途径入手，所依赖的手段主要是投资和创新。

针对当前我国实施 AMM 的情况，推进实施 AMM，目前需要做好以下工作：

（1）在市场机制基础上，调整行业布局、产品和企业规模，进行资源重组。

（2）从整体和全局发挥本企业的管理、作业过程、物理系统、信息系统、人才智能和专有技术等优势。

（3）充分发挥人力资源的优势和潜力，不断提高人的素质、知识水平和创新能力。

（4）从效益出发，开发应用制造信息化技术，首先是数字化制造技术和制造信息系统。

（5）专有和公有制造知识的开发、管理及其有效利用方法。

1.6　本　章　小　结

本章讨论了先进制造及先进制造模式概念、分类及特点，简要介绍了常见的先进制造模式，讨论了先进制造的发展趋势。

参　考　文　献

[1]　戴庆辉. 先进制造系统[M]. 北京：机械工业出版社, 2006.

[2]　王庆明. 先进制造技术导论[M]. 上海：华东理工大学出版社, 2007.

[3] 丰田英二. 汽车巨子丰田英二[M]. 杨国兵, 陈冬梅, 译. 北京：中国经济出版社, 1992.

[4] 庄品, 周根然, 张明宝. 现代制造系统[M]. 北京：科学出版社, 2005.

[5] 孙林岩, 汪建. 先进制造模式理论与实践[M]. 西安：西安交通大学出版社, 2003.

[6] 刘梦麒, 单汨源, 李果. 国际先进制造模式及发展趋势研究[J]. 金融经济, 1994—2010：100-102.

[7] 孙林岩, 汪建. 先进制造模式的概念、特征及分类集成[J]. 西安交通大学学报（社会科学版）, 2001, 21(56)：27-31.

[8] 汪建. 先进制造模式的比较研究[D]. 西安：西安交通大学, 2000.

[9] 崔建双, 李铁克, 张文新. 先进制造模式研究综述[J]. 中国管理信息化, 2009, 12(15)：91-94.

[10] 房贵如, 刘维汉. 先进制造技术的总体发展过程和趋势[J]. 中国机械工程, 1995, 6(3)：7-10.

[11] 杨叔子, 李斌, 吴波. 先进制造技术发展与展望[J]. 机械制造与自动化, 2004, 33(1)：1-6.

[12] 赵晓梅, 李爱荣. 先进制造技术体系结构及特点[J]. 机械管理开发, 2001(2)：30-311.

[13] 陈国权. 先进制造技术系统研究开发和应用的关键——人的因素[J]. 中国机械工程, 1996, 7(1)：12-14.

[14] 方淑芬, 唐志新. 先进制造技术条件下的组织结构选择[J]. 高技术通讯, 2000(11)：60-63.

[15] 高清, 方淑芬, 马天超. 先进制造技术与组织管理[J]. 高技术通讯, 1995(8)：60-62.

[16] Pauls. With agility and adequate partnership strategies towards effective logistics networks[J]. Computer in Industry, 2000, 42(1)：33-42.

[17] 程国平. 生产与运作[M]. 武汉：武汉理工大学出版社, 2007.

[18] 王成恩. 敏捷制造策略原理及关键技术[J]. 计算机集成制造系统, 1995(4)：18-22.

[19] 张申生, 等. 敏捷制造的理论、技术与实践[M]. 上海：上海交通大学出版社, 2000.

[20] 姚振强, 张雪萍. 敏捷制造[M]. 北京：机械工业出版社, 2004.

[21] Daniel Roes. The machine that changed the world[M]. Frankfort Campus-Publishing House, 1991.

[22] [日]门田安弘. 丰田生产方式的新发展[M]. 史世民, 译. 西安：西安交通大学出版社, 1985.

[23] 汪应洛, 孙林岩, 黄映辉. 先进制造生产模式与管理的研究[J]. 中国机械工程, 1997, 8(2)：63-73.

[24] 孙林岩, 汪建, 曹德弼. 精益生产及其在先进制造中的地位和作用[J]. 航空制造技术, 2003(7)：48-57.

[25] James P Womack, Daniel T Jones. 精益思想[M]. 沈希瑾, 等译. 北京：商务印书馆, 2002.

[26] 顾新建, 祁国宁. 德国的精益管理的思想[J]. 工厂建设与设计, 1998(2)：40-42.

[27] 严新民. 计算机集成制造系统[M]. 西安：西北工业大学出版社, 1999.

[28] 徐杜, 蒋永平, 张宪民. 柔性制造系统原理与实践[M]. 北京：机械工业出版社, 2001.

[29] 李言, 王淑娟. 先进制造技术与系统[M]. 西安：陕西科学技术出版社, 2000.

[30] 李芳芸, 等. CIMS环境下管理信息系统的分析设计与实施[M]. 北京：清华大学出版社, 1995.

[31] 熊光楞, 等. 计算机集成制造系统的组成与实施[M]. 北京：清华大学出版社, 1996.

[32] 高秀兰. 我国计算机集成制造系统(CIMS)的现状及前景展望[J]. 现状·趋势·战略, 2002(2)：20-23.

[33] 李伯虎, 等. 现代集成制造系统的发展与863/CIMS主题的实施策略[J]. 计算机集成制造系统, 1998(5)：7-15.

[34] 吴澄, 李伯虎. 从计算机集成制造系统到现代集成制造系统[J]. 计算机集成制造系统, 1998(5)：1-6.

[35] 赵博, 刘晓冰. CIMS 环境下的企业经营过程重构研究[J]. 工业工程, 1998, 1(3)：28-32.

[36] 江征风, 杨红兵, 丁毓峰. CIMS 环境下的 CAPP 集成技术研究[J]. 机械工程师, 2006(8)：88-90.

[37] 李美芳. CIMS 及其发展趋势[J]. 现代制造工程, 2005(9)：113-115.

[38] 吴昊. CIMS 应用集成平台技术发展现状与趋势[J]. 中国科技信息, 2006(3)：80-81.

[39] 张继红. 基于 CIMS 环境的数据通信与网络技术[J]. 机械管理开发, 2006(6)：129-130.

第 2 章　扩散理论及其发展

在不同的领域中，扩散的定义不同。在生物学领域中，扩散是指生物个体或其传布体（如孢子、种子）向其他地域传布的过程，又称散布。在化学领域中，扩散是指物质分子从高浓度区域向低浓度区域转移，直到均匀分布的现象，扩散的速率与物质的浓度梯度成正比。物理学领域中的扩散指一种物质的分子分散到另一种物质的分子中，最后均匀分布。而在管理学领域或传播学领域中，扩散是创新通过一段时间，经由特定的渠道，在某一社会团体的成员中传播。它是特殊类型的传播，所含信息与新观念有关。在本书中，从管理学角度来对扩散进行理解和定义。本章介绍扩散理论及其发展，综述扩散理论的研究现状，给出经典的扩散模型，并说明扩散理论的应用。

2.1　扩散理论概述

扩散是创新通过一段时间，经由特定的渠道，在某一社会团体的成员中传播。扩散过程由创新、传播渠道、时间、社会系统四个关键元素组成。从信息传播学的角度来看，通过传播渠道，创新信息可以在一个社会系统内传播或传向另一个社会系统。信息传播渠道有两大类，即大众传播和人际传播，这两种传播渠道在创新采用过程中发挥着不同作用。目前，扩散理论主要应用于产品扩散及创新扩散（也称为技术扩散）。

创新扩散理论是埃弗雷特·罗杰斯（E. M. Rogers）提出，罗杰斯认为，创新是一种被个人或其他采用单位视为新颖的观念、实践或事物，创新扩散是指一种基本社会过程，在这个过程中，主观感受到的关于某个新颖的信息被传播，通过一个社会构建过程，创新的意义逐渐显现。产品市场扩散理论及其模型的研究作为近年来市场营销领域一个重大课题，已经引起了制造业决策者及学术界相关人士的普遍关注。

产品市场扩散是指一种产品随时间推移通过某种渠道被社会系统中的成员、组织或个人所接受或应用的过程，这一过程表现在销售领域就是产品生命周期（Product Life Cycle，PLC）。市场竞争的日益加剧缩短了产品的生命周期，加速了产品的更新换代，继而对制造企业快速适应市场变化的能力提出了越来越高的要求，并由此催生了新的制造模式。正确把握产品市场扩散行为有助于提高制造企业快速反应能力，降低产品开发成本，提高服务质量及产品质量。

2.1.1　扩散的基本概念

创新扩散理论是埃弗雷特·罗杰斯提出的，他在对新产品扩散过程的研究中发现，某些人性格上的差异是影响消费者接受新技术和新产品的重要因素，并由此提出了创新扩散理论。罗杰斯按照顾客接受新产品的快慢程度，把新产品的采用者分为五种类型：

（1）创新采用者。该类采用者约占全部潜在采用者的 2.5%。任何新产品都是由少数创新采用者率先使用，因此，它们具备如下特征：极富冒险精神；收入水平、社会地位和受教育程度较高；一般是年轻人，交际广泛且信息灵通。

（2）早期采用者。早期采用者是第二类采用创新的群体，占全部潜在采用者的 13.5%。他们大多是某个群体中具有很高威信的人，受到周围朋友和用户的爱戴。正因如此，他们常常去收集有关新产品的各种信息资料，成为某些领域的舆论领袖。

（3）早期大众。这类采用者的采用时间较平均采用时间要早，占全部潜在采用者的 34%。其特征是：深思熟虑，态度谨慎；决策时间较长；受过一定教育；有较好的工作环境和固定收入；对舆论领袖的消费行为有较强的模仿心理。

（4）晚期大众。这类采用者的采用时间较平均采用时间稍晚，占全部潜在采用者的 34%。其基本特征是多疑。他们的信息多来自周围的同事或朋友，很少借助宣传媒体收集所需要的信息，其受教育程度和收入状况相对较差，所以，他们从不主动采用或接受新产品，直到多数人都采用且反映良好时才行动。因此，对这类采用者进行市场扩散是极为困难的。

（5）落后采用者。这类采用者是采用创新的落伍者，占全部潜在采用者的16%。他们思想保守，拘泥于传统的消费行为模式。他们在产品进入成熟期后期乃至进入衰退期时才会采用。与一般人相比较，在社会经济地位、个人因素和沟通行为等三个方面存在着差异。

扩散理论很早就受到了许多学者的关注，大量关于扩散理论的论文与专著相继问世，但目前扩散理论主要应用于产品扩散及技术扩散方面的研究。

2.1.2　产品扩散和技术扩散

1. 产品扩散的研究

产品扩散主要是新产品的扩散。新产品扩散，是指新产品上市后随着时间的推移不断地被越来越多的消费者所采用的过程，也就是说，新产品上市后逐渐地扩张到其潜在市场的各个部分。扩散与采用的区别，仅仅在于看问题的角度不同。采用过程是从微观角度考察消费者个人由接受创新产品到成为重复购买者的各个心理阶段，而扩散过程则是从宏观角度分析创新产品如何在市场上传播并被市场所采用的更为广泛的问题。

1990年Mahajan等对新产品扩散理论的研究做了系统的回顾和展望，归纳总结了Bass模型问世后的研究文献，认为研究成果是从九个方面放宽Bass模型的限制性假定而取得的。在此基础上，他们指出未来的研究可以从如下11个方面对新产品扩散理论进行深化和扩展：

① 已有的研究只涉及价格或广告因素对扩散的影响，未来的研究应引入其他营销组合变量并进行实证。

② 产品的特征已引入到扩散模型，未来应进行开发过程的优化产品设计决策研究。

③ 在产品代际相互影响扩散研究的基础上，预测产品换代的可能性和多代产品定价建模。

④ 已有的研究在下一代产品上市决策分析中没有考虑价格影

响，未来应对此进行进一步的理论和实证研究。

⑤ 高科技共生性产品捆绑上市的扩散模型研究。

⑥ 竞争者与产品增长的关系研究。

⑦ 供给约束的进一步研究，使管理者可以通过管理供给控制产品的生命周期。

⑧ 市场干预对产品扩散的影响。

⑨ 综合时间和空间维度建模以评价上市策略对扩散的影响研究。

⑩ 在负面口头传播重要性研究的基础上，开展 Bass 模型的多阶段扩散中口头传播影响的实证研究。

⑪ 研究销售"起飞"现象。

结合以上观点，自 90 年代以来对产品扩散的研究主要集中在两大方面：

（1）Bass 模型的改进扩展模型。

对 Bass 模型的改进及扩展模型主要体现在如下方面：

① 加入营销组合变量。

早期 Bass 模型主要是分别研究价格和产品两方面因素各自对扩散的影响，随着研究的深入，现已将更多的营销组合变量加入这一模型中并研究各种因素的综合作用结果。研究发现，在营销变量的影响效果明显时，多因素共同作用模型对数据的拟合程度更高。而通过对营销渠道的研究表明在传统的实体营销渠道中产品的扩散过程与 Bass 模型相似，但是在新型网络营销渠道中创新产品的市场潜量、模仿系数和创新系数均有所放大导致销售和采用的进程加快。

② 竞争的影响。

研究着重探讨了新品牌对同种类其他品牌扩散的两种影响：对同类产品整体市场潜力的扩大作用；与同种类品牌竞争造成的现有品牌扩散速度减缓。陈新桂等对市场竞争对新产品的扩散过程进行研究发现各类竞争特性对产品扩散过程具有显著差别，提出了竞争对产品扩散产生重要影响需要具备的一些理论条件。

③ 引入供给约束。

最初的 Bass 模型不存在供给约束条件，但在实际中确实存在供不应求的现象。Jain 等认为在供给约束下存在消费者不能及时买到新产品的情况，于是出现了等待采用者；但是他们没有考虑等待采用者在中途退出的可能性对产品扩散过程的影响。

④ 补充性产品的影响。

补充性产品分为共生的补充性产品和衍生的补充性产品。共生的补充性产品之间的重要性大致相当且其中一产品不能离开另一产品独自扩散，衍生的补充性产品中主产品可以不依赖于副产品而独自扩散。Gupta 等分析了数字电视的扩散情况，结果表明数字电视的需求依赖于电视产品的软硬件特性。

⑤ 产品更新换代的影响。

这类研究主要集中于分析采用者的跳跃购买行为、同一种产品多代之间的相互影响。1987 年，Norton 和 Bass 两人共同建立了 Norton-Bass 模型，以计算机硬件为产品进行分析得出了各种情形下的多代产品扩散模式图。胡知能等建立了三代产品的扩散基本模型，并引入了免费商品、产品定价策略和商品的重复购买等影响因素。

⑥ 考虑重复购买的情况。

Steffens 多群体采用扩散模型研究了重复购买前提下产品的市场扩散过程但缺乏对市场竞争这一因素的考量。

（2）新架构模型。

随着对创新产品扩散问题研究的深入，一些学者认识到 Bass 模型将产品扩散局限在传播过程中而没有考虑营销战略和采用者购买能力以及消费者异质性等因素。他们针对这些因素提出了新的模型。

① 购买力驱动扩散。

Bass 模型假设购买者对产品的购买力是相同的，购买时间的差异是由传播渠道的不同造成的。但购买力驱动扩散模型的研究者认为购买力是新产品销售增长的重要驱动力，而购买者之间的购买力是有差异的，这种差异让一些了解新产品的人因为新产品的高价格而取消了购买新产品的计划。

② 战略驱动扩散。

一些学者认为组织包括政府管理机构、企业以及其他社会组织等在推进新产品扩散时所做出的诸如标准制定、营销方案等战略决策都会对产品扩散产生显著影响。如 Dekimpe 对数字通信发射机技术两阶段的分析表明监管单位制定的标准对产品的扩散具有极其重要的影响。

③ 异质性驱动扩散。

根据对消费者群体假设的不同可以将产品扩散模型分为个体水平扩散模型和集合水平扩散模型。前者认为消费者是不断更新概念的异质性个体，其决策是变化着的；后者则假定消费者是同质的集合体。Chatterjee 等主张消费者倾向规避风险，只有在产品性能预期的收益大于他们的风险承受限度时才会购买新产品，而不同消费者由于其异质性所以其购买决定也不尽相同，在研究异质性产品扩散时需要对消费者个体采用行为进行预测。

④ 空间扩散。

这类研究的重点放在了产品空间扩散的模式而不是产品随着时间推移扩散。Redmond 在假设空间同质性的前提下探讨了地区条件和人口统计学的因素对同一国家不同地区的产品空间扩散率的影响，Garber 则论证了通过建立复杂的空间扩展模型来预测新产品市场成功的可行性。

⑤ 娱乐品扩散。

不同于传统产品的钟型扩散模式，娱乐信息类产品的衰减呈现激烈的指数模式。这方面的研究倾向于在产品上市前对销售情况进行预测，例如 Eliashberg 等通过电影的试映数据获得相应参数建立马尔可夫链模型对未上市的电影的销售情况进行预测。

可以看出关于创新产品扩散理论的研究日益丰富与成熟，但在一些方面仍有不足，例如：考虑营销变量的影响时未能将其全面综合地纳入到一个统一的模型中；现有的成果大都是在做出各种理想假设的情况下取得的，缺乏较切合实际的模型；对模型所需数据的获得与使用的研究还有所不足；对信息时代背景下的一些新式创新性产品的扩散问题研究不足。

随着科学技术的飞速发展，产品的更新换代时间在逐渐缩短。每年市场上都有许多新产品出现，但每种新产品能否获得成功及成功的程度是各不相同的。有的新产品投入市场，就以惊人的魔力迅速占领市场；有的新产品上市初期销路尚好，但随着时间的推移，销售下滑；

有的新产品上市初期，并没有被消费者接受，但慢慢地其销路不断扩大；而有的新产品根本打不开销路，很快在市场上消声匿迹。产品的特性对消费者产品的选择有着重要的影响，从而对产品的市场扩散过程产生影响，产品的特性是指一项产品在商业化推广和应用的过程中所涉及的技术层面的特征，其中以下五个特征显得特别重要。

（1）产品的相对优势。

主要体现为消费者对产品优于同类产品的程度的认知，它与采用率呈正相关性。新产品的相对优点越多，即在诸如功能性、可靠性、便利性、新颖性等方面比原有产品的优越性越大，满足消费者需要的程度就越高，市场接受和扩散速度就越快。例如，20世纪市场流行的各种摇控彩电、多功能家用炊具、台式组合音响等，其扩散速度就比较快，因为这些产品的优越性显而易见。与上述产品相比，家用洗碗机的扩散速度就慢得多了。虽然家用洗碗机也有很多优越性，但这种优越性却不容易为人们认知和觉察，而且在设计家用洗碗机时，制造商忽略了城市的大部分家庭厨房面积狭小、三口之家在不断增加这两种重要因素，故很多小家庭对这样一个功能单一、既费电又占地方、很不实惠的"庞然大物"是很难产生需求的。相对优点少，就是家用洗碗机市场扩散缓慢的重要原因。

（2）一致性。

主要表现为新产品与社会中的个人的价值和经验相吻合的程度，它与采用率呈正相关性。当产品与目标市场的消费习惯、消费方式和价值观念相适应或较为接近，就会加速产品的推广使用。反之，一种产品的使用，需要改变消费者原有的消费方式、消费习惯和价值观念，那么新产品的扩散速度就会受到影响。

（3）复杂性。

主要是指了解和使用该产品的相对困难程度，它与采用率呈负相关性。一般而言，产品的结构和使用方法简单，才有利于产品的推广扩散，消费品更是如此。如果使用一种产品需要掌握复杂的知识和技能，那就不容易被消费者接受。一般照相机的使用需要相当多的知识背景，很多人觉得难以掌握其要领，因此，一般照相机的扩散速度受到了限制。在简化操作程序，调整一般相机结构基础上生产出来的"傻瓜"相机，适应了消费者操作简单、使用方便的心理要求，一投放市场便迅速地得到了扩散。所以在设计新产品时应尽量简化操作程序，大众化、方便化，这将有利于新产品的扩散。

（4）产品的可试性。

新产品允许购买者试用可以加快产品的扩散速度，尤其是一些在试用后，短时间内可以表明使用效果的产品更是如此。一些零售商、制造商采取让顾客试用、试听、试尝，或折零销售其意义就在于此。齐齐哈尔某商店实行香烟论支卖，生意非常兴隆。把整盒的烟打开论支卖，顾客品尝后，香烟的好坏马上可知，这样既可以为新牌子香烟打开销路，又能招来大批顾客。不少厂家和商店的产品，尤其是新牌子的产品之所以问津者稀少，其中一个主要原因就是产品未被消费者所认识，产生不了购买欲望。

（5）产品的传播性。

产品的传播性指产品广告宣传程度，以及使用结果被观察或向其他人转述的程度，与采用率呈正相关性。

从消费者的角度来看，消费者在产品的喜好上也存在着个人差异。除了消费者本身的性格以外，通过某个人对产品的陈述，使其他人态度或购买可能有所改变，这在产品采用过程中也起着重要作用。

2. 技术扩散的研究

技术扩散是一项技术从首次得到商业化应用，经过大力推广、普遍采用阶段，直至最后因落后而被淘汰的过程。它不仅仅指对生产技术的简单获取，而是强调对技术引进方的技术能力的构建活动。技术扩散是技术在空间上的一种传播，不同区域之间的技术差距是技术得以扩散的基本前提，而扩散的关键原因由发达地区技术溢出和落后地区的技术需求双方共同作用导致。

学术界对技术扩散的研究起源于社会学领域中有关社会发展的研究。法国社会学家泰勒于 1904 年从传播论角度探讨了模仿对于社会发展的影响，认为其遵循 S 形曲线轨迹。1943 年，美国学者莱恩和格劳斯从田园社会学的视角验证了农业创新技术的传播过程符合 S 形技术传播曲线。而曼斯菲尔德则于 1961 年探讨了工业创新技术传播的 S

型传播曲线。黑格斯特朗则最早从空间视角对技术扩散理论的空间进行研究，将空间距离因素纳入了技术扩散的研究视角。自 20 世纪 60 年代起，随着技术扩散活动日趋激烈和全球技术空间体系的逐渐成型，区域经济活动增长愈加依赖于技术创新导致技术扩散现象得到了空前的重视。国内外学者对技术扩散的空间尺度、影响因子、时空模型、空间扩散方式与效应等方面进行了一系列的理论和实证研究，形成了相应的学术流派。当前技术扩散理论的研究主要有空间尺度、影响因子、类型、路径、模型、方式与效应等六个方面。

（1）技术扩散的空间尺度。

技术扩散的空间尺度分为宏观和微观两个层次，具体内容如下：

① 宏观尺度技术扩散。

宏观层次扩散研究重在分析技术在扩散空间内所能达到的范围及其形状，解释技术扩散在空间展开不均衡的原因和形成机制，其范围常是国际间技术扩散和地区间扩散，侧重对国际贸易和跨国公司所引起的技术扩散的研究。如国外学者 Aitken、Keller 分别对跨国公司在东道国的技术扩散效应和海外研发布局的技术扩散问题进行了探讨。国内学者曾刚也对技术扩散的动因、特征、模式进行了较为全面的分析。

② 微观尺度技术扩散。

微观层次的扩散则主要研究潜在采用者之间技术转移的过程和规律等，制定促进技术创新在微观层面传播的对策。其范围是地区内的技术扩散，研究常从企业集群和网络的角度展开。跨国公司对东道国企业技术溢出和区域创新能力研究是微观尺度技术扩散研究的重点内容。Abreu 等对技术扩散的微观空间集聚形式进行了研究，提出了高新技术企业在空间上临近的重要性。曾刚则分别从宏观尺度和微观尺度上跨国公司对东道国技术扩散过程进行了研究，并对比影响大小，认为微观尺度上的技术溢出是发展中国家取得先进技术的更为有效的途径。

（2）技术扩散的影响因子。

技术扩散的影响因子主要有距离、技术势能、扩散通道等，具体内容如下：

① 距离。

距离被国内外学者普遍认定为影响技术微观尺度扩散的最主要因素，且在微观尺度上技术势能的强度有明显的随距离增大而减弱的趋势。在宏观尺度上看距离对技术扩散的影响程度不如其在微观尺度上的影响显著。

② 技术势能。

不同地区技术水平之间的差距也是影响技术扩散的重要因子。地理学者更为强调技术水平在地理空间上的不均衡分布导致的技术扩散的不连续性。技术扩散难易程度的大小与技术势能差大小具有一定的正相关关系，并由此引发了技术二元现象，因此张玉杰等认为适当的技术势差是顺利实现技术扩散的必要条件。

③ 扩散通道。

"通道"这一概念最早是由 Levison 等提出，他们用"廊道模型"来模拟波利尼西亚人在群岛之间漂流迁徙的路径。与此类似的是技术在空间扩散过程中受到各种因素影响而表现出的不同扩散路径，这使得"廊道模型"对于技术扩散通道的研究具有参考意义，林兰等从不同视角研究了技术扩散通道的概念和内涵，分析了技术通道的非均质性和动态性特点，指出技术扩散通道畅通与否对于技术扩散具有重要意义。

（3）技术扩散的类型。

根据技术扩散中不同的区分因素（如经济体制、技术扩散机制、技术扩散的空间传递方式等）可以将技术扩散划分为不同的类型。如：

① 按企业内部创新行为模式划分。

赫伯特等根据企业内部技术创新行为模式的不同，将技术扩散模式分为顺序式技术扩散、部分重叠式技术扩散和并行式、模块化技术扩散三类。研究发现，在技术更新速度加快和信息传递更为便捷迅速的大趋势下，顺序式技术扩散的劣势日渐突出，而具有技术流动高速、高效和柔性化生产方式等特点的部分重叠式技术扩散与并行式、模块化技术扩散却正逐渐成为技术扩散方式的主流。

② 按经济运行体制划分。

傅家骥等按经济运行体制将技术扩散划分为集中型、非集中型和综合型三类。他们认为集中型和非集中型技术扩散模式有着不同的扩散源和扩散动力，进而对技术扩散的方向和质量产生影响；不同的产业和不同的国家、地区以及这些国家和地区的不同发展阶段，其技术扩散的模式都不相同，并据此将"S 型扩散曲线"修正为"短效型""早衰型""低效型"和"倒 V 型"。

此外还有按照技术创新的传播方式划分和按照技术扩散的空间效应划分等多种技术扩散类型的划分标准。

（4）技术扩散的路径。

技术扩散路径包含技术扩散的静态路径和动态路径两个方面。前者是指技术扩散的模式，即技术扩散的产生方式或扩散渠道；后者侧重从技术本身出发,研究技术的生命周期不同阶段对技术扩散的影响。

① 静态技术扩散路径。

Buckley 提出了经典的十种形式的技术扩散：外国独资企业、合资企业、外国多数股权安排、股权递减协议、许可、专卖、管理契约、交钥匙工程、契约合资、国际转包（分包）。第一种是传统意义上的国际直接投资型（FDI）技术扩散形式，其余九种称为新型的 FDI 或新型的国际工业合作。

② 动态技术扩散路径。

Schumpter 最早根据技术创新的周期将技术变化的全过程划分为发明、创新和传播三大阶段。Vernon 的产品生命周期划分方法较好地解释了国际间技术扩散的过程，并强调了新兴工业化国家和地区在国际技术扩散过程中能够发挥的积极作用。

（5）技术扩散模型。

① 技术扩散时间模型。

依据随时间推移技术扩散数量和速度变化不同，技术扩散时间模型分为技术扩散数量模型（以"S 型"模型为代表）和技术扩散速度模型（以"钟型"模型为代表）两大类。

技术扩散数量模型以曼斯菲尔德的"S 型"扩散曲线为代表指出技术采用者在时间坐标上呈"S 型"分布，并由此开创了对扩散问题的定量分析传统。技术扩散速度模型由 Bass 提出，与"S 型"技术扩散模型采用技术企业累计数相对应，技术扩散的速度在时间轴上呈现先上升后下降的趋势，表现为"钟型"结构。

② 技术扩散空间模型。

最早对技术空间扩散进行研究的是瑞典学者黑格斯特朗，他于1952 提出了技术扩散的"四阶段模型"，指出在开始阶段，扩散强度随距离衰减特征显著；但随着时间的推移，在扩散阶段、冷凝阶段和饱和阶段，扩散强度随距离衰减的特征逐渐减弱。在众多的技术扩散空间模型中，具有代表性的是 Berry 的重力模型与 Wilson 的最大熵模型。

（6）技术空间扩散的方式与效应。

20 世纪 60 年代末至 70 年代初，有学者提出了知识的空间维扩散思想，认为创新可发生在任何空间，但其扩散具有一定路径。对应于技术空间扩散的重力模型与最大熵模型，技术在空间上以两种方式进行扩散，即波浪式空间扩散与等级空间扩散。

① 波浪式空间扩散。

波浪式空间扩散认为技术创新由中心向腹地扩散，在均质空间上以同心圆的形式展开，并严格遵循距离衰减规律；空间距离是影响技术扩散实现的主要因素。该理论注意到了技术扩散中的"示范效应"，即由于同一技术的潜在采用者在空间上相对集中而造成的企业集聚效应，这种效应主要表现在技术扩散的微观层次上，也是高技术企业空间集聚的理论基础之一。

② 等级空间扩散。

等级空间扩散理论认为技术创新的扩散空间非均质，决定技术扩散方向和速度的不是距离远近，而是区域的技术接受能力，技术在非均质扩散空间中按照区域的接收能力的等级大小呈跳跃式扩散，等级效应十分明显。该理论强调了创新在区域间扩散的有序性，更适用于发达国家和地区间的较为复杂的先进技术的扩散。

早期由于技术在促进区域经济增长中所起的作用日益增强，经济学家对技术扩散理论展开了研究。随着距离等地理影响因子被纳入技术扩散体系，技术扩散理论不断得到丰富和完善，也形成了相应的学术流派。21 世纪初，集群和网络内部的权力关系等一些技术扩散的非技术因素得到了一些学者的重视，除了宏观尺度上国家或区域之间的技术势差之外，微观尺度上技术权力等级体系这一因素也对技术扩散产生着重要影响。因此，对微观尺度技术扩散的内涵、作用方式、绩效的研究必将成为技术扩散研究的新领域。

2.2　扩散的基本模型

作为传播理论的一项重要分支，扩散理论很早就受到了许多学科学者的注意。自 1969 年 Bass 公开发表创新扩散模型（Bass 模型）以来，有关创新扩散的研究成果不断涌现，大量关于扩散理论的论文与专著相继问世，多种模型及参数估计的方法被人们所利用。为了给先进制造模式扩散模型的建立提供依据，下面分别对 Bass 模型和 MOD模型作出简要的介绍。

2.2.1　Bass 模型

Bass 模型可用连续型微分方程表示为如下形式：

$$\frac{dN(t)}{dt} = [m - N(t)]\left[p + \frac{q}{m}N(t)\right] \tag{2.1}$$

式中：$N(t)$ 为 t 时刻创新产品采纳者总数；m，p，q 均为该模型的参数，m 代表创新产品采纳者数量上限，p 代表创新产品采纳情况的外部影响，如大众传媒的影响，q 代表创新产品采纳情况的内部影响，如口头交流。

根据式（2.1），得

$$N(t) = m\left[\frac{1 - e^{-(p+q)t}}{1 + \frac{q}{p}e^{-(p+q)t}}\right] \tag{2.2}$$

再令 $n(t) = \dfrac{dN(t)}{dt}$，由式（2.1）、式（2.2），得

$$n(t) = m\left\{\frac{p(p+q)^2 e^{-(p+q)t}}{\left[p + qe^{-(p+q)t}\right]^2}\right\} \tag{2.3}$$

由 $n(t) = 0$ 得，当 $t = \dfrac{1}{p+q} \ln \dfrac{q}{p}$ 时，$n(t)$ 取得极值 $\dfrac{m}{4q}(p+q)^2$。图 2.1、图 2.2 分别为 $n(t)$ 和 $N(t)$ 的函数图形。

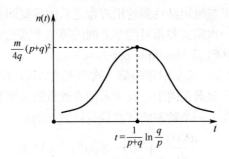

图 2.1　t 时刻采纳者的增量

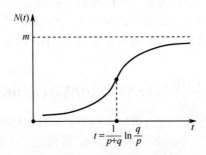

图 2.2　t 时刻采纳者的总数量

当被应用于耐用品时，Bass 模型描述的是耐用品第一次被购买（first-purchase）的情况，显然，这与模型不存在重复购买的假设是相吻合的。

2.2.2　多个体占有模型

多个体占有模型（Multiple-unit Ownership Diffusion Model，MOD）认为，Bass 模型关于耐用品不存在重复购买的假设并不是完美的。在实际情况中，耐用品也是有寿命的，也有被用坏的一天，所以耐用品也是要进行重复购买的（repeat-purchase），只是它的使用寿命要比日常消费品长得多。基于这样的分析，我们可以知道，Bass 模型对耐用品扩散行为的预测只在出现重复购买之前的短暂时段中有效，换言之，

Bass 模型只适用于耐用品的创新阶段。此外，对于大多数耐用品，并不是等到它们被用坏的时候才会购买新的，人们往往在购入第一个耐用品之后，出于另外的特殊的需要或更高的要求而购入第二个或更多的耐用品。为了与耐用品达到使用寿命之后的重复购买相区别，将介于耐用品的第一次购买和重复购买之间的第二个或更多耐用品的购买行为称为多个体购买（multiple-purchase）。

MOD 模型中，关于耐用品第一次购买的情况，沿用了 Bass 模型的形式。但为了对潜在的中、长期采纳者数量的大幅变化作出较为精确的反应，引入了一个动态的潜在数量函数 $\overline{N}(t)$：

$$\frac{\mathrm{d}N(t)}{\mathrm{d}t} = [\overline{N}(t) - N(t)][p + qN(t)] \qquad (2.4)$$

很明显，潜在的购买第二个同种耐用品的采纳者是第一个耐用品占有者之中的一部分，设这个比率是 π_1。与 Bass 模型相似，这部分采纳者也受外部和内部因素的双重影响。多个体占有者数量 $M(t)$ 的模型为

$$\frac{\mathrm{d}M(t)}{\mathrm{d}t} = [\pi_1 N(t) - M(t)][a_1 + b_1 M(t)] \qquad (2.5)$$

同理，潜在的可同时占有三个或更多同种耐用品的采纳者的上限数量受到 $M(t)$ 及一个固定比率的影响，假设这个比率是 π_2，则 t 时刻同时占有三个或更多耐用品的采纳者的数量 $Q(t)$ 的微分模型为

$$\frac{\mathrm{d}Q(t)}{\mathrm{d}t} = [\pi_2 M(t) - Q(t)][a_2 + b_2 M(t)] \qquad (2.6)$$

在式（2.5）、式（2.6）中，参数 a_1、a_2 分别为第一次多个体占有和之后更多的多个体占有行为的外部影响因素；参数 b_1、b_2 则分别为第一次多个体占有和之后更多的多个体占有行为的内部影响因素。由于 π_2 表示的是第三个和以后更多的耐用品个体的占有者的比率，在理论上，π_2 是可以大于 1.0 的。

由 MOD 模型的形式和内容可以了解到，耐用品多个体扩散行为更接近于同类产品中新一代的、性能更好的、能够满足更高要求的创新产品的扩散行为。

经过前面对 Bass 模型和 MOD 模型的简要介绍，旨在说明先进制

造模式的扩散行为的特点与 Bass 模型假设的相符性；同时，也阐明了 MOD 模型所描述的多个体占有理论与先进制造模式在扩散过程中不断更新、自我完善精神的类似性。

2.2.3 Norton-Bass 模型

Bass 模型中假设一项新产品的扩散和其他创新产品的扩散是独立的，但实际上二者并不能完全隔离开来。其他创新产品将对此项创新产品的扩散产生很大的影响。例如高科技产品生产厂商为了提高市场占有率经常会推出多代创新产品。新一代同前代相比在产品的一些性能上进行了改进；除了产生新需求之外，新一代产品还会占有前代产品的一部分市场。Norton 和 Bass 以电子产品为例验证了多代产品扩散模型。

Norton 和 Bass 考虑了多代产品之间的替代效应。令 i 表示某产品的世代值，$s_i = m_i F_i(t)$ 表示第 i 代产品 t 时的销售量，则两代产品情形下的 Norton 模型为

$$\begin{cases} s_1(t) = F_1(t)m_1 - F_2(t-\tau_2)F_1(t)m_1 = F_1(t)m_1[1-F_2(t-\tau_2)] \ (t>0) \\ s_2(t) = F_2(t-\tau_2)[m_2 + F_1(t)m_1] \ (t>\tau_2) \end{cases}$$

（2.7）

式中：m_1 为第一代产品的市场潜量；m_2 为第二代产品推出后额外增加的市场潜量；τ_2 为第二代产品推出时间；$F_i(t)$ 表示 t 时第 i 代产品累积采用者占全部采用者的比率，当 $t<\tau_2, F_2(t-\tau_2)=0$。

此模型中同时展示了扩散与替代效果。$F_2(t-\tau_2)F_1(t)m_1$ 表示第一代被第二代所替代的部分。$s_2(t)$ 在时间 τ_2 后呈单调增加，$s_1(t)$ 的顶点会发生在 τ_2 或 τ_2 之后，第一代产品最后的销售量将趋近于 0，二代产品最后的销售量将逐渐趋近于两代产品市场潜量的总和，即 $m_1 + m_2$。

2.3 扩散理论的研究与应用

扩散理论很早就受到了许多学者的关注，大量关于扩散理论的论文与专著相继问世，多种模型及参数估计的方法被人们利用。目前，

关于扩散理论的研究主要分为如下方面。

1. 关于扩散模型的研究

根据研究对象以及研究方法的不同，扩散模型主要可以分为两类：一类是基于潜在采纳者总体统计行为的宏观层面（Aggregate level）的数学模型；一类是基于潜在采纳者个体采纳决策行为的微观层面（Individual level）的仿真模型。宏观的数学模型是应用最为广泛的也是发展最为成熟的扩散模型，以 Bass 模型为代表，大部分扩散模型都属于这一范畴。经过不断扩充和发展，这类扩散模型已经被用来研究诸如市场组合策略、竞争、广告、价格、重复购买、技术替代等各个领域的问题。例如，国外市场扩散的 Steffens-Murphy 的双峰模型，国内学者李凡通过对国内外有关营销策略对网络效应产品扩散影响的分析，以 Bass 产品扩散修正模型为基础，引入免费商品赠送变量，构建了基于免费商品赠送的网络效应产品扩散模型等。Steffens-Murphy 的双峰模型、Tanny-Derzko 的创用者与模仿者模型以及国内学者张彬等提出的 Internet 扩散模型都是对 Bass 模型的进一步研究与应用，这些模型均严格遵守了 Bass 模型提出的假设，即仅适用于不存在重复购买和没有竞争的耐用品，而实际情况往往不是这样的，因此，Bass 模型具有一定的局限性。针对这些局限性以及 Bass 模型本身存在的问题，美国学者 Paul R. Steffens 提出了耐用品的多个体占有模型，对首次购买、重复购买和多个体购买情形加以区分，大大提高了耐用品扩散行为预测的精确度。国内学者王海云等提出的重复购买产品的产品生命周期模型和乔忠等提出的经常购买模型对重复购买产品的市场扩散行为进行了深入的研究；艾兴政等提出的广告媒介下两种产品竞争与扩散模型，对新老产品在市场竞争环境下扩散的深度与时间进行了详细分析，较好地解决了 Bass 模型在非垄断情形下遇到的问题；万福才等把焦点放在带有最佳投入期的相关产品投入上，提出了新产品组合投入模型，并设计了针对该模型的 PSO 算法；胡知能等在决策理论框架下应用动态分析方法对影响创新产品扩散的内外部因素进行综合考虑，建立了一个包括价格与广告影响因素在内的多阶段创新产品扩散模型，对该产品扩散模型进行了稳定性分析，并结合中国有关 Internet 数据进行了实证分析。

而对于微观仿真模型则随着计算机技术的不断发展，逐渐应用于扩散领域的研究。微观仿真模型的基本思想是通过模拟个体的行为和互动，个体的加总得到宏观结果，这类模型主要包括多 Agent 模型、渗流模型（Percolation）、临界值模型、元胞自动机（Cellular Automata，CA）等。另外，在扩散模型研究中还有从数学理论及控制理论角度出发，对扩散模型的求解及稳定性、灵敏度分析等情况进行研究的文献。

2. 关于创新扩散的研究

创新扩散理论由美国新墨西哥大学埃弗雷特·罗杰斯（E. M. Rogers）教授提出，以《创新扩散》（Diffusion of Innovations）一书为代表，他总结出创新事物在一个社会系统中扩散的基本规律，提出了著名的创新扩散 S–曲线理论。目前，关于创新扩散的研究主要集中在技术创新和产品创新的扩散研究。

技术创新的研究主要是针对某项新技术从产生经过大力推广、普遍采用阶段，直至最后因落后而被淘汰的整体演化过程。对这方面的研究主要包括对技术创新扩散过程的研究、对扩散模型的研究以及对扩散模型的实证研究等。例如，潘金刚在阐述了企业技术创新扩散的概念与模式的基础上，全面系统地分析了影响企业技术创新扩散的各种因素，并评价了这些因素对技术创新扩散的影响程度，从而对探索建立我国社会主义市场经济条件下技术创新扩散理论，科学地制定技术创新扩散政策与措施，促进技术创新扩散的经济效益和社会效益的提高具有重要意义。李红等分别建立了基于随机网络、小世界网络和无标度网络的创新随机演化模型，讨论了创新扩散的动力学性质。廖志高在比较系统总结国内外学者已有研究成果基础上，利用微分动力学系统理论和元胞自动机模拟技术分别建立了五种技术创新扩散微分动力模型和一个元胞自动机模型，并分别利用这些模型对中国移动通信技术、固定电话技术、中国彩电产品，以及中国四川省遂宁市早育秧技术的推广进行了实证分析，取得了较为满意的结果。

而产品创新扩散是指新产品上市后随着时间的推移逐渐地扩张到其潜在市场的各个部分，不断地被越来越多的消费者所采用的过程。目前有大量对创新产品的扩散过程进行量化研究的文献。例如，李煜华运用 Logistic 函数构建了创新产品扩散叠加模型及相互共生模型，在此基础上，利用平衡点稳定性分析法，计算了在时间变量不断变化的情况下，创新产品扩散叠加的演化趋势和扩散叠加模型的平衡点，并对平衡点的稳定性进行了分析。

3. 关于扩散理论的应用研究

扩散理论的应用主要是对于技术扩散及产品扩散的研究，在技术扩散研究中，主要有关于技术扩散相关概念辨析、技术扩散宏观及微观模型研究、技术扩散模型分析、以及技术扩散的实证研究等。例如，邹樵在对一般技术扩散概念综述的基础上，对共性技术扩散的概念和特征进行了分析和研究，并特别指出共性技术扩散的高网络性、高关联性和高政策干预性是其区别于其他专有技术扩散最本质的特征。邵云飞在对创新扩散内在机理加以分析的基础上，从知识和信息的交流与学习角度，构建了创新在产业集群内竞争扩散的模型，分析了模型的平衡点及其稳定性，并从模型的经济意义出发，探讨了创新在集群内扩散的影响因素，为企业创新决策提供参考依据，而数值计算验证了理论研究结果，增强了模型的应用价值。李玄以河北省安平丝网企业集群为研究对象，研究了在考虑企业间相互作用情况下，安平丝网企业集群技术扩散的情景与机制，进而总结归纳出企业间相互作用下的中小企业集群技术扩散机制。

另外，近年来还有知识扩散及网络扩散等方面的研究。例如，游静针对信息系统集成项目中知识域动态变动性对知识扩散有效性的影响，构建知识域变动形态模型，并提出信息系统集成项目环境下适应知识域动态变动特征的知识扩散路径的时间序列优化策略，从而帮助企业在信息系统集成项目中识别知识域变动形态、合理配置项目资源。戴霄晔建立了一个由潜在创业者组成的市场环境，利用 ABM 工具模拟市场环境空间——技术二维网络结构下创业企业通过投入创新研发从而实现序列创新、通过创新采纳获得技术提升的行为，研究序列创新的扩散机制与扩散效果，以及不同专利制度下、不同网络结构下的扩散结果，试图验证序列创新的网络扩散具有小世界特征。

4. 与扩散理论相关方面的研究

该方面的研究主要是针对扩散理论的应用领域中的一些特定问

题，包括产品扩散中的免费产品问题、快速消费品问题、扩散过程的多阶段性、影响因素分析及扩散模式等。例如，张燕芳借鉴 Bass 模型和元胞自动机模型各自的优势，提出了一种混合模型，用于对快速消费品产品扩散的市场预测。胡知能在决策理论框架下应用动态分析方法建立了一个包括价格与广告影响因素的多阶段创新产品扩散模式，并以 Internet 采用进行实证分析，结果表明拟合比现有研究更加符合实际。施卫东通过网络分析法，对 2002 年和 2007 年的创新扩散矩阵进行分析对比，从政府参与层面，揭示了两个时期内国家创新体系的结构和创新扩散模式的动态演变特征，以及知识密集型服务业在其中的扩散表现和功能地位的变迁。

从相关文献的研究中可以看出，目前扩散理论主要应用于产品扩散及技术扩散方面的研究，但是本书认为，扩散概念并不仅仅拘泥于新产品、新技术、新工艺的扩散，也适用于先进制造模式的推广应用过程。先进制造模式的出现也是一种创新，它具有内在的优越性，将通过一定的渠道向潜在使用企业传播，并逐渐被潜在使用企业采用，具体体现为先进制造系统的推广应用。但是，先进制造模式的扩散并不能照搬产品扩散或技术扩散的理论，这是因为先进制造模式既不是具体的产品，也不仅仅是企业的一项技术，而是融合了哲理、系统方法以及技术等多个层面内容的一种综合创新。其中，哲理层是先进制造模式的管理思想，它也是先进制造模式的出发点；系统方法层是先进制造模式的系统方法，具体体现在其管理模式、生产模式等；技术层则是先进制造模式本身所包含的具体的技术，包括制造技术、设计技术及管理技术等。正是由于先进制造模式是一种综合创新，具有其自身的特点，它的扩散与单纯的产品扩散或具体的技术扩散并不完全相同，然而，目前该方面的研究在国内外相关文献中还比较少见。

2.4　本　章　小　结

本章讨论了扩散理论的基本概念、扩散理论的发展，主要介绍了产品扩散及技术扩散的研究现状，给出了典型的扩散模型，并综述了扩散的研究现状，提出了先进制造模式扩散的概念。

参 考 文 献

[1] Mahajan V, Muller E, Bass F M. New product diffusion models in marketing: a review and directions for research[J]. Journal of Marketing, 1990, 54(1): 1-26.

[2] Bass F M, Krishnan T V, Jain D C. Why the Bass model fits without decision variables[J]. MarketingScience, 1994, 13(3): 203-223.

[3] Jones M, Ritz C J. Incorporating distribution into new products diffusion models[J]. International Journal of Research in Marketing, 1991, 8(6): 91-112.

[4] Rangaswamy A, Gupta S. Innovation adoption and diffusion in the digital environment: some research opportunities[M]. Boston: Kluwer Academic, 2000.

[5] 陈新桂, 艾兴政. 市场竞争对新产品扩散过程影响模型的研究[J]. 软科学, 2004, 18(1): 22-27.

[6] Jain D, Mahajan V, Muller E. Innovation diffusion in the presence of supply restrictions[J]. Marketing Science, 1991, 10(1): 83-90.

[7] Gupta S, Jain D C, Sawhney M S. Modeling the evolution of markets with indirect network externalities: an application to digital television[J]. Marketing Science, 1999, 18(3): 396-416.

[8] 胡知能, 邓欢, 张弛, 等. 基于 Norton-Bass 模型的多代创新产品扩散研究[J]. 管理工程学报, 2012, 26(4): 127-136.

[9] Steffens P R, Murphy D N. A mathematical model for new product diffusion: the influence of innovators and imitators[J]. Mathematical and Computer Modeling, 1992, 16(4): 11-26.

[10] Golder P N, Tellis G J. Beyond diffusion: an affordability model of the growth of new consumer durables[J]. Journal of Forecasting, 1998, 17(3): 259-280.

[11] Horsky D. A diffusion model incorporating product benefits, price, income and information[J]. Marketing Science, 1990, 9(4): 342-365.

[12] Dekimpe M, Parker P, Sarvary M. Global diffusion of technological innovations: a coupled-hazard approach[J]. Jounal of Marketing Research, 2000, 37(1): 47-59.

[13] Chatterjee R, Ellashberg J. The innovation diffusion process in a heterogeneous population: a mircro model approach[J]. Management Science, 1990, 36(9): 1057-1079.

[14] Redmond W. Diffusion at Sub-national level: a regional analysis of new product growth[J]. Journal of Product Innovation Management, 1994, 11(2): 201-212.

[15] Garber T, Goldenberg J, Libai B, et al. From density to destiny: using spatial dimension of sales data for early prediction of new product success[J]. Marketing Science, 2004, 23(3): 419-428.

[16] Eliashberg J, Jonker J-J, Sawhney M S, et al. Moviemod: an implementable decision support system for pre-release market evaluation of motion pictures[J]. Marketing Science, 2000, 19(3): 226-243.

[17] Aitken B J, Harrison A E .Do domestic firms benefit from direct invesnment? Evidence from Venezuela[J]. American Economic Review, 1999,89(3): 605-618.

[18] Keller W. Absorptive capacity: on the creation and acquisition of technology in development[J]. Journal of Development Economics, 1996,49(1): 199-277.

[19] 曾刚, 袁莉莉. 长江三角洲技术扩散规律及其对策初探[J]. 人文地理, 1999(1): 1-5.

[20] Abreu M, Groot de H L F, Florax R. Spatial patterns of technology diffusion: an emprirical analysis using TFR[R]. Tinbergen Institute Discussion Paper, 2004.

[21] 曾刚, 林兰. 跨国公司技术溢出与溢出地技术区位研究——以上海浦东新区为例[J]. 世界地理研究, 2007, 16(4): 98-105.

[22] 魏心镇. 关于高技术产业及其园区发展的研究[J]. 经济地理, 1991(1): 6-11.

[23] Cohen W, Levinthal D. Innovation and learning: the two faces of R&D[J]. Economic Journal, 1989, 99(397): 569-596.

[24] 张玉杰. 技术转移势差论[J]. 开放导报, 1999(10): 22-24.

[25] 张玉杰. 技术转移理论、方法、战略[M]. 北京: 企业管理出版社, 2003.

[26] Levison M, Ward R F, Webb J W. The settlement of Polynesia: a computer simulation[M]. Minneapolis: University of Minnesota Press, 1973.

[27] 林兰, 曾刚. 技术扩散与全球技术二元现象研究初探[J]. 世界经济研究, 2006(4): 23-29.

[28] 赫伯特·西蒙. 人工科学[M]. 武夷山, 译. 北京: 商务印书馆, 1987.

[29] 傅家骥, 等. 技术创新[M]. 北京: 企业管理出版社, 1992.

[30] Buckley P. The future of the multinational enterprise[M]. London: Macmillan, 1976.

[31] Schumper J A. The theory of economy[M]. London: Oxford University Press, 1934.

[32] Vernon R. International investment and international trade in the product cycle[J].The Quarterly Journal of Economics, 1966,80(2): 190-207.

[33] Hägerstrand T. The propagation of innovation waves[M].London:Royal University of Lund, 1952.

[34] Berry B J L, Kim H, Kim H M. Innovation diffusion and long waves: further evidence[J]. Technological Forecasting and Social Change, 1994, 46(3):289-293.

[35] Wilson A G. A statistical theory of spatial distribution modes[J]. Transportation Research, 1967,1(3):253-269.

[36] Darwent D F. Growth poles and growth centres in regional planning: a review[J]. Environment and Planning, 1969,1(1):5-32.

[37] Casetti E, Semple R K. Concerning the testing of spatial diffusion hypotheses[J]. Geographical Analysis, 1969,1(3):154-159.

[38] 李华丽. 基于 BA 无标度网络的技术创新扩散模型研究[D]. 北京: 北京邮电大学, 2011.

[39] Steffens P R, Murphy D N P. A mathematical model for new product diffusion: the influence of

innovators and imitators[J]. Mathematical and Computer Modeling, 1992, 16(4): 11-26.

[40] Guseo Renato, Mortarino Cinzia. Sequential market entries and competition modeling in multi-innovation diffusions[J]. European Journal of Operational Research, 2012, 216(3): 658-667.

[41] Fanelli Viviana, Maddalena Lucia. A time delay model for the diffusion of a new technology[J]. Nonlinear Analysis: Real World Applications, 2012, 13(2): 643-649.

[42] 李凡, 谢立仁. 基于免费商品赠送的网络效应产品扩散模型研究[J]. 科技管理研究, 2011(7): 225-227.

[43] 刘佳奇. 远程控制实验室多 Agent 模型的研究与实现[D]. 哈尔滨: 哈尔滨工业大学, 2011.

[44] Barbati M, Bruno G, Genovese A. Applications of agent-based models for optimization problems: a literature review[J]. Expert Systems with Applications, 2012, 39(5): 6020-6028.

[45] 张廷, 高宝俊, 宣慧玉. 基于元胞自动机的创新扩散模型综述[J]. 系统工程, 2006, 24(12): 6-15.

[46] 罗琦, 邓飞其, 等. 随机反应扩散系统稳定性的理论与应用[J]. 中国管理科学, 2007, 37(10): 1272-1284.

[47] Rogers E M. Diffusion of innovations[M]. 4th ed. New York: The Free Press, 1995.

[48] 潘金刚. 企业技术创新扩散影响因素的系统研究[D]. 合肥: 安徽大学, 2006.

[49] 吕永卫, 周瑞敏. 基于企业网络组织的技术创新扩散过程分析[J]. 山西农业大学学报(社会科学版), 2011, 10(10): 984-989.

[50] Gambatese John A, Hallowell Matthew. Factors that influence the development and diffusion of technical innovations in the construction industry[J]. Construction Management and Economics, 2011, 29(5): 507-517.

[51] 李红, 孙绍荣. 基于复杂网络的创新扩散研究[J]. 科技进步与对策, 2007, 24(4): 52-54.

[52] 李华丽. 基于 BA 无标度网络的技术创新扩散模型研究[D]. 北京: 北京邮电大学, 2011.

[53] 马蕾, 罗建强, 黄克己, 等. 基于 Markov 的技术创新扩散理论及仿真分析研究[J]. 科学学与科学技术管理, 2012, 33(2): 44-49.

[54] 邵云飞, 杜晓明. 产业集群内基于时间和距离的技术创新扩散模型研究[J]. 科技进步与对策, 2011, 28(20): 67-71.

[55] 廖志高. 技术创新扩散速度模型及实证分析[D]. 成都: 四川大学, 2004.

[56] 张玮. 重复购买模型在研究我国移动用户扩散上的应用[D]. 重庆: 重庆师范大学, 2009.

[57] 刘茂长, 滕永刚. 创新产品扩散影响要素研究[J]. 学术交流, 2009(4): 83-85.

[58] Lo S H, Fan C Y, Fan P S, et al. Innovation product multi-generation diffusion process-a system dynamics model approach[J]. ICIC Express Letters, 2011, 5(4B): 1235-1241.

[59] 李煜华, 高杨. 基于 Logistic 函数的互补关系创新产品的扩散叠加模型研究[J]. 管理学报, 2011, 8(6): 925-928, 948.

[60] 邹樵. 共性技术扩散的概念及其特征[J]. 科技管理研究, 2010(19): 142-145.

[61] 罗小利. 新产品重复购买技术扩散模型的改进研究[J]. 大连理工大学硕士论文, 2010.

[62] Fanelli V, Maddalena L. A time delay model for the diffusion of a new technology[J]. Nonlinear Analysis: Real World Applications, 2012, 13(2): 643-649.

[63] Zheng J J, Tang P. Analysis of innovative diffusion dynamic model of high-tech enterprise[C]. 2008 Chinese Control and Decision Conference, 2008: 1119-1122.

[64] 邵云飞, 范群林, 唐小我. 产业集群创新的竞争扩散模型研究[J]. 科学学与科学技术管理, 2010, 31(12): 43-49.

[65] 李玄. 企业间相互作用下中小企业集群技术扩散实证研究[D]. 天津: 河北工业大学, 2011.

[66] Ma F, Chao G L. Modeling and simulation on the new technology diffusion of cars using cellular automata[C]. 2011 International Conference on Advanced Engineering Materials and Technology, 2011: 3171-3174.

[67] Kuang X L, Qi H. Modeling and simulation of new product diffusion with the impact of imitation[C]. 2011 International Conference on Information and Business Intelligence, 2011: 71-77.

[68] 游静, 刘伟. 基于知识域依赖的系统集成知识扩散路径优化[J]. 计算机集成制造系统, 2008, 14(4): 793-798.

[69] Zhang D M, Tan Y F, Zhou L. The model analysis of the tacit knowledge diffusion process in enterprises[C]. 2011 International Conference on E-Business and E-Government, 2011: 2767-2772.

[70] 戴霄晔. 序列创新的网络扩散自主体模拟[D]. 上海: 华东师范大学, 2008.

[71] Fu T, Zhang Y A. Simulation of technological innovation network diffusion in focal firm cored industrial clusters[J]. International Journal of Modeling, Identification and Control, 2012, 15(4): 310-319.

[72] 张燕芳, 熊海灵. 基于 Bass 与元胞自动机混合模型的快速消费品产品扩散研究[J]. 计算机应用, 2010, 31(12): 3305-3308.

[73] 胡知能, 徐玖平. 创新产品扩散的多阶段动态模型[J]. 系统工程理论与实践, 2005(4): 15-21.

[74] Gambatese J A, Hallowell M. Factors that influence the development and diffusion of technical innovations in the construction industry[J]. Construction Management and Economics, 2011, 29(5): 507-517.

[75] 施卫东, 朱俊彦. 知识密集型服务业在国家创新体系中的创新扩散模式研究——基于网络分析的视角[J]. 研究与发展管理, 2011, 23(1): 54-61.

第 3 章 微分方程及其应用

微分方程的理论与方法是从事多种学科和尖端技术（包括自动控制理论、航天技术、生物科学、经济学等）研究不可或缺的数学工具，并且其定性的思想和技巧已经逐渐渗透到其他的数学分支。由于微分方程是建立先进制造模式扩散模型的基础，为此，本章介绍与先进制造模式扩散模型相关的微分方程理论及其分析。

3.1 微分方程概述

含有自变量、未知函数及未知函数的导数之间关系的方程，称为微分方程。未知函数是一元函数的称为常微分方程，未知函数是多元函数的称为偏微分方程。微分方程中出现的未知函数的最高阶导数的阶数称为微分方程的阶。以下介绍常微分方程一般理论的基础。

3.1.1 解的存在性及唯一性

定理 3.1　考虑 Cauchy 问题（E）：

$$\begin{cases} \dfrac{\mathrm{d}\boldsymbol{x}}{\mathrm{d}t} = \boldsymbol{f}(t,\boldsymbol{x}), \\ \boldsymbol{x}(t_0) = \boldsymbol{x}_0 \end{cases} \tag{3.1}$$

式中：x 为 $\boldsymbol{R}^n$ 中的向量；$f(t,\boldsymbol{x})$ 是实变量 t 和 n 维向量 $\boldsymbol{x}$ 的 n 维向量值函数。

又设 $\boldsymbol{f}(t,\boldsymbol{x})$ 在闭区域 G：

$$|t - t_0| \leqslant a, \|\boldsymbol{x} - \boldsymbol{x}_0\| \leqslant b$$

上连续，并且对 x 符合 Lipschitz 条件：

$$\|\boldsymbol{f}(t,\boldsymbol{x}_1) - \boldsymbol{f}(t,\boldsymbol{x}_2)\| \leqslant L\|\boldsymbol{x}_1 - \boldsymbol{x}_2\|$$

$$(t, \boldsymbol{x}_i) \in G, i = 1, 2 \qquad (3.2)$$

其中 Lipschitz 常数 $L > 0$。令

$$M = \max_G \|\boldsymbol{f}(t, \boldsymbol{x})\|, h = \min\left(a, \frac{b}{m}\right) \qquad (3.3)$$

那么 Cauchy 问题（E）在区间 $|t - t_0| \leqslant h$ 上有一个解 $\boldsymbol{x} = \varphi(t)$，并且它是唯一的。

微分方程应用于描述物理过程时，方程的参数以及初值都由试验测定，因此必将出现微小的误差。如果初值和参数的微小摄动会引起方程的解发生剧烈的变化，那么所求解的可靠性就会很差。因此研究 Cauchy 问题的解与初值或参数的关系是非常必要的。如方程

$$\begin{cases} \dfrac{\mathrm{d}\boldsymbol{x}}{\mathrm{d}t} = \boldsymbol{x} \\ \boldsymbol{x}(t_0) = \boldsymbol{x}_0 \end{cases}$$

的解为 $\boldsymbol{x} = \boldsymbol{x}_0 \mathrm{e}^{t - t_0}$，是 $t, t_0, \boldsymbol{x}_0$ 的函数。

3.1.2　解的拓延

由定理 3.1 可知，在一定条件下 Cauchy 问题的解存在。但这是一局部性定理，因为定理只肯定了解在区间 $|t - t_0| \leqslant h$ 上存在，而定理 3.2 则分析了 Cauchy 问题的解的拓延性。

$$\begin{cases} \dfrac{\mathrm{d}\boldsymbol{x}}{\mathrm{d}t} = \boldsymbol{f}(t, \boldsymbol{x}) \\ \boldsymbol{x}(t_0) = \boldsymbol{x}_0 \end{cases} \qquad (3.4)$$

定理 3.2　设 $\boldsymbol{f}(t, \boldsymbol{x})$ 在 $(t, \boldsymbol{x})$ 空间的区域 G 上连续，且对 $\boldsymbol{x}$ 满足局部 Lipschitz 条件，则 Cauchy 问题式（3.4）的解可延拓到 G 的边界（可能是 ∞）。

推论　设 $\boldsymbol{f}(t, \boldsymbol{x})$ 在 $(t, \boldsymbol{x})$ 全空间连续且对 $\boldsymbol{x}$ 满足局部 Lipschitz 条件。若 $\boldsymbol{x} = \varphi(t)$ 是有界的，则积分曲线 $\boldsymbol{x} = \varphi(t)$ 的存在区间为 $(-\infty, +\infty)$。

3.1.3　动态系统的一般概念

定义 3.1（相空间）　设有微分方程

$$\frac{\mathrm{d}\boldsymbol{x}}{\mathrm{d}t} = \boldsymbol{f}(t, \boldsymbol{x}), \boldsymbol{f} \in C(\boldsymbol{G} = \boldsymbol{I} \times \boldsymbol{D} \subseteq \boldsymbol{R} \times \boldsymbol{R}^n, \boldsymbol{R}^n) \qquad (3.5)$$

$$\frac{\mathrm{d}x}{\mathrm{d}t} = f(x), f \in C(D \subseteq R^n, R^n) \tag{3.6}$$

若将 x 看作是运动质点 M 在时间 t 的坐标，f 看作是速度向量，则式（3.5）与式（3.6）就是质点 M 的运动方程。它们的解 $x = x(t)$ 就是 M 点的运动方程。标志动点 M 位置的空间 R^n 称为相空间，空间 $R \times R^n$ 称为增广相空间，它是解所表示的曲线（简称解曲线）$x = x(t)$ 所在的空间。

定义 3.2（自治系统与非自治系统）　给定了微分方程式（3.5）或式（3.6）就相当于在相空间 R^n 的区域 D 内分别给定了向量场 $f(t, x)$ 或 $f(x)$。但是，这两个向量场却有本质的区别，$f(x)$ 所确定的向量与时间无关，仅取决于点 M 的位置，称为定常场或自治场，过域 D 内的任意一点 x 确定着唯一的方向 $f(x)$，式（3.6）为自治系统；$f(t, x)$ 所确定的向量场不仅与点 M 的位置有关，而且还与时间 t 有关，称为时变场或非自治场，过域 D 内同一点可能有多个（甚至无穷多个）方向，它们将随 t 的不同而不同，称式（3.5）为非自治系统。

3.2　非线性模型

非线性模型是由有限个一阶常微分方程表示的耦合动态系统，即

$$
\begin{aligned}
\dot{x}_1 &= f_1(t, x_1, \cdots, x_n, u_1, \cdots, u_p) \\
\dot{x}_2 &= f_2(t, x_1, \cdots, x_n, u_1, \cdots, u_p) \\
&\vdots \\
\dot{x}_n &= f_n(t, x_1, \cdots, x_n, u_1, \cdots, u_p)
\end{aligned} \tag{3.7}
$$

式中：$\dot{x}_i$ 为 x_i 对时间变量 t 的导数；$u_1, u_2, \cdots, u_p$ 为输入变量；$x_1, x_2, \cdots, x_n$ 为状态变量，表示系统对其过去状态的记忆。通常可以向量符号的形式写出这组方程。定义：

$$
x = \begin{bmatrix} x_1 \\ x_2 \\ \vdots \\ x_n \end{bmatrix}, u = \begin{bmatrix} u_1 \\ u_2 \\ \vdots \\ u_p \end{bmatrix}, f(t, x, u) = \begin{bmatrix} f_1(t, x, u) \\ f_2(t, x, u) \\ \vdots \\ f_3(t, x, u) \end{bmatrix}
$$

把 n 个一阶微分方程重写为一个 n 维一阶向量微分方程：

$$\dot{x} = f(t, x, u) \tag{3.8}$$

式（3.8）称为状态方程，x 称为状态，u 称为输入。

定义一个 q 维输出向量 y，该向量包含了与动力学系统分析有关的变量，如一些物理上可测量的变量或一些需要以特殊方式表现的变量：

$$y = h(t, x, u) \tag{3.9}$$

式（3.9）称为输出方程，式（3.8）和式（3.9）统称为状态空间模型，或简称为状态模型。

对线性系统，状态模型式（3.8）、式（3.9）有以下特殊形式：

$$\dot{x} = A(t)x + B(t)u$$
$$y = C(t)x + D(t)u$$

非线性模型具有以下特征：

（1）有限逃逸时间。非稳定线性系统的状态只有当时间趋于无穷时才会达到无穷，而非线性系统的状态可以在有限时间内达到无穷。

（2）多孤立平衡点。线性系统只有一个孤立平衡点，这样它就只有一个吸引系统状态的稳定工作点，而与初始状态无关。非线性系统可以有多个孤立平衡点，其状态可能收敛于几个稳态工作点之一，收敛于哪个工作点取决于系统的初始状态。

（3）极限环。对于振荡的线性时不变系统，必须在虚轴上有一对特征值，这是在有扰动的条件下几乎不可能保持的非鲁棒条件。即使我们能做到，振荡幅度也将取决于初始状态。在现实生活中，只有非线性系统才能产生稳定振荡，有限非线性系统可以产生频率和幅度都固定的振荡，而与初始状态无关。这类振荡就是一个极限环。

3.3 稳定性分析

定义 3.3（平衡点） 若点 $\bar{x} \in G$，使 $f(\bar{x}) \neq 0$，则称 $\bar{x}$ 为系统式（3.6）的常点；若 $x^* \in G$，使 $f(x^*) = 0$，则称 x^* 为式（3.6）的奇点。从动力学的观点来看，在奇点 x^* 处运动的速度 $f(x^*) = 0$，从而质点不运动，因

而奇点也称为系统式（3.6）的平衡点。

根据围绕特定瞬时均衡的流线的形状，可以把均衡分成四种类型：

（1）结点（包括稳定结点和非稳定结点）。

（2）鞍点。

（3）焦点（包括稳定焦点和非稳定焦点）。

（4）涡旋（中心）。

关于流线及各类型平衡的详细定义见文献[1]，图 3.1 对各类平衡做出了简要的描述。

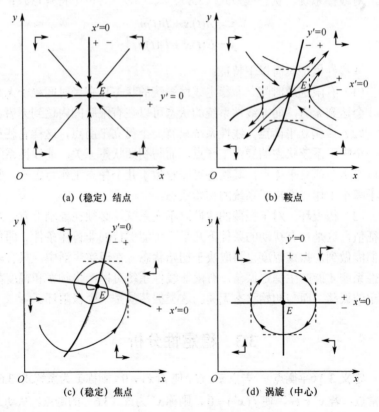

图 3.1　各类平衡点的流线

定义 3.4（约简线性化矩阵） 设点 $E(\bar{x}, \bar{y})$ 为非线性系统

$$\begin{cases} \dfrac{\mathrm{d}x}{\mathrm{d}t} = f(x, y) \\ \dfrac{\mathrm{d}y}{\mathrm{d}t} = g(x, y) \end{cases}$$ 的一个平衡点，则矩阵 $J_E = \begin{bmatrix} \dfrac{\partial f}{\partial x} & \dfrac{\partial f}{\partial y} \\ \dfrac{\partial g}{\partial x} & \dfrac{\partial g}{\partial y} \end{bmatrix}_{(\bar{x}, \bar{y})}$ 为非线

性系统 $\begin{cases} \dfrac{\mathrm{d}x}{\mathrm{d}t} = f(x, y) \\ \dfrac{\mathrm{d}x}{\mathrm{d}t} = g(x, y) \end{cases}$ 在点 $E(\bar{x}, \bar{y})$ 的约简线性化矩阵。

记 J_E 的行列式为 $|J_E|$，J_E 的迹为 $\mathrm{tr}J_E$，根据文献[1]，均衡点的局部稳定性与 $|J_E|$ 和 $\mathrm{tr}J_E$ 的相对大小以及 $|J_E|$ 和 $\mathrm{tr}J_E$ 各自的符号有着密切的关系。非线性方程组均衡点性质的有关结论概括在表 3.1 中。

表 3.1   双变量非线性微分方程组的局部稳定性分析

情况	$|J_E|$ 的符号	$\mathrm{tr}J_E$ 的符号	均衡的类型
$(\mathrm{tr}J_E)^2 > 4|J_E|$	+	−	稳定结点
	+	+	非稳定结点
	−	+，0，−	鞍点
$(\mathrm{tr}J_E)^2 = 4|J_E|$	+	−	稳定结点
	+	+	非稳定结点
$(\mathrm{tr}J_E)^2 < 4|J_E|$	+	−	稳定焦点
	+	+	非稳定焦点
	+	0	涡旋

3.4　微分方程的建模

数学建模需要根据实际问题的叙述，识别其中有重要作用的因子，将各因子用数学符号表示出来，通过合理简化，补充必要假设，构建数学模型，然后对模型求解。求解后所得结果作为处理实际问

题的依据或对实际问题给出合理解释。大量实际问题可以写成一个微分方程或方程组，所以许多问题可用微分方程作为数学模型。如涉及物体变化速度、加速度和所处位置随时间的变化规律，就可以写成一个微分方程或方程组。微分方程建模可以为定性分析和数值求解提供丰富的方法。

在实际建模时，由于添加新的假设，以作必要的简化，所以由数学模型求解得出的结论可能背离实际情况。因此，数学模型求解后，必须回到实际情况，检验由模型得出的结论是否合理，如不合理就要改变假设，修改模型。

3.4.1 建立微分方程模型的原则

下面列出在一些实际问题中建立微分方程模型的原则：

1. 转化问题

在实际问题中有许多表示"导数"的常用词，像"变化"、"改变"、"增加"、"减少"、"增长"、"衰变"等问题，这可能与导数有关。再注意到发生变化的具体对象，就可以转化成导数。随后根据实际问题的特征，考虑是用已知的物理定律还是用微元法导出微分方程。不少问题遵循着下面模式：

$$净变化率=输入率-输出率$$

在实际问题中，如果能正确运用这个模式，就能列出微分方程模型。

2. 微分方程

微分方程是表示未知函数及其导数与自变量之间关系的等式，是某一事物在任意位置、任一时刻都必须满足的表达式。如果看到了表示导数的关键词时，就要寻找 y' 与 y，t 之间的关系。

3. 给定条件

包括初值条件与边界条件，它们独立于微分方程。给出系统在某一特定时刻的状态，在求得微分方程通解后，利用给定条件能够确定通解中的有关常数，从而得到解的具体表达式。

4. 分析验证结果

在得到方程解以后，还应对解做分析，看结果是否与观察问题所得结果相符。在建立微分方程模型的过程中，为简单起见，往往略去了一些当时认为与问题有关但影响不大的次要因素，因此所得模型是近似的，如果计算结果与实际不符就应该修改数学模型。

3.4.2 建模步骤

建立微分方程模型分为以下五步：

1. 理解实际问题

就实际问题建立数学模型时首先应明确：要做什么？目的是什么？结果如何检验？

2. 作出假设

实际问题中因素众多，需要根据建模的目的分清层次，对次要因素做合理假设。使问题简化，便于确定数学模型。

3. 构建模型

构建模型力求简单。为此，先识别和列出相关因素，收集和检查有助于说明各因素状态的数据，用数学符号表示变量，确定单位，然后运用数学知识给出相关变量间的关系式和方程。

4. 模型求解

运用解方程的方法求解析解或用计算机模拟求数值解，得出变量的值。

5. 将数学结果与实际问题作对比检验

将数学方法导出的结果，用于实际中检查所得数值解是否具有意义，所得解是否符合预期，是否需要改变初值条件，增减变量。由此对模型做出评判，判断它是否达到建模的目的，如果所得结果尚需改进，说明对模型所做的假设必须加以修正，此时应该再回到步骤2继续建模。

3.4.3 建模的方法

通常，采用微分方程建模的方法有如下类型：

1. 根据规律列方程

根据规律列方程，首先要明确自变量、未知函数、变化率等。如图 3.2 所示的单摆运动，质量为 m 的球，用长为 l 的悬线挂在 O 点，以初始角度 θ_0，初速度 φ_0 在地球引力下做往复运动，若不计悬线的质量，则此系统称为单摆，求摆球的运动规律的模型。

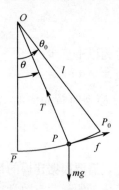

图 3.2 单摆运动

首先明确自变量为时间 t，未知函数为细线与垂线的摆角 $\theta(t)$。运动遵循牛顿第二运动定律。设 t 时刻摆线偏角为 $\theta(t)$，球速度为 $v(t) = l\theta'(t)$，加速度为 $l\theta''(t)$。

分析运动时受力，在 t 时刻摆球受力如下：受到重力 mg、悬线的拉力 T 和摩擦力 f。

将重力分解为运动方向上投影 $mg\sin\theta$ 和拉力方向上投影 $mg\cos\theta$。由于拉力方向上受力平衡，因此

$$T = mg\cos\theta$$

在运动方向上按牛顿运动第二定律，有

$$-mg\sin\theta - f = ml\theta''(t)$$

根据摩擦力 f 与速度 $l\theta'(t)$ 成正比，比例系数记为 $\mu > 0$，所以 $f = \mu l\theta'(t)$。因此

$$\theta''(t) + \frac{\mu}{m}\theta'(t) + \frac{g}{l}\sin\theta(t) = 0$$

接下来根据实际情形对模型简化：

当 θ 充分小时，可令 $\sin\theta \approx \theta$ ，可得近似方程

$$\theta''(t) + \frac{\mu}{m}\theta'(t) + \frac{g}{l}\theta(t) = 0$$

另由题意知当 $t=0$ 时， $\theta(0) = \theta_0, \theta'(0) = \varphi_0$ 。

因此可得二阶微分方程初值问题

$$\begin{cases} \theta''(t) + \dfrac{\mu}{m}\theta'(t) + \dfrac{g}{l}\theta(t) = 0 \\ \theta(0) = \theta_0, \theta'(0) = \varphi_0 \end{cases}$$

2. 微元分析法

与前一种方法不同，微元分析法不是应用定理和规律直接对未知函数与未知函数的导数给出关系式，而是寻求某些微元间的关系式，再应用规律与定理来建立方程。

如图 3.3 所示，设长为 l 的金属细杆，两段放在支架上，金属杆左端 Q_1 维持在一固定温度 T_1 ，右端 Q_2 维持在一固定温度 T_2 ，（ $T_2 < T_1$ ）。设温度与时间 t 无关，杆件热导率为 λ ，截面面积为 A ，截面的周长为 P ，表面对周围介质传热系数设为常数 a ，杆周围介质的温度为 T_3 ，试确定杆件中任何点的温度与此点离热端距离之间的关系。

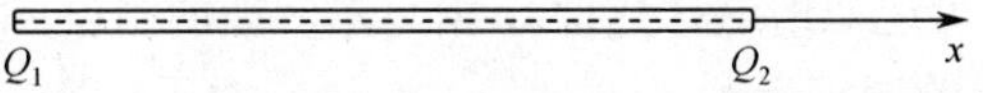

图 3.3　金属杆中的热传导

强调金属细杆，意味着杆横截面上任何点温度 T 只与热端距离 x 有关，与垂直于轴心方向上点的温度变化无关，即 T 只是 x 的函数 $T(x)$ 。

首先取时间的微元段 $\mathrm{d}t$ 和杆件上距离很短的微元段 $\mathrm{d}x$ 来应用热传导定律列方程。因此我们取距 Q_1 端距离为 x 处的、长度为 $\mathrm{d}x$ 的一个微元段研究热量的传导情况。按照热传导定律，在 $\mathrm{d}t$ 时间内，通过离杆端 Q_1 的距离为 x 的截面上的热量是 $-\lambda AT'(x)\mathrm{d}t$ 。在 $\mathrm{d}t$ 时间内，通过离杆端 Q_1 的距离为 $x+\mathrm{d}x$ 的截面上的热量是 $-\lambda AT'(x+\mathrm{d}x)\mathrm{d}t$ ，由 $T'(x+\mathrm{d}x) - T'(x) \approx \mathrm{d}T'(x) = T''(x)\mathrm{d}x$ ，所以

$$-\lambda AT'(x+\mathrm{d}x)\mathrm{d}t \approx -\lambda A[T'(x) + T''(x)\mathrm{d}x]\mathrm{d}t$$

因此在 dt 时间内，介于这两个截面之间长为 dx 的杆上传导的热量为上面两个热量之差，即

$$\lambda A T''(x) dx dt$$

而在 dt 时间内，这段长为 dx 的杆散发在周围介质中的热量损失为

$$a P dx (T(x) - T_3) dt$$

由热量守恒定律，长为 l 的金属杆在 dt 时间内传导的热量等于它散发到周围介质中的热量，所以

$$\lambda A T''(x) dx dt = a P dx (T(x) - T_3) dt$$

因为是任意的，所以 $\dfrac{d^2 T}{dx^2} = \dfrac{aP}{\lambda A}(T - T_3)$ 是金属杆中的热传导方程。

3. 模拟近似法

英国人口统计学家马尔萨斯认为人口出生率是一个常数，于《人口原理》一书中提出了闻名于世的马尔萨斯人口模型，它的基本假设是：在人口自然增长过程中，净相对增长（出生率与死亡率之差）是常数，即单位时间内人口的增长量与人口成正比，比例系数设为 γ，在此假设下，推导并求解人口随时间变化的数学模型。

设时刻 t 的人口为 $f(t)$，把 $f(t)$ 当作连续可微函数处理（因为人口总数很大，可近似地这样处理），据马尔萨斯的假设，在 t 到 $t + \Delta t$ 时间段内，人口的增长量为

$$f(t + \Delta t) - f(t) = \gamma f(t) \Delta t$$

并设 $t = t_0$ 时刻的人口为 f_0，于是，有

$$\begin{cases} \dfrac{df}{dt} = \gamma f \\ f(t_0) = f_0 \end{cases}$$

这就是马尔萨斯人口模型，用分离变量法易求出通解为

$$f(t) = f_0 e^{\gamma(t - t_0)}$$

此式表明人口以指数规律随时间无限增长。

模型检验：据估计，1961 年地球上的人口总数为 3.06×10^9，而在以后七年中，人口总数以每年 2% 的速度增长，这样 $t_0 = 1961$，$f_0 = 3.06 \times 10^9$，$\gamma = 0.02$，于是，有

82

$$f(t) = 3.06 \times 10^9 \, e^{0.02(t-1961)}$$

从这个公式看出，要使人口增长一倍，需要时间 $2f_0 = f_0 e^{\gamma(t-t_0)}$，则

$$t - t_0 \approx 34.6$$

即需要 34.6 年人口增长一倍。

这个公式准确地反映了在 1700—1961 年世界人口总数。因为，这期间地球上的人口大约每 35 年翻一番。但是，后来人们以美国人口为例，利用马尔萨斯模型计算结果与人口资料相比，却发现了很大差异，尤其用此模型预测未来地球人口总数时，发现了令人吃惊的结果。按此模型，到 2670 年，地球将有 36000 亿人口。这是非常荒谬的，因此人口总数不大时，线性微分方程所提供的结果是可以接受的，但当人口总数非常大时，线性模型就不准确了。地球上的各种资源只能供一定数量的人生活，随着人口的增加，自然资源环境条件等因素对人口增长的限制越来越明显。如果当人口较少时，人口的自然增长率可以看作常数的话，那么当人口增加到一定程度后，这个增长率就随人口的增加而减少，因此需要修改模型。

1838 年，荷兰生物学家 Verhulst 为说明自然环境条件所能容许的最大人口数，引入 $\overline{f}$，并且假设增率为 $\gamma\left(1 - \dfrac{f(t)}{\overline{f}}\right)$，即净增长率随着 $f(t)$ 的增加而减少，当 $f(t) \to \overline{f}$ 时，净增长率趋于零，按此假定建立人口预测模型。

由 Verhulst 假定，马尔萨斯模型应改为

$$\begin{cases} \dfrac{\mathrm{d}f}{\mathrm{d}t} = \gamma\left(1 - \dfrac{f}{\overline{f}}\right)f \\ f(t_0) = f_0 \end{cases}$$

上式就是 Logistic 模型，该方程为可分离变量方程，其解为

$$f(t) = \cfrac{\overline{f}}{1 + \left(\dfrac{\overline{f}}{f_0} - 1\right) e^{-\gamma(t-t_0)}}$$

下面对模型作一些简单分析：

（1）当 $t \to \infty, f(t) \to \overline{f}$，即无论人口的初值如何，人口总数趋向

于极限值 $\overline{f}$。

（2）分析人口增长速度，当 $0 < f < \overline{f}$ 时，$\dfrac{\mathrm{d}f}{\mathrm{d}t} = \gamma\left(1 - \dfrac{f}{\overline{f}}\right)f > 0$，

这说明 $f(t)$ 是时间 t 的单调递增函数。

（3）分析人口增长率速度，由于

$$\ddot{f} = \gamma\dot{f} - 2\gamma\frac{f\dot{f}}{\overline{f}} = \gamma\dot{f}\left[1 - \frac{2f}{\overline{f}}\right] = \gamma^2\left(1 - \frac{f}{\overline{f}}\right)\left(1 - \frac{2f}{\overline{f}}\right)f$$

所以当 $f < \dfrac{\overline{f}}{2}$ 时，$\dfrac{\mathrm{d}^2 f}{\mathrm{d}t^2} > 0$，即 $\dfrac{\mathrm{d}f}{\mathrm{d}t}$ 单调增加；当时 $f > \dfrac{\overline{f}}{2}$ 时，

$\dfrac{\mathrm{d}^2 f}{\mathrm{d}t^2} < 0$，即 $\dfrac{\mathrm{d}f}{\mathrm{d}t}$ 单调减少，即人口增长率 $\dfrac{\mathrm{d}f}{\mathrm{d}t}$ 由增变减，在 $\dfrac{\overline{f}}{2}$ 处最大，也就是说在人口总数达到极限值一半以前是加速生长期,过这一点后，生长的速率逐渐减少，并且迟早会达到零，这是减速生长期，最终人口增长率趋于 0。

用该模型检验美国 1790—1950 年的人口，发现模型计算的结果与世界人口数量在 1930 年以前都非常吻合，自从 1930 年以后，误差越来越大，一个明显的原因是在 1960 年左右美国的实际人口已经突破了 1900 年左右所设的极限人口。由此可见该模型的缺点之一是 $\overline{f}$ 不易确定，事实上，随着一个国家经济的发展，其资源就越丰富，$\overline{f}$ 就越大，因此 $\overline{f}$ 也是一个变量。

由此，采用模拟近似法建立模型需要注意以下两条：

（1）把握好模型的假设条件，对不同的条件有不同的模拟方法，也就有不同的模型。

（2）要对由模拟的微分方程得到的解的特性进行分析，并与实际情况作对比，确定结果与实际情况是否一致。若接近，则说明假设的条件符合实际，建立的微分方程适用，否则就要修改模型。

3.4.4 微分方程模型的求解

建立了微分方程模型后，需要对模型进行求解，一般情况下，对微分方程模型求解，可以给出解析解或者数值解，不管给出何种形式

的解，都可以通过解获得系统的性能及规律。

（1）设定条件求解析解。解析解是解的基本形式，是一个显式函数表达式。解析解能够直观地体现各参数之间的关系，对于定性分析十分重要。

（2）设定条件求数值解。由于许多微分系统难于求得解析解，因此在设定条件下需要通过编程，利用数学软件求数值解。有些问题即使可以求得解析解，但为直观起见也常常用数学软件计算数值解，然后利用软件的作图功能将结果用图形显示出来。

3.5 微分方程的应用

连续系统有三种表示形式，即微分方程、传递函数及状态空间表达式。在这三种形式中，微分方程形式与传递函数形式之间比较容易相互转换；而状态空间表达式是一阶微分方程组形式，是一种很适合仿真的数学模型。

从控制理论中可知，对于一个连续时间系统可以在时域、频域中描述其动态特性。然而，在工程实际和科学研究中所遇到的实际问题往往很复杂，在很多情况下都不可能给出描述动态特性的微分方程解的解析表达式，多数只能用近似的数值方法求解。随着计算机硬件、软件的发展和数值理论的进展，微分方程的数值解方法已成为当今研究、分析、设计系统的一种有力工具，即使频域中的系统模型，也可以将其变换为时域中的模型。

微分方程在解决与变化率有关的各种实际问题中有着广泛的应用。尽管所涉及问题的差异很大，但用微分方程解决问题时总有三个过程：第一步是建模，即根据实际问题建立适当的微分方程，给出其定解条件。这需要对问题有深刻的理解，要进行必要的假设，忽略一些次要因素，选取变量，从这些变量之间的关系建立起所满足的微分方程，给出定解条件。这就是将实际问题数学化。第二步是求解所建立的微分方程，这包括求出它的解析解或者数值解，或者从微分方程分析变量的变化规律。第三步是对所得的数学结果进行翻译，用以解释一些现象或者对问题的解决提出建议或方法。

在用微分方程解决实际问题的过程中一定要意识到实际问题是十分复杂的,微分方程只能是在一定程度上的对问题的一种近似描述,只要结果的误差在一定范围内即可。任何模型都不可能把影响问题的所有因素都反映在微分方程中,或者要求所得结果十分精确。一个好的微分方程模型是在实际问题的精确性和数学处理的可能性之间的一个平衡。

3.6 本 章 小 结

本章讨论了微分方程的基本理论、微分方程模型建模的基本知识,随后讨论了微分方程的研究及应用现状。

参 考 文 献

[1] 马知恩, 周义仓. 常微分方程定性与稳定性方法[M]. 北京: 科学出版社, 2001.

[2] 同济大学数学教研室. 高等数学(上册)[M]. 2 版. 北京: 高等教育出版社, 1996.

[3] 薛毅. 数学建模基础[M]. 北京: 北京工业大学出版社, 2004.

[4] 张芷芬. 常微分方程定性理论[M]. 北京: 科学出版社, 1985.

[5] 蒋中一, 凯尔文·温赖特. 数理经济学的基本方法[M]. 北京: 北京大学出版社, 2006.

[6] 哈利勒. 非线性系统[M]. 董辉, 李作洲, 朱义胜, 等译. 北京: 电子工业出版社, 2005.

[7] 葛渭高, 田玉, 廉海荣. 应用常微分方程[M]. 北京: 科学出版社, 2010.

[8] 周义仓, 靳祯, 秦军林. 常微分方程及其应用[M]. 北京: 科学出版社, 2003.

[9] 化存才, 赵奎奇, 杨慧, 等. 常微分方程解法与建模应用选讲[M]. 北京: 科学出版社, 2009.

第4章　先进制造模式扩散的影响因素分析

在新技术、新理念层出不穷、不断创新的背景下，各种先进制造模式迅速发展。这些先进制造模式对于构建企业的竞争力、促进制造业的进步、推动经济社会发展无疑具有重要作用。与此同时，各种信息通信技术的进步带来了企业竞争范围的全球化和顾客需求的多样化，进一步增强了企业的竞争压力。因此，实施先进制造模式是制造业长远发展的必然选择。研究先进制造模式的竞争扩散过程无论是对于企业进行先进制造模式实施决策，还是对于政府推动制造业发展都具有重要意义。

随着计算机科学和反馈控制理论在社会、经济等系统中研究的不断发展，系统动力学已成为了一种研究动态复杂系统的方法。先进制造模式的实施、推广过程实际上是先进制造模式的扩散过程，先进制造模式的扩散是一个多种因素共同作用的长期、复杂的系统工程。本章在应用 GQM 方法分析先进制造模式扩散影响因素的基础上，根据先进制造模式的特点，从宏观与微观两个方面来构造先进制造模式扩散过程的系统动力学模型，并通过模型对先进制造模式的扩散因素进行定量的分析和讨论。

4.1　先进制造模式发展的影响因素

先进制造模式作为一种先进制造理念的实践，其扩散过程与创新产品和创新技术的扩散不尽相同，有着自身的特点。为了研究先进制造模式的扩散过程，首先需要分析其扩散的影响因素。先进制造模式的实施受到多方面因素的影响，这些因素从企业的角度可以分为企业外部影响因素、内部影响因素和先进制造模式技术本身特性等。

1. 企业外部因素

在现代竞争激烈、动态变化的环境下，企业的决策及任何行为都必须考虑外部因素，它既有可能促进企业采用某项技术也有可能限制企业的决策选择。先进制造模式的应用实施作为一项影响巨大的企业行为，它受到政府政策法规的约束和社会资本的影响。

1）政策法规

先进制造模式的应用不仅能给企业带来较高的经济效益，而且能促进区域范围内产业生产率的提高和经营管理技术水平的提升，具有良好的社会效益，而政府的政策对先进制造模式实施具有重大影响作用。政策法规对先进制造模式的应用可以有积极的影响也可以有消极的影响，政府对它的支持可以采取以下几方面的措施：

（1）设置先进制造模式技术转移及应用指导中心。通过为有意向实施先进制造模式的企业提供相关技术和实施指导，可以促进其在技术能力较差或不太了解的企业中应用。

（2）建立先进制造模式应用示范企业，对相关行业起到带头示范作用。例如，在 2001 年之前，我国就已在 19 个行业、20 多个省市 200 余家企业成功地实施了 CIMS 应用示范工程，取得了显著的经济效益和社会效益。

（3）为实施企业提供优惠贷款。先进制造模式实施工程对企业来说是一次巨大的变革，需要极大的财力支持，有许多企业由于资金不足，不得不推迟或取消先进制造模式实施，如果企业能得到国家的优惠贷款，这将会大大促进先进制造模式采用的企业数目。

2）社会资本

社会资本被视为给定经济中决定个体间互动的社会网络和制度，既包括正式的制度关系，也包括非正式的社会关系。在微观水平上，社会资本有两个作用，它可以改善信息流的数量和质量，同时促进互动个体间的协调与合作。高质量信息的获得途径对先进制造模式的采用有着正面影响，能让企业对先进制造模式实施的后果有一个更为客观清楚的认识。

2. 企业内部因素

先进制造模式的应用是一项系统工程，它不仅受到企业外部因素影响，而且受到企业内部因素的影响。企业内部因素包括人员素质、资金能力和企业文化等，这些因素决定了企业是否有实施先进制造模式的实力以及实施先进制造模式的意愿。

1）人员素质方面

先进制造模式是先进的生产技术、计算机等硬件设备和制造理念的集合，如果没有适当的人员来实施，先进制造模式应用工程就不会达到预期的效果。在我国企业中有很大一部分企业领导人没有转变思维，仍认为只要花费足够的金钱去购买所需的设备，那先进制造模式的应用工程就一定能取得成功，最后发现结果不尽如意。究其原因是对先进制造模式实施人员素质的重视不够，没有及时培训员工掌握必要的技术才使投资不小，效果不大。

2）资金能力

虽然先进制造模式的应用具有良好的经济效益，但它对企业的资金要求也比较高。在国内外那些率先采用先进制造模式的往往是大型企业，当先进制造模式发展到一定程度后，应用先进制造模式的资金条件会有所下降，各企业积累一定资金时它才会在社会上广泛传播。

3）企业文化

先进制造模式的实施是关于企业内部信息处理方式、日常工作流程的一次大的改变，需要企业具有较大的风险承受力。如果企业文化是相对保守的、不愿进行冒险，那采用先进制造模式的时机会相对落后，即企业会通过观察应用先进制造模式的企业效果再决定何时采用。如果企业文化是支持采用新技术的，企业领导人敢于冒风险，那先进制造模式的实施时机就会相对早一些。

3. 先进制造模式技术本身影响因素

对任何一个企业来说，它采取某一项新技术前，都要考虑到该技术的风险性、可观察性和相对优越性。同样，企业在实施先进制造模式前，这些因素也是企业需要考虑的首要因素，只有新模式的特点符合企业的预期时，它才有可能在企业中得到应用。

1）风险性

采用任何新技术时都会涉及风险性的问题，但不同类型的技术采用时的风险是不一样的。有些创新产品或技术对企业的能力要求较低或它已被许多其他企业采用而证明风险性小，那它就更容易在企业中扩散。相反，如果创新技术采用的数量少或企业需要做出较大变革和代价来实施，那么企业在采用时就会面临更大的风险。对先进制造模式的应用来说，企业需要付出巨大代价，需对以往的工作流程进行重新布置，所以风险性是实施先进制造模式时不得不考虑的一个因素。

2）可观察性

先进制造模式的可观察性有利于它的扩散。潜在采用者对先进制造模式抱有或多或少的戒心，为此希望了解尽可能多的先进制造模式相关信息以减少不确定性。如果先进制造模式是易于被观察和识别的，这将加速潜在采用者对先进制造模式信息的了解，从而加速先进制造模式的采用。因此先进制造模式越易于被观察，其扩散速度越快。

3）相对优越性

先进制造模式的扩散速度与其相对优越性呈现正相关性。先进制造模式的相对优势通过经济利益和非经济利益两个方面表现出来。当企业采用一项技术创新时，首先考虑的是经济效益。而先进制造模式通常能够在原有的生产投入的基础上为企业带来更多的产量，或者是能够在保持原有生产量的基础上降低企业的生产成本。因此，企业总是会偏向于选择具有相对优势的技术创新，且先进制造模式的相对优越性越明显，越有利于先进制造模式的扩散。

4.2 基于 GQM 的先进制造模式扩散因素分析及评价

4.2.1 GQM 方法概述

GQM 方法源于软件行业，是一种系统地对软件及其开发过程实施定量化的度量方法。它把组织的目标归纳、分解为度量的指标，并把这些指标提炼成可以测量的值，从而能更好的预测、控制过程性能，实现软件开发的定量化管理。在软件开发过程中，运用 GQM 方法已经取得了很好的效果。

GQM 将组织的目标归纳、分解为度量的指标，并把这些指标提炼成可以测量的值，是一种面向目标的度量方法，也是管理者的一种科学的、具有逻辑性的思考问题的方式。在项目和组织的特定需要的基础之上，GQM 模型的工作原理就是提供一种模式来帮助软件管理者为了达到管理上的目标而设计一整套软件度量体系，运用系统的方法来对软件过程和产品模型中的各个目标进行裁减、整合。GQM 方法的实施过程是从上到下的分析过程和从下到上的执行过程，首先定义需要度量的目标，然后通过回答问题的形式来衡量这些目标是否被实现，将一个个模糊的、抽象的目标，分解成具体的、可测量的问题，所以这个模型具有三层结构：目标层（Goal）、问题层（Question）、度量层（Metric）。GQM 模型提供了自顶向下的度量定义方法和自底向上的数据采集、解释方法，如图 4.1 所示。

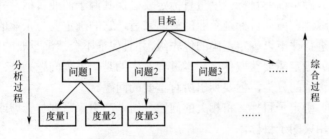

图 4.1　GQM 三层模型

目标层：特定环境下项目目标的定义由诸多原因决定，其中主要的是产品、过程和资源。

问题层：用来评测既定目标的一系列问题应该建立在一定的具有相关特性的模型基础之上，所选择的问题应该尽可能地来刻画一个度量目标，而不是没有原则的来选择数据，否则，将造成工作量的增大和数据的浪费。

度量层：数据的采集应该和每一个问题相关联，无论这些数据是客观的，还是主观的。

GQM 模型是开始于目标的一个阶层状的结构，同一个度量元也可以被用来回答相同目标中的不同的问题，多个 GQM 模型也可以共享一些问题和度量元，站在不同的角度来看相同的度量也会有不同的数据值。

4.2.2 基于 GQM 的先进制造模式扩散的影响因素

1. 先进制造模式扩散影响因素目标的确定

事实上，GQM 是围绕着目标（G）、问题（Q）、度量（M）三大要素展开的，只是在处理过程中还必须明确需要采取的措施或方法。基于 GQM 方法，结合当前的研究现状，根据实际需要，提出了先进制造模式扩散的影响因素度量方法。GQM 方法主要包括以下方面：

1）目标定义

度量目标是一种规范的软件度量目标，具有标准的格式。一个 GQM 目标应包括度量服务对象、要达到的目的、度量对象、度量对象的属性和度量环境五部分。

（1）确定商业目标。度量目标定要确保其源于商业目标，并保持其可跟踪性。商业目标是企业的最高宗旨，它的确定要与企业的管理层一起进行评审以确定正确的优先级，并且保证不会遗漏重要的目标。

（2）确定需要获取什么。本过程产生的是一系列问题列表，不一定需要正确的分类，但要列出所有重要的问题。

（3）确定子目标。将相关的问题分组，产生一系列与管理或执行的活动相关的子目标。

（4）确定与子目标相关的实体和属性。本过程提供为实现子目标必须获取的实体和属性信息。

（5）格式化度量目标。格式化后的度量目标应该包括关注对象、关注目的、关注人群和度量环境四个元素。

（6）确定有助于达到度量目标的可度量问题和相关指示器。由格式化后的度量目标推出实现这些目标必须量化的问题和指示器（包括各种类型的图表）。

根据上述确立目标的规则与方法，结合这里所要研究的课题，确定出如下的总目标以及子目标：

总目标：确保一个企业的先进制造模式扩散中的影响因素分析是正确的，并且得出这些影响因素。根据总目标列出表 4.1 所示子目标进行探究。

表 4.1　总目标中的子目标

子　目　标	子指标描述
A：企业外部环境影响因素	外部环境对先进制造模式扩散的影响
B：企业内部影响因素	企业内部的因素对先进制造模式扩散的影响
C：先进制造模式本身影响因素	先进制造模式本身存在的对扩散的影响

2）问题定义

对于每一个目标，能够以量化的方式来导出一些相关的问题，通常，获得问题可以从以下几个方面来考虑。

（1）对于特定目标陈述的对象，应该抓住那些可以量化的特征。

（2）结合模型中的侧重点，这些特征应该怎么来描述。

（3）结合模型中的侧重点，应该如何评价度量对象的这些特征。

3）选择度量项

一旦选好了应该回答的问题，并且确定其可以量化，便可以选择或构造一些数量指标。度量是针对问题提取的实体特征的量化信息。对于问题层定义的每个问题都会有一组数据与之相对应，通过这些数据可以对问题有个量化的答案。

目标驱动的度量方法的初衷并不是为了发展一套通用的、适应多种情况的度量方案，而是为了给个人和团队提供一种可适应的定义度量的过程，以获得对所管理的对象的洞察。

2. 影响因素的度量构造

下面针对各个子目标进行度量分析。所使用的数据可以根据 Jay S. Kim 和 Peter Arnold 通过对美国的 1306 家企业的问卷调查得到各种竞争次序及制造目标的项目及重要性的排序。下述列出表 4.2～表 4.4 来分析影响因素的度量。

上述三个表格根据提出的问题，得出了度量构造，并且得出计算模型。

表 4.2 子目标 A 企业外部环境影响因素的度量

问题	度量	度量符号	扩散影响因素权重计算
Q1: 市场需求对先进制造模式扩散有影响吗?	M1: 制造业工业增加值所占 GDP 影响权重	r_1	$$Ar_{Q1} = \frac{r_1 + r_2}{\sum_{i=1}^{10} r_i + \sum_{j=1}^{13} t_j + \sum_{k=1}^{6} w_k}$$ 其中公式中，Ar_{Qi} 代表 i 问题占问题所有权重的比例
	M2: 信息技术与制造业融合人力推进的影响权重	r_2	
Q2: 经济政策对先进制造模式扩散有影响吗?	M3: 政府建立经济政策支持先进有效企业的影响权重	r_3	$$Ar_{Q2} = \frac{r_3}{\sum_{i=1}^{10} r_i + \sum_{j=1}^{13} t_j + \sum_{k=1}^{6} w_k}$$
Q3: 市场竞争对先进制造模式扩散有影响吗?	M4: 低价格竞争盈利的影响权重	r_4	$$Ar_{Q3} = \frac{r_4 + r_5 + r_6 + r_7}{\sum_{i=1}^{10} r_i + \sum_{j=1}^{13} t_j + \sum_{k=1}^{6} w_k}$$
	M5: 提供高性能可靠的产品的影响权重	r_5	
	M6: 提供快速分销及可靠的分销承诺的影响权重	r_6	
	M7: 提供有效的各种服务的影响权重	r_7	

问 题	度 量	度量符号	扩散影响因素权重计算
Q4: 社会因素对先进制造模式扩散有影响吗？	M8: 环境管理体系对先进制造模式的影响权重	r_8	$$Ar_{Q4} = \frac{r_8 + r_9 + r_{10}}{\sum\limits_{i=1}^{10} r_i + \sum\limits_{j=1}^{13} t_j + \sum\limits_{k=1}^{6} w_k}$$
	M9: 社会责任管理体系对先进制造模式的影响权重	r_9	
	M10: 安全卫生管理体系对先进制造模式的影响权重	r_{10}	

表 4.3 子目标 B 企业内部影响因素的度量

问 题	度 量	度量符号	扩散影响因素权重计算
Q1: 企业战略对先进制造模式扩散有影响吗？	M1: 企业战略决策关系一个企业发展中对先进制造模式扩散的影响权重	t_1	$$Br_{Q1} = \frac{t_1}{\sum\limits_{i=1}^{10} r_i + \sum\limits_{j=1}^{13} t_j + \sum\limits_{k=1}^{6} w_k}$$ 其中公式中，Br_{Q1} 代表问题 i 问题占所有权重的比例

（续）

问　题	度　量	度量符号	扩散影响因素权重计算
Q2: 技术因素对先进制造模式扩散有影响吗？	M2: 制造技术对先进制造模式的影响权重	t_2	
	M3: 生产计划与质量管理的影响因素权重	t_3	$Br_{Q2} = \dfrac{t_2 + t_3 + t_4}{\sum\limits_{i=1}^{10} r_i + \sum\limits_{j=1}^{13} t_j + \sum\limits_{k=1}^{6} w_k}$
	M4: 产品研发以及物流管理等的影响因素权重	t_4	
Q3: 组织因素对先进制造模式扩散有影响吗？	M5: 先进制造模式的实施过程的组织内部功能工作团队所占权重	t_5	$Br_{Q3} = \dfrac{t_5 + t_6}{\sum\limits_{i=1}^{10} r_i + \sum\limits_{j=1}^{13} t_j + \sum\limits_{k=1}^{6} w_k}$
	M6: 改变制造组织的文化所占权重	t_6	
Q4: 企业员工对先进制造模式扩散有影响吗？	M7: 提高员工忠诚度对先进制造模式扩散所占权重	t_7	$Br_{Q4} = \dfrac{t_7 + t_8 + t_9 + t_{10} + t_{11}}{\sum\limits_{i=1}^{10} r_i + \sum\limits_{j=1}^{13} t_j + \sum\limits_{k=1}^{6} w_k}$
	M8: 授予员工较大范围的任务和权利所占权重	t_8	

问　　题	度　　量	度量符号	扩散影响因素权重计算
Q4: 企业员工对先进制造模式扩散有影响吗?	M9: 员工培训所占权重 M10: 机器人的使用所占权重 M11: 从外部雇用新员工对先进制造模式所占权重	t_9 t_{10} t_{11}	$Br_{Q4} = \dfrac{t_7 + t_8 + t_9 + t_{10} + t_{11}}{\sum\limits_{i=1}^{10} r_i + \sum\limits_{j=1}^{13} t_j + \sum\limits_{k=1}^{6} w_k}$
Q5: 企业文化对先进制造模式扩散有影响吗?	M12: 价值分析、产品再设计等所占权重 M13: 迎合财务目标，将制造战略与企业战略联系起来的发展所起来的发展所占权重	t_{12} t_{13}	$Br_{Q5} = \dfrac{t_{12} + t_{13}}{\sum\limits_{i=1}^{10} r_i + \sum\limits_{j=1}^{13} t_j + \sum\limits_{k=1}^{6} w_k}$

表 4.4　子目标 C　先进制造模式本身影响因素的度量

问　　题	度　　量	度量符号	扩散影响因素权重计算
Q1: 先进制造模式本身的适应性对先进制造模式扩散有影响吗?	M1: 先进制造技术迎合了客户满意度高这个要求所占权重 M2: 先进制造模式的组织结构合理所占	w_1 w_2	$Cr_{Q1} = \dfrac{w_1 + w_2}{\sum\limits_{i=1}^{10} r_i + \sum\limits_{j=1}^{13} t_j + \sum\limits_{k=1}^{6} w_k}$

问　题	度　　量	度量符号	扩散影响因素权重计算
Q2: 先进制造模式本身的协同性对先进制造模式扩散有影响吗？	M3: 先进制造技术使得单位产品成本降低所占权重 M4: 协调市场变化迎合市场反应加快的要求所占权重	w_3 w_4	$$C_{rQ2} = \frac{w_3 + w_4}{\sum_{i=1}^{10} r_i + \sum_{j=1}^{13} t_j + \sum_{k=1}^{6} w_k}$$
Q3: 先进制造模式本身的先进性对先进制造模式扩散有影响吗？	M5: 先进制造技术领先对扩散的影响所占权重 M6: 先进制造模式的管理手段得当的影响所占权重	w_5 w_6	$$C_{rQ3} = \frac{w_5 + w_6}{\sum_{i=1}^{10} r_i + \sum_{j=1}^{13} t_j + \sum_{k=1}^{6} w_k}$$

3. 度量结果

通常，数据的收集和处理应该注意三个基本方面内容：

（1）如何使得数据可见并适当地将其捕获。

（2）如何确保数据的质量。

（3）如何保存和管理数据以便分析。

数据的获取可以采用手工的方法，也可以采用一些数据自动捕获工具来得到。下面利用模糊评判模型对先进制造模式扩散中的影响因素进行具体的分析。

由 GQM 分析方法得出这些影响因素可分为企业外部环境的影响因素、企业内部的影响因素和先进制造模式本身特性等因素的影响。

其中企业外部环境包括：

（1）市场需求：世界经济形势不断提升，对全球总的生产和需求都不断在增加，新的市场亮点将不断出现，尤其在我国，随着各项建设不断铺开，市场需求将呈现较高的增长，将进一步拉动企业的技术改造和设备更新。

（2）经济政策：各个国家的经济政策虽然不同，但是它们存在共性。每个国家都在发展，每个企业都需要前进发展，它们鼓励多种形式的技术合作，实施市场换技术的战略，争取更多的技术转移，使资金的使用做到效用最大化。

（3）市场竞争：企业需要调查竞争环境，目的是认识市场状况和市场竞争强度，根据本企业的优势，制定正确的竞争策略。通过竞争环境调查了解竞争对手优势，取长补短，扬长避短，与竞争者在目标市场选择，产品档次，价格，服务策略上有所差别，与竞争对手形成良好的互补经营结构。竞争环境调查，重在认识本企业的市场地位，制定扬长避短的有效策略，取得较高的市场占有率，先进制造模式中先进制造技术的推广能够提高企业效率，企业要有竞争力，就需要先进制造技术，在市场中才有一席之地。

（4）社会因素：社会因素越来越引起人们的关注，诸如安全、环境保护、废物利用、制造与地域、制造与文化、制造与人因等问题都是目前研究的重点，由此产生的各种制造模式多达几十种，所以相应的各种规章制度也不断出现。

企业内部因素包括：

（1）战略因素：采用先进制造技术涉及大量的投资和高度的不确定性，因此在企业中，战略决策是一个长期的、复杂的、昂贵的任务，先进制造模式与这些战略之间的关系必须相互适应，否则企业将陷入内耗的处境。

（2）技术因素：方法和技术是先进制造模式扩散的基本要素，现如今，只有将先进制造技术与先进制造模式相结合，才能让企业处于不败之地，先进制造技术的采用涉及大量的投资和高度的不确定性，所以技术因素的方面也是一个重要的影响因素。

（3）组织因素：先进制造模式的组织因素包括了两个方面：一是先进制造模式的实施过程的组织；二是先进制造模式可能要求企业改变原有的组织形式。由于组织因素贯穿整个先进制造模式扩散的过程，它也是一个不可忽视的因素。

（4）人员因素：制造企业通过采用先进制造技术和进行组织变革，其目的是为了获得成本、质量和时间等方面的优势，以便于在市场上取得竞争优势，而决定企业是否达到目的的因素在于人，所以系统中各个层次上员工的工作和所负责的角色成为系统成功运作的关键。

（5）文化因素：一般将文化分为网络文化、片断文化、唯利是图文化及公共文化，对于相应的文化，没有好坏之分，只有适合与否，因此，文化的确定对于先进制造模式的扩散具有重要的作用。

先进制造模式本身因素包括：

（1）适应性：在知识经济时代，情况发生了根本变化，由于顾客需求的多样化、个性化特征及产品生命周期的缩短，企业必须密切关注市场，随时掌握市场需求的变化，把握市场机会，充分利用各种资源，不断地进行制造资源配置方式的调整和产品创新以适应市场，而先进制造模式正适合这种变化。

（2）协同性：各种先进制造模式都有相应的制造战略、制造组织和制造技术，同一种制造模式所包含的各个部分具有一致性，而且，这种一致性与企业战略和企业所处的市场竞争环境相互支持，这种一致性便是先进制造模式的协同性，这种特性使得环境与战略达成了一致。

（3）先进性：在经济全球化和知识经济的时代，市场环境变得瞬息万变，难以预测，先进制造模式的发展趋势迎合了这种环境，因此，先进制造模式本身的先进性使其扩散变得更加毫无疑问。

4.2.3 影响因素的评价研究

在市场经济条件下，企业的生存和发展取决于竞争优势，而先进制造模式的扩散正是企业竞争优势的根本支撑和决定因素。先进制造模式的扩散从宏观上讲，对促进社会、经济、文化的协调发展起着重要作用，从微观上看，有利于提高技术含量，降低经营风险，增强企业的竞争力，推动高新技术产业的形成。

鉴于先进制造模式的扩散在经济发展中的作用，企业应注重研究扩散的影响因素，以加快先进制造模式的扩散，但总的来看，大多数研究只是从定性方面来考虑先进制造模式扩散的影响因素。本章在分析影响先进制造模式扩散因素的基础上，构建先进制造模式扩散影响因素的评价指标体系，采用模糊层次综合评价法，来评判影响先进制造模式扩散的最大因素，进而更有效地推动它的扩散。先进制造模式扩散影响因素评价指标体系，是一套能够充分揭示企业发展的内在规律，具有一定的内在联系，相互补充，能够确保先进制造模式有效扩散的指标群体。

先进制造模式扩散的制约因素是多层次的动态系统，涉及评价因素众多，结构复杂，只有从多个角度和层面来设计指标体系，才能准确反映先进制造模式扩散的各种影响因素。因此，为确保评价结果的客观、正确，该评价体系的设计必须遵循以下原则：

（1）科学性原则。指标体系的科学性是确保评价结果准确合理的基础,应从不同侧面设计若干反映先进制造模式扩散影响因素的指标，并且指标要有较好的可靠性、独立性、代表性和统计性。

（2）可比性原则。本指标是对多个先进制造模式扩散影响因素进行综合评价，因此必须保证具体指标是各个企业共有的指标涵义，统计口径和范围尽可能保持一致，以保证指标的可比性。

（3）成长性原则。对于先进制造模式影响因素的测定不仅要分析过去和当前的各种因素，还要研究潜在、未来的影响因素。

（4）硬性指标和软性指标相结合原则。

由于评价问题比较复杂，要根据实际情况，采取硬性指标和软性指标相结合。

根据上述原则，可设计出如表 4.5 所列的先进制造模式扩散影响因素评价指标体系及其结构。该评价指标体系结构中的目标层就是先进制造模式扩散影响因素；主因素层则包括经济因素、政府因素和企业自身因素三个方面内容；子因素层是对主因素层内容进一步细分化和具体化。

表 4.5   先进制造模式扩散影响因素评价指标体系及其结构图

目　标　层	主 因 素 层	子 因 素 层
先进制造模式扩散的影响因素	企业外部环境因素 U_1	市场需求
		经济政策
		市场竞争
		社会因素
	企业内部因素 U_2	战略因素
		技术因素
		组织因素
		人员因素
		文化因素
	本身因素 U_3	适应性
		协同性
		先进性

影响因素评价指标体系是一个三层结构指标体系，根据模糊理论，把子因素层与主因素的评价看成第一级评判，而子因素层与主因素层对目标层的评判看成第二级评判，从而构成一个二级三层模糊综合评价模型，其构建步骤如下。

（1）将因素集 $U = \{U_1, U_2, \cdots, U_n\}$ 按其属性划分成三个子集，设每个子集的因素为 $U_i = \{U_{i1}, U_{i2}, \cdots, U_{ij}\}$，$i = 1, 2, 3$；$j = 1, 2, \cdots, n_i$。

（2）对第一级评判。对每一个子因素集 U_i 分别作出综合评判。以上指标有定量的，也有定性的，在具体评价时，根据企业自身的特点把定量指标分为不同的区间段，把定性指标分为不同的水平等级，并给出统一的标准分值。由此可以得出评语集 $V = (V_1, V_2, V_3, V_4, V_5) = $（高，较高，一般，较低，低）。

在具体评价时，由于对 U_i 中各因素有不同的侧重，对每一个因素赋予不同的权重，它可以表示为 U_i 上的一个模糊子集，根据问卷调查法确定各级指标因素的权重值为 $A_i = \{a_{i1}, a_{i2}, \cdots, a_{in}\}$，由模糊理论的性质，可以得出 U_i 的综合评判向量为 $\boldsymbol{B}_i = \boldsymbol{A}_i \cdot \boldsymbol{R}_i = \{b_{i1}, b_{i2}, \cdots, b_{im}\}$，其中，$\boldsymbol{R}_i$ 为模糊评价矩阵。

对于单因素模糊评价矩阵 $\boldsymbol{R}_i$，是由因素集 U 到评语集 V 的一个模糊映射，采用德尔菲法，确定 U_i 中各因素对应于 V 中各种评语的隶属度。r_{ijk} 表示从第 j 个因素对应于 k 种评定的可能程度，也就是从第 j 个因素来看，某项目从属于第 k 中评语规定的模糊集的隶属度，由此可得出模糊模型评价矩阵 $\boldsymbol{B}_i$。

（3）将每一个 U_i 作为一个元素，用 B_i 作为它的单因素评判，又可构成评判矩阵 $\boldsymbol{B}$，有

$$
\boldsymbol{B} = \begin{bmatrix} B_1 \\ B_2 \\ \vdots \\ B_S \end{bmatrix} = \begin{bmatrix} b_{11} & b_{12} & b_{13} \\ b_{21} & b_{22} & b_{23} \\ \vdots & \vdots & \vdots \\ b_{s1} & b_{s2} & b_{s3} \end{bmatrix}
$$

它是 $\{U_1, U_2, \cdots, U_i\}$ 的单因素评判矩阵，每一个 U_i 作为 U 的一部分，反映 U 的某种属性，可以按它们的重要程度给出权重分配。

由 $\boldsymbol{A} = \left(a_1^*, a_2^*, \cdots, a_s^* \right)$ 可进一步计算，得出二级指标评价向量 $\boldsymbol{R}$：

$$
\boldsymbol{R} = \boldsymbol{A} \cdot \boldsymbol{B} = \begin{bmatrix} a_1^*, a_2^*, \cdots, a_s^* \end{bmatrix} \begin{bmatrix} b_{11} & b_{12} & b_{13} \\ b_{21} & b_{22} & b_{23} \\ \vdots & \vdots & \vdots \\ b_{s1} & b_{s2} & b_{s3} \end{bmatrix} = \begin{pmatrix} r_1 & r_2 & \cdots & r_s \end{pmatrix}
$$

其中，$\begin{pmatrix} r_1 & r_2 & \cdots & r_s \end{pmatrix}$ 分别代表二级指标评价值。

根据隶属度最大原则，得出综合评判为 V_s，也就是说影响先进制

造模式扩散程度最大因素的所属级为 V_s，即该因素影响先进制造模式扩散程度最大，在先进制造模式扩散过程中，应该更加注重研究该因素的影响。

在具体评价时，由于对 U_i 中各因素有不同的侧重，对每一个因素赋予不同的权重，它可以表示为 U_i 上的一个模糊子集，根据问卷调查法确定各级指标因素的权重值为：$A_1 = \{0.27, 0.04, 0.57, 0.12\}$，$A_2 = \{0.55, 0.12, 0.08, 0.06, 0.19\}$，$A_3 = \{0.32, 0.24, 0.44\}$。其中 A_1 为先进制造模式扩散中企业外部环境因素 U_1 的各级指标因素的权重值。A_2 为先进制造模式扩散中企业内部因素 U_2 的各级指标因素的权重值。A_3 为先进制造模式扩散中先进制造模式本身因素 U_3 的各级指标因素的权重值。

现在确定单因素模糊评价矩阵 $\boldsymbol{R}_i$，采用德尔菲法根据表 4.5 规定的标准分值进行评价，确定 U_i 中各因素对应于 V 中各种评语的隶属度。得出 $\boldsymbol{R}_1, \boldsymbol{R}_2, \boldsymbol{R}_3$ 分别为单因素 U_1, U_2, U_3 的模糊评价矩阵如下：

$$\boldsymbol{R}_1 = \begin{bmatrix} 0.07 & 0.11 & 0.51 & 0.24 & 0.07 \\ 0.01 & 0.08 & 0.15 & 0.16 & 0.60 \\ 0.21 & 0.41 & 0.19 & 0.17 & 0.02 \\ 0.03 & 0.14 & 0.29 & 0.43 & 0.11 \end{bmatrix}$$

$$\boldsymbol{R}_2 = \begin{bmatrix} 0.23 & 0.39 & 0.21 & 0.16 & 0.01 \\ 0.03 & 0.14 & 0.29 & 0.43 & 0.11 \\ 0.02 & 0.12 & 0.24 & 0.51 & 0.11 \\ 0.01 & 0.07 & 0.15 & 0.25 & 0.52 \\ 0.05 & 0.16 & 0.43 & 0.29 & 0.07 \end{bmatrix}$$

$$\boldsymbol{R}_3 = \begin{bmatrix} 0.30 & 0.31 & 0.21 & 0.16 & 0.02 \\ 0.25 & 0.24 & 0.19 & 0.21 & 0.11 \\ 0.39 & 0.32 & 0.12 & 0.16 & 0.01 \end{bmatrix}$$

由模糊理论的性质，可以得出 U_i 的综合评判向量为 $\boldsymbol{B}_i = \boldsymbol{A}_i \cdot \boldsymbol{R}_i = \{b_{i1}, b_{i2}, \cdots, b_{in}\}$ ($i=1,2,\cdots,s$)，得出 $\boldsymbol{B}_1, \boldsymbol{B}_2, \boldsymbol{B}_3$ 如下数值：

$$\boldsymbol{B}_1 = \boldsymbol{A}_1 \cdot \boldsymbol{R}_1 = \begin{bmatrix} 0.1426 & 0.2834 & 0.2868 & 0.2197 & 0.0675 \end{bmatrix}$$

$$B_2 = A_2 \cdot R_2 = \begin{bmatrix} 0.1418 & 0.2755 & 0.2602 & 0.2505 & 0.0720 \end{bmatrix}$$

$$B_3 = A_3 \cdot R_3 = \begin{bmatrix} 0.3276 & 0.2976 & 0.1656 & 0.1720 & 0.0372 \end{bmatrix}$$

$$r_1 = 0.1426 \times 9 + 0.2834 \times 7 + 0.2868 \times 5 + 0.2197 \times 3 + 0.0675 \times 1 = 5.4278$$

$$r_2 = 0.1418 \times 9 + 0.2755 \times 7 + 0.2602 \times 5 + 0.2505 \times 3 + 0.0720 \times 1 = 5.3292$$

$$r_3 = 0.3276 \times 9 + 0.2976 \times 7 + 0.1656 \times 5 + 0.1720 \times 3 + 0.0372 \times 1 = 6.4128$$

其中，$(r_1 \quad r_2 \quad r_3)$ 分别代表二级指标评价值。根据隶属度最大原则，可知先进制造模式本身的特性在先进制造模式扩散过程中影响最大，所以应该更加注重研究先进制造模式自身因素对先进制造模式扩散的影响。

4.3 系统动力学概述

系统动力学是综合了反馈控制论（Feedback Cybernetics）、信息论（Information Theory）、系统论（System Theory）、决策论（Decision Theory）、计算机仿真（Computer Simulation）以及系统分析的试验方法（Experimental Approach to System Analysis）等发展而来的，它利用系统思考（System Thinking）的观点来界定系统的组织边界、运作及信息传递流程，以因果反馈关系（Causal Feedback）描述系统的动态复杂性（Dynamic Complexity），并建立量化模型，利用计算机仿真方法模拟不同策略下现实系统的行为模式，最后通过改变结构，帮助人们了解系统动态行为的结构性原因，从而分析并设计出解决动态复杂问题和改善系统绩效的高杠杆解决方案（High Leverage Solution，即以最小的投入获取最大的绩效）。

20 世纪 50 年代早期，美国麻省理工学院斯隆管理学院 Forrester 教授进行了将计算机科学和反馈控制理论应用于社会、经济等系统的研究，到 20 世纪 70 年代初，系统动力学逐渐发展成为一种了解和认识人类动态复杂系统的研究方法。正如 Forrester 指出"一些刚接触的学者认为系统动力学只是一种可以用来处理情景模拟的软件包；另外有些人则把它当成一门建模的学问，但是，我认为不仅如此，它更是一种看待世界的方式"，系统动力学不仅有完整的建模工具，更有完整的方法论和思考模式。

4.3.1 系统动力学的基本概念

系统动力学是从运筹学的基础上改进发展起来的。鉴于运筹学太拘泥于"最优解"这一不足，系统动力学从观点上做了基本的改变，它不依据抽象的假设，而是以现实存在的世界为前提，不追求"最佳解"，而是寻求改善系统行为的机会和途径。由此，系统动力学在传统管理程序的背景下，引进信息反馈和系统力学理论，把社会问题流体化，从而获得描述社会系统构造的一般方法，并且通过电子计算机强大的记忆能力和高速运算能力而获得对真实系统的跟踪，实现了社会系统的可重复性试验。不同于运筹学侧重于依据数学逻辑推演而获得解答，系统动力学是依据对系统实际的观测所获得的信息建立动态仿真模型，并通过计算机实验室来获得对系统未来行为的描述。当然，系统动力学建立的规范模型也只是实际系统的简化与代表。一个模型只是实际系统一个断面或侧面，系统动力学认为，不存在终极的模型，任何模型都只是在满足预定要求的条件下的相对成果。

系统动力学是一门分析研究信息反馈系统的交叉性综合性的学科。系统动力学的研究对象具有以下特征：

（1）开放性特征。系统动力学的研究对象主要是开放系统，包括社会、经济、生态等复杂系统及其复合的各类复杂系统。在非平衡状态下运动、发展、进化是开放复杂系统的一个重要动态行为特征。系统动力学所研究的对象，诸如社会、经济、生态系统，都具有这一特性。

（2）自组织性特征。开放系统在不断与外界进行信息流、物流、能流的交换过程中，获得外部动力，同时，在系统内部的各组成部分相互耦合、作用、形成自然约束与相互协调，产生内部动力。在内外动力的共同作用下推动系统内各部分朝共同目标发展，这就是自组织。系统动力学所研究的对象，大部分具有自组织性质。

（3）非线性特征。当系统进入平衡态的非线性域阶段，系统与外界进行信息流、物流和能流的交换规模显著增大且变化迅猛。这时，系统吸取的物流与能流不仅足以补偿系统的耗散，而且还能促使系统结构的更新，并对外部环境产生更强烈的影响和严重的后果。各类社会经济系统，其行为大体上都有此特征。

4.3.2　系统动力学的建模

1. 有效运用系统动力学模型应遵循的原则

（1）开发一个模型是为了解决特定问题，而不是为系统建模。一个模型必须有一个清楚的目的，而这个目的必须是为了解决客户关心的问题。

（2）从一开始就把建模与整个项目整合起来。建模过程的价值早在对问题进行定义的这个阶段就开始了。

（3）对建模的价值持怀疑态度，并从项目一开始就强制讨论"为什么我们需要如此"。系统动力学并不能适用于所有问题，所以就某个问题而言，需要思考一下系统动力学是否是正确的方法。

（4）系统动力学并不是孤立的。在适当的时候，使用其他工具和方法。大多数建模项目只是一个更大的工程的一个部分，而这个更大的工程还涉及传统的战略和业务分析，包括标杆分析、统计工作、市场研究等。

（5）从项目一开始就留意决策的实施，实施工作必须从项目第一天就开始。

（6）当客户和建模者共同对过程反复提出质疑的时候，建模最有效果。建模是一个发现的过程，其目标是要对问题如何产生这一点形成新的理解，然后用新的理解来设计高杠杆作用的政策，以求改善现实。

（7）避免黑箱建模。如果客户看不到建模过程，那么这个模型绝不会给深植脑海的心智模型带来任何改变，因此就无法改变客户的行为。应该让客户尽可能早、尽可能多地融入建模过程，让他们看到模型。

（8）检验是一个持续的过程，在其中测试模型并建立信息。模型的完成并不能证明它的正确性，仅仅一个测试，例如，检测模型对历史数据的拟合能力，也不能证明它的正确性。

（9）尽快建立可用的初步模型，只在必要时才加入细节。尽快建立一个可行的模拟模型，在模拟模型形成之前，不要试图搭建详尽的概念模型。

（10）宽广的模型边界比大量的细节更为重要。模型必须在两方面取得平衡：一方面是要对客户所处的机构和可用的杠杆政策做出有用且可操作的表述；另一方面是要捕捉那些在客户的心智模型中未被解释的反馈。

（11）邀请建模专家，而不是初学者。虽然高中生或执行总裁都可以轻松掌握建模所需用到的软件，但建模并不是计算机程序设计，建模要求使用严谨的方法，且对业务有深入的了解，同时还需要在学习和经验中形成的技能。从专家那里得到你所需要的帮助，把项目当作一个机会，从中发展建模队伍及客户组织中其他成员的技能。

（12）实施不因一个单一项目的结束而结束，建模工作在初始项目结束之后仍会持续产生很久的影响。

2. 系统动力学建模过程

1）系统分析

（1）了解问题。回答要解决什么问题？拟达到什么目的？完成此项任务需要哪些条件？现已具备哪些条件?还需要准备哪些条件？

（2）分析系统的基本问题与主要问题、基本矛盾与主要矛盾以及矛盾的主要方面。

（3）初步划定系统的边界，确定内生变量、外生变量和输入变量。

一般而言，系统的范围取决于研究目的，系统边界的划定一般是把与建模目的有关的内容圈入系统内部，使其与外界环境隔开。划定系统边界的基本准则是：应将系统中的反馈回路考虑成闭合的回路。应该把与建模目的关系密切、变量值较为重要的都划入系统内部。

（4）确定系统行为的参考模式。用图形表示出系统中的主要变量，并由此引出与这些变量有关的其他重要的变量，通过各方面的定性分析，勾画出有待研究的问题的发展趋势。一旦参考模式确立，在整个建模过程中，建模者就要反复地参考这些模式，以防研究偏离方向。

（5）调查、搜集有关资料。系统动力学模型被认为是真实系统的"实验室"，要想通过模型模拟和剖析真实系统，获取更丰富、更深刻的信息，进而寻求解决问题的途径，"实验室"的建立是至关重要的。而要建好"实验室"，就必须在认真调查研究的基础上，花大力气搜集、完备各种资料。

2）构建模型

模型的构建，是系统动力学研究、解决问题的关键性的一个步骤。系统动力学模型的建造，一般包括如下两个相互联系的工作环节。

（1）分析系统结构。

在需要研究的问题已经明确，系统中的重要变量与参考模式已经确定，资料搜集工作也已基本完成之后，就要研究系统及其组成部分之间的相互关系，系统中的主要变量与其他有关变量之间的关系，分析系统的结构。为了使建模工作一开始就能把握整个研究过程的方向，首先要分析系统整体与局部的关系，然后分析变量与变量之间的关系（正关系、负关系、无关系），最后把这些关系转化成反映系统结构的因果关系图和流图。

因果关系图是反映变量与变量之间因果关系的示意图。其中，变量之间相互影响作用的性质用因果关系键来表示。因果关系键中的正、负极性分别表示了正、负两种不同的影响作用。

因果关系键把若干个变量串联后又折回源发变量，这样便形成了一个反馈回路。对于反馈回路，也有正、负极性的区别。如果沿着某一反馈回路绕行一周后，各因果关系键的累计效应为正，则该回路为正反馈回路，反之则为负反馈回路。正反馈具有自我强化的作用机制，负反馈则具有自我抑制的作用机制。

因果关系图虽然能够描述系统反馈结构的基本方面，但不能反映不同性质变量的区别。例如，状态变量是系统动力学中最重要的变量，它具有积累效应。正是由于状态变量的积累效应，才使系统动力学模型的计算机模拟成为可能。为了进一步揭示系统变量的区别，分别用不同的符号代表不同的变量，并把有关的代表不同变量的各类符号用带箭头的线联结起来，便形成了反映系统结构的流图。

（2）建立 DYNAMO 方程。

在 DYNAMO 模型中，主要有六种方程，其标志符号分别为：L—状态变量方程；R—速率方程；A—辅助方程；C—赋值于常数；T—赋值于表函数中 Y 坐标；N—计算初始值。

在这些方程中，C、T 与 N 方程都是为模型提供参数值的，并且这些值在同一次模拟中保持不变。L 方程是积累方程，R 与 A 方程是代数运算方程。

L—状态变量方程。在 DYNAMO 模型中，计算状态变量的方程称为状态方程，该方程的基本形式为

LEVEL（现在）=LEVEL（过去）+DT（输入速率−输出速率）

R—速率方程。在状态变量方程中，代表输入（INFLOW）与输出（OUTFLOW）的变量称为速率变量，计算速率变量的代数方程称为速率方程。

A—辅助变量方程。在 DYNAMO 模型中，附加的代数运算方程称为辅助方程。"辅助"的涵义就是帮助建立速率方程。一般而言，辅助方程没有统一的标准格式，但是其下标总是 K。辅助变量的值可由现在时刻的其他变量，如状态变量、变化率、其他辅助变量和常量求得。

3）模型的模拟与评估

当系统动力学模型建构完成以后，经过反复检查各个方程，发现准确无误后，便可将其输入计算机进行调试运行。当模型调试运行通过后，研究者就可以根据其研究的目的，设计不同的方案，运用模型进行模拟运算，对真实系统进行仿真。然而，仿真结果是否可信，其关键是模型本身是否真实、有效。由此可见，对模型的真实性和有效性检验也还是系统动力学仿真研究工作中一个十分重要的环节。

系统动力学建模步骤如图 4.2 所示：

Vensim 软件是由美国 Ventana Systems 公司开发的一个可视化的建模工具，通过使用该软件可以对系统动力学模型进行构思、仿真、分析和优化，同时可以形成文档。它提供了通过因果环、存量、流量和辅助变量构建仿真模型的简单灵活的方法。通过用箭头将一些单词连接，系统变量的关系被输入和记录为因果联系。

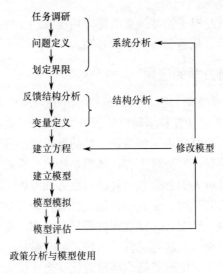

图 4.2　系统动力学建模步骤

Vensim 软件主要有以下四个特点：

（1）利用图示化编程进行建模。在 Vensim 中，"编程"实际上并不存在，只有建模的概念。在启动 Vensim 系统后得到的主窗口中，依据操作按钮画出简化流率因果关系图或流图，再通过 Equation Editor 输入方程和参数，就可以直接模拟使用。在 Vensim 中方程及变量不带时标，模型建立是围绕着变量间的因果关系展开的。

（2）运行于 Windows 操作系统下，采用了多种分析方法，使得 Vensim 的输出信息非常丰富。输出兼容性强，一般的模拟结果，除了即时显示外，还提供了保存到文件和复制至剪贴板等方法输出。

（3）对模型提供多种分析方法。Vensim 可以对模型进行结构分析和数据集分析。其中结构分析包括原因树分析（逐层列举作用于指定变量的变量）、结果树分析（逐层列举该变量对于其他变量的作用）和反馈环列表分析。数据集分析包括变量随时间变化的数据值及曲线图分析。

（4）真实性检查。对于所研究的系统和模型中的一些重要变量，可以依据常识和一些基本原则，预先提出对其正确性的基本要求。设定假设是受真实性约束的，将这些假设加到建好的模型中，专门模拟现有模型在运行时对于这些约束的遵守情况或违反情况，判断模型的合理性与真实性，从而调整结构或参数。

4.3.3　系统动力学的应用

自 1950 年系统动力学（System Dynamics，SD）创立至今，已走过了 50 年。作为复杂性科学研究的五大学派之一，尽管 SD 及其模型和策略在较长一段时期内受到质疑，但随着时间的推移，其理论、方法、工具逐步完善，在处理生态、环境、经济、金融、能源、工业、农业、管理等多种人类社会系统复杂问题方面发挥了不可或缺的重要作用，并逐渐得到认可。尤其是在现代社会，动力学特性如复杂性、突现性、多变性、动态性、反直观性等日益加剧，在我们周围面临各种难以预料的复杂而又相互关联的问题，如金融危机、通货膨胀、瘟疫爆发、生态破坏、能源紧缺、环境退化、企业倒闭、就业困难、遗弃传统价值、青年异化等不时发生。因此，更加需要像系统动力学这样的方法，综合系统论、控制论、信息论等，并与经济学交叉，使人们清晰认识和深入处理产生于现代社会的非线性和时变现象，做出长期的、动态的、战略性的分析与研究。这不仅为系统动力学方法的进一步发展提供了广阔的平台，同时也为深入研究系统动力学的应用提供了机遇和挑战。

SD 理论方法的研究应用，可归纳为以下几种情况：

（1）理论基础、体系、特点及思想等的研究。

（2）方法和技术等的研究，包括：方法及步骤研究；参数估计研究；策略设计研究。

（3）SD 在不同领域的应用。对先进制造模式扩散过程的影响因素进行分析时，必须在理解系统动力学相关知识的基础上，严格按照系统动力学建模的步骤，遵循有效运用系统动力学模型的原则，运用相关的系统动力学软件进行模型的建立、仿真和分析。

国内外系统动力学的应用研究主要集中在以下几个方面：经济发展、产业问题方面的应用、区域与城市发展方面的应用、政策管理方面的应用、社会可持续发展方面的应用。例如，黄晓军将系统动力学理论与方法应用于绩效与薪酬关系的研究，在一定的假设的基础上给出了三个关于绩效与薪酬关系的有代表性观念的模型，为企业长期保持良好的生存与发展提供了有力的理论依据。谢秋菊结合人际信任关系建立的基本原理，采用定性与定量分析相结合的方法，提出了网构软件信任机制的系统动力学模型，有利于网络信任环境的分析，为系统仿真提供了有价值的新思路；一些文献在经济管理中应用系统科学的理论与方法，针对经济管理系统中的非线性关系（例如区域经济增长，通货膨胀的形成等），寻求经济管理系统演化的规律；薛朝改、曹海旺等应用系统动力学对计算机集成制造系统的推广应用情况进行了分析。这些系统科学在不同领域的应用研究为先进制造模式扩散过程的动力学研究奠定了基础，可以从具体先进制造模式的扩散着手，将系统科学的理论、方法应用于先进制造模式扩散的研究中，最终达到揭示这一过程的共性规律的目的。

4.4　基于系统动力学的扩散影响因素建模

先进制造模式作为一种技术和理念的结合，其扩散过程与特定技术或产品的扩散有相同点但更有其自身的特点。为构建先进制造模式的扩散模型，首先需要对其扩散因素进行分析。先进制造模式扩散的因素也是系统动力学典型的研究对象，因此，应用系统动力学分析影响先进制造模式扩散的因素，这些影响因素是多方面的，可以从宏观和微观角度来进行分析。

4.4.1　宏观视角下的影响因素

宏观角度主要是从行业发展角度，分析先进制造模式在整个制造行业中的扩散因素。根据先进制造模式发展过程中的因素分析，认为先进制造模式的扩散过程中包括以下因素：已采用者的影响能力、政府宣传、中介机构数目、高校数、技术指导中心数目、银行贷款能力。其中已采用者的影响能力主要是已采用者的示范作用，政府宣传能力是指政府宣传对于企业实施该先进制造模式的影响力，中介机构数目和技术指导中心数目直接影响相对应的先进制造模式技术支持力度，银行贷款能力是指银行对制造业企业的贷款规模等方面的限度。

4.4.2 微观视角下的影响因素

微观角度主要是分析单个企业采纳先进制造模式的过程中各种因素的影响作用。根据先进制造模式发展过程中的因素分析，认为先进制造模式的扩散过程中包括以下因素：消费者需求、竞争对手竞争压力、模式风险性、模式优越性、企业文化与先进制造模式适应度、政府税收支持力度、银行提供贷款、企业财务状况、人力资源水平、企业规模、组织结构与环境适应度。以上原因可以分为两部分，首先是企业实施先进制造模式的意愿，影响因素包括：消费者需求、竞争对手竞争压力、模式风险性、模式优越性、企业文化与先进制造模式适应度。这些因素主要通过影响企业实施先进制造模式的意愿来决定企业是否实施先进制造模式，而政府税收支持力度、银行提供贷款、企业财务状况、人力资源水平、企业规模、组织结构与环境适应度等因素则主要通过影响企业实施先进制造模式的能力来影响先进制造模式的扩散。

通过以上的分析，可以分别从宏观和微观两方面对先进制造模式扩散过程中的影响因素进行动力学建模与分析。

4.4.3 扩散影响因素的宏观模型

先进制造模式扩散影响因素宏观模型的假设如下：

假设1 先进制造模式比传统制造模式更具有竞争力，而且这种竞争力不仅仅是体现在提高企业盈利能力方面。因此，实施先进制造模式能够有效提高企业利益相关者的满意度，而企业利益相关者满意度的提升可以提高利益相关者对企业采用先进制造模式的意愿和支持度。

假设2 模型中目标采用者总数是固定的。

假设3 模型中不考虑各种不同的先进制造模式之间的相互影响和作用。

根据上述宏观模型的假设，建立先进制造模式扩散的宏观模型如图 4.3 所示。

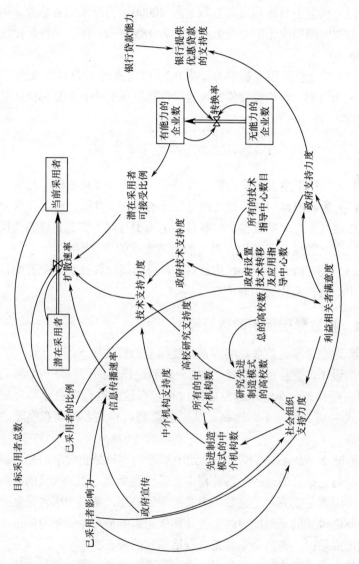

图 4.3 先进制造模式扩散的宏观模型

115

拟通过系统动力学定性分析先进制造模式扩散中的影响因素，故对模型的参数设置如下：

（1）模型中目标采用者总数 z 为 20000，当前采用者总数 y 初始值为 1000。模型中无能力的企业数 x_1 为 18500 个，有能力的企业数 x_2 为 500 个。

（2）设定已采用者影响力 a_1 为 0.2、政府宣传 a_2 为 0.1、银行贷款能力 a_3 为 0.15。这些参数值的设置可以通过现实中有关指标值计算得到，即

$$a_1 = \frac{r_1 - r_2}{r_1}, \quad a_2 = \frac{g_1}{g_2}, \quad a_3 = \frac{q_1 - q_2}{q_1} \tag{4.1}$$

式中：r_1 为已采用者的平均资产收益率；r_2 为未采用者的平均资产收益率；g_1 为政府部门关于先进制造模式的宣传文件数；g_2 为政府部门关于相应行业发展的宣传文件数目；q_1 为银行对于实施先进制造模式企业的贷款额度；q_2 为银行对一般制造企业的贷款额度。

（3）设定所有的中介机构数目 b_1、总的高校数目 b_2、所有的技术指导中心数目 b_3 均为 1000 个。

4.4.4 扩散影响因素的微观模型

先进制造模式扩散影响因素微观模型的假设如下：

假设 1 企业自身选择、实施先进制造模式的过程是一个复杂的过程，而且是一个继承和发展的过程，在这一过程中企业与先进制造模式的契合程度不断提高，从而企业利益相关者的满意度随之不断提高。

假设 2 先进制造模式在企业中扩散的实质是企业学习先进制造模式并与之磨合的过程，该过程主要受到两个大方面的因素的影响：第一类因素是企业对先进制造模式的采用意愿，第二类因素是企业对先进制造模式的采用能力。二者共同作用影响提升企业学习先进制造模式的成熟度，提高企业与先进制造模式的契合率。

根据上述微观模型的假设，建立先进制造模式扩散的微观模型如图 4.4 所示。对先进制造模式扩散微观模型的参数设置如下：

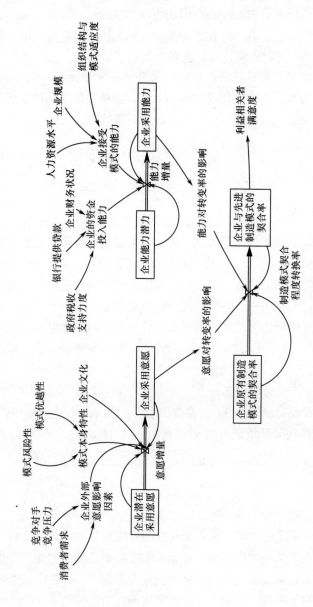

图 4.4 先进制造模式扩散的微观模型

117

（1）设定模型中企业潜在采用意愿 m，企业能力潜力 n，企业原有制造模式的契合率 l 的初始值均为 1。参数 m、n、l、m_1、n_1、l_1 为 0～1 范围内的指标值，初始时企业实施先进制造模式的能力和意愿均为 0，与先进制造模式的契合率也为 0。

（2）设定消费者需求 c_1 为 0.2，竞争对手竞争压力 c_2 为 0.3，模式风险性 c_3 为 0.25，模式优越性 c_4 为 0.35，企业文化与先进制造模式适应度 c_5 为 0.2。c_1、c_2、c_3、c_4、c_5 的参数值为

$$c_1 = \frac{p_1 - p_2}{p_1}, \ c_2 = \frac{c_{21}}{c_{22}}, \ c_3 = \frac{v_1 - v_2}{v_1},$$
$$c_4 = \frac{v_3 - v_4}{v_3}, \ c_5 = \frac{c_{51}c_{54} + c_{52}c_{53}}{2c_{52}c_{54}} \tag{4.2}$$

式中：p_1 为实施先进制造模式企业的消费者满意度；p_2 为企业所属行业的平均消费者满意度值；c_{21} 为企业主要竞争对手中实施先进制造模式的企业数；c_{22} 为企业的主要竞争对手数目；v_1 为实施先进制造模式的所需的平均固定成本投入；v_2 为实施现有制造模式的平均固定成本投入；v_3 为实施先进制造模式企业的平均资产回报率；v_4 为实施现有制造模式企业的平均资产回报率；c_{51} 为企业规章制度涉及创新的条目数；c_{52} 为企业规章制度总条目数；c_{53} 为企业鼓励创新的常设奖金额；c_{54} 为企业总常设奖金额。

（3）设定政府税收支持力度 d_1 为 0.3，银行提供贷款值 d_2 为 0.35，企业财务状况值 d_3 为 0.3，人力资源水平 d_4 为 0.25，企业规模值 d_5 为 0.4，组织结构与环境适应度 d_6 为 0.1。d_1、d_2、d_3、d_4、d_5、d_6 为

$$d_1 = \frac{t_1 - t_2}{t_1}, \ d_2 = \frac{e_1 - e_2}{e_1}, \ d_3 = \frac{e_3 - e_4}{e_3}, \ d_4 = \frac{s_1 - s_2}{s_1},$$
$$d_5 = \frac{v_5 - v_6}{v_5}, \ d_6 = \frac{h_1 - h_2}{h_1} \tag{4.3}$$

式中：t_1 为实施先进制造模式企业的纳税优惠额度；t_2 为实施现有制造模式企业的纳税优惠额度；e_1 为实施先进制造模式企业的贷款优惠额度；e_2 实施现有制造模式企业的贷款优惠额度；e_3 为实施先进制造模式企业的平均资产负债率；e_4 为实施现有制造模式企业的平均资产

负债率；s_1 为企业拥有高级职称的职工数；s_2 为企业所属行业中企业拥有高级职称的职工数平均值；v_5 为企业的总资产；v_6 为行业中企业的平均总资产值；h_1 为行业中企业平均管理层次数目；h_2 为企业管理层次数。

4.5 基于 SD 的扩散模型的影响因素分析

4.5.1 宏观模型的分析

采用灵敏度分析对先进制造模式扩散宏观模型的影响因素进行分析。采用的方法是保持其他常数参数值不变，分别以相同的变化比例改变模型中某一个常数参数的值，可得到当前采用者的变化曲线，通过曲线可以看到哪些因素对先进制造模式扩散过程的影响更大。

定义 4.1 当改变的是参数 X，输出变量为 Y 时，灵敏度 S 的分析表达式为

$$S(t) = \left| \frac{\dfrac{\Delta Y(t)}{Y(t)}}{\dfrac{\Delta X(t)}{X(t)}} \right|$$

对先进制造模式扩散宏观模型进行分析的方法是：首先保持其他参数值不变，依次分别将已采用者的影响能力、政府宣传、中介机构数目、高校数、技术指导中心数目、银行贷款能力提高为原参数值的 1.1 倍进行灵敏度分析；而后保持其他常数参数值不变，依次分别将已采用者的影响能力、政府宣传、中介机构数目、高校数、技术指导中心数目、银行贷款能力提高为原参数值的 0.9 倍进行灵敏度分析，如图 4.5～图 4.8 所示。从图中可知，当前采用者对所有常数参数的灵敏度都在合理范围之内，模型行为模式并没因为参数的微小变动而出现异常变动，因此模型是可信的，可以进行模拟分析。

图 4.5 与图 4.6 分别是银行贷款（ban）与已采用者影响力（user）分别增加、减少 10%时对应的当前采用者数量的变化情况。而图 4.7 和图 4.8 则是当前采用者对应以上两个参数变化的灵敏度值。从图 4.5

与图 4.6 中可以看出，提高或降低已采用者影响力、银行贷款能力的参数值都会加快或减缓先进制造模式的扩散过程。但是从图 4.7 和图 4.8 中可以发现已采用者影响力下灵敏度值峰值要高于银行贷款能力下灵敏度峰值，但是峰值到达时刻较晚；即已采用者影响力的影响要大于银行贷款能力的影响，但具有一定的滞后性。同理可以对其他参数的影响进行仿真，经过综合比较由表 4.6 得到宏观环境下对先进制造模式的扩散过程产生影响的参数按照影响程度从大到小顺序依次是：已采用者影响力、银行贷款能力、政府宣传、技术指导中心设置、高校对先进制造模式的研究、先进制造模式的中介机构。

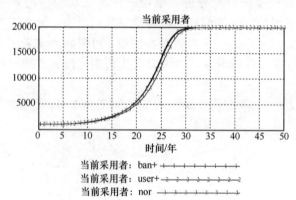

图 4.5 参数提高 10% 的当前采用者变化

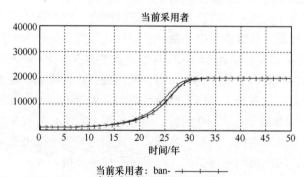

图 4.6 参数降低 10% 的当前采用者变化

120

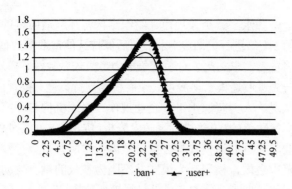

图 4.7　参数提高 10% 的当前采用者灵敏度

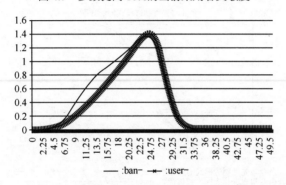

图 4.8　参数降低 10% 的当前采用者灵敏度

表 4.6　不同参数下第 23 年当前采用者灵敏度的值

参数 变化量	a_1	a_2	a_3	b_1	b_2	b_3
10%	1.539	0.745	1.278	0.273	0.336	0.692
−10%	1.341	0.704	1.348	0.279	0.335	0.676

4.5.2　微观模型的分析

与先进制造模式扩散宏观模型影响因素的分析方法类似，微观模型的因素分析方法如下：首先保持其他常数参数值不变，依次将消费者需求、竞争对手竞争压力、模式风险性、模式优越性、企业文化与先进制造模式适应度、政府税收支持力度、银行提供贷款、企业财务状况、人力资源水平、企业规模、组织结构与环境适应度的值提高为原参数值的1.1倍进行灵敏度分析；而后保持其他常数参数值不变，依次分别将消费者需求、竞争对手竞争压力、模式风险性、模式优越性、企业文化与先进制造模式适应度、政府税收支持力度、银行提供贷款、企业财务状况、人力资源水平、企业规模、组织机构与环境适应度的值降低为原参数值的0.9倍进行灵敏度分析，仿真结果如图4.9～图4.12所示。企业与先进制造模式契合度灵敏度值对所有常数参数的灵敏度都在合理范围之内，模型行为模式并没因为参数的微小变动而出现异常变动，因此模型是可信的，可以进行模拟分析。

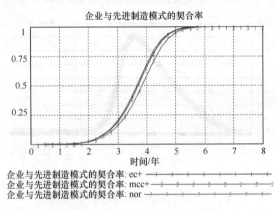

图 4.9　参数提高 10%契合率变化

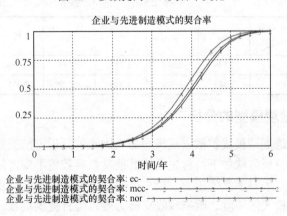

图 4.10　参数降低 10%契合率变化

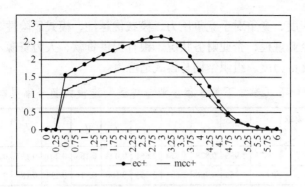

图 4.11　参数提高 10%的契合率灵敏度

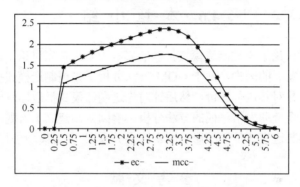

图 4.12　参数降低 10%的契合率灵敏度

图 4.9 与图 4.10 所示为企业文化与先进制造模式适应度（ec）与竞争对手竞争压力（mcc）分别增加、减少 10%时对应的企业与先进制造模式契合率的变化情况。而图 4.11 和图 4.12 则是企业与先进制造模式契合率对应以上两个参数变化的灵敏度值。从图 4.9 和图 4.10 中可以看出，提高或降低消费者需求、高校研究的参数值都会加快或减缓先进制造模式的扩散过程。但是从图 4.11 和图 4.12 中可以看到企业文化与先进制造模式适应度改变时的灵敏度值峰值要高于竞争对手竞争压力改变时的灵敏度峰值，即消费者需求的影响大于高校研究方面的影响，而且作用见效较早。同理可以分析其他因素的灵敏度，经过综合比较由表 4.7 获得对先进制造模式扩散微观模型产生影响的参数，按照其对扩散过程的影响程度从大到小排列为：企业文化与先进制造

模式适应度、竞争对手竞争压力、模式优越性、模式风险性、消费者需求、企业规模、企业财务状况、银行提供贷款、人力资源水平、政府税收支持力度、组织结构与模式适应度。

表 4.7　不同参数下第 3 年企业与先进制造模式契合率灵敏度值

变化量 \ 参数	c_1	c_2	c_3	c_4	c_5	d_1	d_2	d_3	d_4	d_5	d_6
10%	0.676	1.933	0.828	1.774	2.661	0.093	0.183	0.201	0.163	0.251	0.058
−10%	0.654	1.765	0.796	1.631	2.353	0.100	0.211	0.234	0.184	0.306	0.061

4.6　本章小结

本章讨论了先进制造模式扩散的影响因素。首先讨论了影响先进制造模式发展的因素，基于 GQM 方法分析了先进制造模式扩散的影响因素，并对其进行评价。然后针对先进制造模式扩散影响因素的特点，采用系统动力学建模的方法分析影响因素，建立了宏观及微观视角下先进制造模式扩散的影响因素因果关系图，并对模型进行了分析。

参 考 文 献

[1] 夏安邦. 系统建模理论与方法[M]. 机械工业出版社, 2008.

[2] 蒋慧, 等. UML Programming Guide 设计核心技术[M]. 北京: 北京希望电脑公司, 2001.

[3] 齐欢, 王小平. 系统建模与仿真[M]. 北京: 清华大学出版社, 2004.

[4] 康凤举. 现代仿真技术与应用[M]. 北京: 国防工业出版社, 2001.

[5] 刘淑芬, 高五星, 徐文元. 一种软件过程度量模型的研究与改进[J]. 微计算机信息, 2010, 26(11-3): 17-19.

[6] 宿为民, 朱三元. 支持过程度量的软件过程建模方法的研究[J]. 软件学报, 1999, 10(8): 843-849.

[7] 李亚红, 郝克刚, 葛玮. 基于 GQM 模型的软件项目进度的度量过程[J]. 计算机应用, 2005, 25(6): 1448-1450.

[8] 刘晓文, 胡克瑾, 韩辉. 基于 IT 过程的 IT 治理度量评价模型及支持系统[J]. 情报杂志, 2009, 28(8): 76-79.

[9] 钟绍聪, 彭劲. 使用测试度量数据改进软件开发过程[J]. 软件导刊, 2009, 8(2): 19-21.

[10] 杨基平, 余忠华. GQM 方法及其应用研究[J]. 制造业自动化, 2003, 25(6): 20-23.

[11] 陈祖荫, 刘建丽. GQM 软件度量模式的某些决策问题[J]. 北京工业大学学报, 2000, 26(2): 45-48.

[12] 杨红, 杨德礼. 基于 GQM 的软件体系结构适应性度量方法研究[J]. 计算机应用研究, 2007, 24(10): 30-34.

[13] Forrester J W. Industrial dynamics: a breakthrough for decision makers[J]. Harvard Business Review, 1958,36 (4): 37-66.

[14] 王其潘. 系统动力学[M]. 北京: 清华大学出版社, 1994.

[15] Lina Chin-Huang, Tung Chiu-Mei, Huang Chih-Tai. Elucidating the industrial cluster effect from a system dynamics perspective[J]. Technovation Volume, 2006, 26(4): 473-482.

[16] 黄晓光. 基于系统动力学的建设工程造价控制研究[D]. 大连: 大连理工大学, 2008.

[17] Park Moonseo, Kim Youngjoo, Lee Hyun-soo, et al. Modeling the dynamics of urban development project: focusing on self-sufficient city development[J]. Mathematical and Computer Modelling, 2013, 57(9-10), 2082-2093.

[18] 王晓鸣, 汪洋, 李明, 等. 城市发展政策决策的系统动力学研究综述[J]. 科技进步与对策, 2009, 26(22): 197-200.

[19] 王继峰, 陆化普, 彭唬. 城市交通系统的SD模型及其应用[J]. 交通运输系统工程与信息, 2008, 8(3): 83-89.

[20] 蒋春燕. 中国新兴企业自主创新陷阱突破路径分析[J]. 管理科学学报, 2011(4): 36-51.

[21] 杨文斌. 基于系统动力学的企业成长研究[D]. 上海: 复旦大学, 2006.

[22] 宁晓倩. 基于系统动力学的软件开发项目管理[D]. 上海: 复旦大学, 2004.

[23] 刘静华, 贾仁安, 袁新发, 等. 反馈系统发展对策生成的顶点赋权反馈图法——以鄱阳湖区德邦生态能源经济反馈系统发展为例[J]. 系统工程理论与实践, 2011(3): 423-437.

[24] 石洪华, 高猛, 丁德文, 等. 系统动力学复杂性及其在海洋生态学中的研究进展[J]. 海洋环境科学, 2007, 26(6): 594-600.

[25] 彼得·圣吉. 第五项修炼[M]. 郭进隆, 杨硕英, 译. 上海: 上海三联书店. 1994.

[26] Richmond B. Systems thinking: critical thinking skills for the 1990s and beyond[J]. System Dynamics Review, 1993, 9(2): 113-133.

[27] 边兰兰. 系统动力学结构模型建模方法研究与应用[D]. 江西: 南昌大学, 2010.

[28] Barlas Y. Formal aspects of model validity and validation in system dynamics[J]. System Dynamics Review, 1996, 12(3): 183-210.

[29] Mace J. A reference approach for policy optimization in system dynamics models[J]. System Dynamics Review, 1989, 5(2): 148-175.

[30] 胡玉奎, 韩于羹, 曹铮韵. 系统动力学模型的进化[J]. 系统工程理论与实践, 1997, 17(10):

132-136.

[31] 孙林岩, 汪建, 曹德弼. 先进制造模式的分类研究[J]. 中国机械工程, 2002, 13(1): 84-88.

[32] 姜梅, 姜大志, 沈延森, 等. 先进制造模式中的 CAD 技术[J]. 机械设计与制造, 2001(3): 23-24.

[33] 董大明, 郭长进. 计算机集成制造技术(CIMS)在唐钢高线厂的具体应用[J]. 唐山学院学报, 2009(6): 80-83.

[34] 薛朝改, 曹海旺. 政府影响下某先进制造模式的竞争与扩散模型[J]. 系统管理学报, 2011, 20(3): 370-375.

[35] 孙晓华. 产业集聚效应的系统动力学建模与仿真[J]. 科学学与科学技术管理, 2008(4): 71-76.

[36] 刘丽, 周亚平. 基于北京私车消费系统动力学模型的城市交通发展研究[J]. 城市交通, 2008, 15(6): 24-28.

[37] 杨钢, 薛惠锋. 高校团队内知识转移的系统动力学建模与仿真[J]. 科学学与科学技术管理, 2009(6): 87-92.

[38] 黄晓军, 王建华. 绩效与薪酬关系的系统动力学模型研究[J]. 西南石油大学学报（社会科学版）, 2012, 14(2): 1-4.

[39] 谢秋菊, 苏中滨, 郑萍, 等. 网络软件信任机制的系统动力学模型研究[J]. 系统仿真学报, 2012, 4(5): 1-6.

[40] Kiani Behdad, Jadid Shahram, Fekri Roksana, et al. Examining the impact of deregulation on generation capacity growth in economies in transition by system dynamics modeling[C]. 2006 International Symposium on Industrial Electronics, 2006: 2035-2039.

[41] 李国璋, 冯等田. 中国省、市、自治区 GDP 份额演变及其影响因素分析[J]. 数量经济技术经济研究, 2007(8): 44-50.

第 5 章　先进制造模式扩散建模的分析

　　先进制造模式是指通过有效地组织制造要素从而达到良好制造效果的先进生产方法，它可以依据不同的环境条件，针对不同的制造目标采用。先进制造系统则是通过对某种先进制造模式模型的解释和复制而得到的物理实例，是某种制造模式的一个实现。从二者的定义可知，先进制造系统的实施，实际上是先进制造模式被接受、采纳并具体应用的过程，即先进制造模式在制造业中的扩散过程。本章从扩散理论的视角来研究制造业实施先进制造模式的客观规律，分析先进制造模式扩散过程的特点及机制，为建立先进制造模式扩散的模型奠定基础。

5.1　系统建模的基本理论

5.1.1　模型概述

　　一切客观存在的事物、现象及其运动形态都称为现实或者实体。通常情况下，现实都是复杂的对象、过程或者组织。为了研究实体，常用的方法就是在一定的视角下，对实体进行观测和认识，并进行抽象，形成不同的概念系统，建立模型。因此，模型是实际对象或者系统的抽象及简化表示，是抽取了服务于研究目标的对象的本质特征，忽略或精简一些次要的非本质的影响因素后的对象表示法。

　　这种表示法的形式，可以是数学公式，可以是微缩后的物理装置，可以是图形表格，也可以是对某些特性或者规则的语言文字表述。应用数学符号表达的表示方法即形式化的方法，也是一种建模方法。当然，同一事物可以采用不同的模型来表示，例如建筑物可以采用图纸的方式表达（建筑图），也可以是对建筑物形状位置表达的沙盘模型，同时还可以使用有限元模型来表达其受力情况。由此，对同一事物的建模，视角不同，所建立的模型不同。

同一事物的不同模型都是针对不同的目的而建立的，它抽取了对象的本质特征，而忽略次要的非本质特征。因此，建模不是对研究对象的简化，也不是对研究对象越复杂越精确的描述。实际建模过程中往往包含系统的基本成分，而忽略其他内容。对研究对象的建模，需要根据解决问题的不同，在不同的阶段，针对不同的目的，而且详细程度也有所不同。

研究模型的派别很多，控制论学派和信息论学派是其中比较有影响力的学派。控制论学派从控制的观点出发，认为现实是"黑箱"或者"灰箱"，根据输入和输出，用控制论的方法确定系统的模型，来描述现实，就是模型建立的原理。信息论学派则认为信息是客观现实的基本和公共属性，根据信息就能把握实体运动的本质，通过信息管理可以控制实体，那么就可以对系统进行建模，这样的模型就是信息系统。这两个学派各有所长，控制论学派建立的模型，抓住了现实实体的本质特征，便于研究其规律，但是它却难以反映实体的全貌，也不能反映实体的变化。而信息论建立的模型是实体的一个仿真环境，以虚拟的形式建立实体的影子模型，提供了全面而丰富的数据，但其实体的本质特征则往往被掩埋于庞大的数据中，得不到清晰地表达。

现实世界、数学模型、信息模型之间的关系如图 5.1 所示。图中，从现实世界抽取数据样本，建立数学模型，然后通过数学模型研究和控制现实世界，同时，还可以从现实世界中抽象出信息系统，利用信息系统管理和控制现实世界。而信息的深加工是信息系统的高层次应用，它的一个有效的方法就是建立数学模型，利用数学模型来研究和控制现实，因此就形成了如图所示的现实世界、数学模型及信息模型之间的关系。

系统的建模，则是从不同的角度获得系统的描述。从模型的内容上讲，它包含两个方面的信息：语义信息和表达方法。语义就是模型体现的含义，也就是用逻辑组件所表达的系统的含义，例如活动、对象、实体、类、关联、状态、属性等，它用于系统的表达、模型的解读、代码生成、有效性验证、复杂度的度量等。模型的表达方法就是模型的语法，它使人们能够观察、浏览和编辑由语义表达的信息，即用一种可被人直接理解的方式表达语义，对模型的理解具有支撑和指导作用。

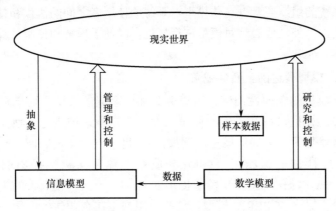

图 5.1　现实世界、数学模型、信息模型的关系

5.1.2　模型的视角及分类

根据不同的目的和抽象层次，可以采用不同的表达方式表达系统，由此获得不同的模型。系统模型中所包含的信息必须与建模的目的和需要解决的问题一致。

根据模型研究的视角不同，模型的分类不同。具体内容如下：

1.　生命周期的视角

从生命周期的角度而言，模型分为早期的思路模型、分析阶段的模型、设计阶段模型以及实现模型等；建模早期通常会建立高层模型，用于集中权益人的思路和重要的选择方案，这些模型一般描述了系统的需求，代表了整个系统设计的起点，它帮助系统发起者把精力放在系统可能的方案选择上，而不是系统的细节设计上。随着设计工作的进行，早期模型慢慢被更精确的模型所替代。在需求分析完成后，模型就具有了一定精度的完整的视图模型，那么这些模型将被保存，并不断地被细化形成了需求分析模型。随着设计的深入，进入系统分析阶段，通过对系统的规划与分析，得到组织结构模型，功能结构模型、业务流程模型、表格分配模型、数据流图等。随之，进入系统设计阶段，会得到系统的模块模型等。当系统设计进行到最后阶段，就得到了系统的实现模型，它包含能够构建系统的足够信息，不仅包括系统的语义逻辑、语法、算法、数据结构和确保系统功能的机制，而且还包括系统的组织要素。这些模型对系统的使用者之间的协作和使用十分重要，另外，还必须对模型进行打包，以便于理解和使用计算机进行处理。

2. 模型表达的全面性视角

从模型的全面性而言，可以分为面向全局的模型、面向局部的模型等。模型可以在一定的假设条件下，完整地描述一个独立的系统，这就是面向全局的模型，例如，20 世纪 80 年代后期，欧共体 ESPRIT 计划的课题组 "CIM 开放系统体系结构" 提出的模型 CIM-OSA，法国 GRAI 实验室提出的 GIM，美国普渡大学的工业控制实验室提出的 PERA 模型。这些模型都是在企业建模中面向全局的模型。与面向全局的模型对应的就是面向局部的模型，这也是简化系统设计的需要。为了更好地描述整个系统，系统的模型可以由相互区别的、不连续的描述单元组织起来，每个单元作为整体描述的一部分，可以被单独操作，这样的模型就是面向系统局部的模型。当然，面向局部的模型需要有一个协调机制，对不同的局部模型进行关联，以形成整个系统。面向局部的模型有多种，例如，信息系统设计中的实体关系模型，实际上就是对面向数据这个系统局部进行建模所得到的模型。

3. 模型的内容视角

从模型表达的内容而言，模型分为面向体系结构的模型、面向功能的模型、面向数据的模型、面向过程的模型、面向控制的模型、面向对象的模型等。在系统模型建模时，要针对系统的不同内容，建立相应的模型。体系结构模型是对系统中各部分的基本配置和链接的描述模型，上述的面向全局的模型（CIM-OSA、GIM、PERA 等）都属于面向体系结构的模型。面向功能的模型则是从信息系统功能的角度对系统的描述，典型的面向功能的建模有 IDEF0 方法中所建的模型。

面向数据的模型则是系统中组织和文档化系统数据的方法，常用的模型是实体关系图 ERD（Entity Relationship Diagram）以及 IDEF1 方法所建模型。面向过程的模型，则是对系统流程进行描述的模型，典型的面向过程的模型有 IDEF3 模型、角色活动图（RAD）以及 GRAI 模型等，这些模型都从过程的角度展现系统流程。从企业控制的角度看，还可以得到面向控制的模型，例如企业控制中的递阶结构模型。这些模型都是关于系统不同方面的描述，因此，也是面向局部的模型。

4. 模型的方法视角

从方法论的角度，模型主要分为两大建模方法组所形成的两类模型，即 IDEF 系列模型及统一建模语言模型（UML 模型）。IDEF 是美国空军在 20 世纪 70 年代末 80 年代初，ICAM（Integrated Computer Aided Manufacturing）工程在结构化分析和设计方法基础上发展的一套系统分析和设计方法。它由 IDEF0（功能模型）、IDEF1（数据模型）、IDEF2（仿真模型）、IDEF3（过程模型）、IDEF4（面向对象模型）、IDEF5（本体描述模型）等组成，并且在不断扩展中，目前已经扩展到信息系统审定、人机接口设计、场景信息设计、实施体系结构模型、信息制品建模及组织设计建模、映射设计及网络设计等。统一建模语言 UML（Unified Modeling Language）是由信息系统（Information System）和面向对象领域的三位著名的方法学家 Grady Booch，James Rumbaugh 和 Ivar Jacobson 提出的，具有广泛的影响，它直观地、明确化、构件化及文档化软件系统产物的通用可视化建模，可以描述信息系统开发所需要的各种视图，并以此组建系统。

5. 模型论的视角

按照模型论的观点，模型可以划分为：形象模型、抽象模型和概念模型。形象模型是把现实物体的尺寸加以改变（放大或者缩小），看起来和实际对象基本相似的模型。例如儿童玩具、照片、教学用具、飞机模型等，这些模型只注重外表相似，不反映对象的内在。抽象模型就是用符号、图标、计算机软件来描述对象所建立的模型，它又分为模拟模型、仿真模型和数学模型。模拟模型是通过模仿性试验来了解对象的规律性而建立的模型；仿真模型是通过计算机软件模拟真实系统，研究系统内部结构、相互关系以及运动规律的模型，例如军事系统、社会经济系统等，数学模型则是用数学符号建立起来的等式或者不等式以及用图表及框图描述客观事物的特征及内在联系和变化规律的模型，它是现实世界的一个抽象。概念模型是在缺乏基本数据时，根据经验或者想象构思对象的轮廓，建立初始模型后，再逐步扩展、修正和完善。

5.1.3 建模原理

模型是对客观现实的某一视角下的描述，它主要有以下几个特征：
（1）体现实体的特征及变化规律。
（2）包括了与分析的问题有关的因素和条件。
（3）体现因素之间的关系。

建模是研究复杂系统的一种手段，通过建模，可以认识系统或者实体的本质和规律，对系统中存在的问题进行解决。从控制论建模的视角，在建立模型之前，首先需要确定如下问题，这也是建模的分析：

（1）模型的影响因素。需要确定研究的对象和研究的目标，在系统内部及外部寻找影响目标的因素。

（2）内在规律。在确定了影响因素后，分析影响因素与研究对象之间的关系，通常有机理关系、因果关系及相关关系等。

（3）样本数据。在建立模型时所采用的数据就是样本，当模型确定后，还需要应用样本确定模型中的参数，需要能够获得充分的数据，才能确保获得正确的模型。

（4）模型辨识和精度。要建立好的模型，必须确保模型是可辨识的，需要消除样本中的一些非线性等问题，以确保模型的可辨识性，同时样本的精度对于模型的可信性也很重要。

模型是不同视角下实体本质的反映，因此，建立的模型必须满足如下原则：

（1）满足足够的精度。它要求所建立的模型能够反映对象的规律性。精度不仅与对象有关，而且与对象所处的时间、条件和状态有关，还与所研究问题的目标有关。足够的精度不是越精确越好，而是达到研究目标，保证研究的精度就可以。实际上，计算精度的提高会使模型复杂化，而且会增加系统的误差，因此对于模型精度的要求不能过于苛刻，只要能达到研究的目标即可。

（2）力求简明。在保证模型精度的前提下，要求模型简单明确。过于复杂的模型不仅增加建模的费用，而且会因为求解的复杂性或者近似性而降低了模型的可信程度。建模应该对所研究的问题有深入的了解，抓住对象的特征，选择合适的模型和建模方法，而不是一味地追求模型的复杂和精确。

（3）有充分的科学依据。建立模型必须符合现实中的公理，可以借鉴已有的科学成果。在不同的学科中，例如，控制理论、机械制造、计量经济学、天文学、军事科学、系统科学等，都提出了一些定量方法，这些方法可以作为建模的依据。

（4）反映客观事物的规律性。一切事物都有自身的规律性，建立模型也应该反映出研究对象的规律。同时，模型的生命力在于它描述研究对象运动变化的能力，而不在于对某一组数据的解释或者一次计算的成功。建立模型就应该强调研究对象和它存在的环境同时处在变化中，建模数据来源于现实世界。

5.1.4 建模的步骤

根据建立模型需要考虑的主要问题，一般来说，建立模型的步骤（图 5.2）如下：

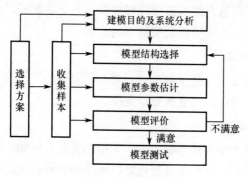

图 5.2 建模的步骤

133

1. 系统分析

建模工作的起点是对所研究对象的分析和了解。本阶段的主要任务是分析系统的变化规律，是否可以从机理上确定模型结构，分析与研究对象相关联的各种因素。系统分析还包括对样本的初步分析，包括样本能否定量计算、样本的统计背景和环境、样本收集是否存在困难等。当采用信息系统提供的数据建立模型时，样本分析就是考虑如何从信息系统提取合适的数据，以对样本有比较深刻的了解。在此基础上再考虑模型的描述方式，一般来讲，应该多考虑几种方案。

2. 选择建模方案

确定建模方案包括选择模型类型、选择样本和选择参数估计方法，甚至还包括选择模型评价方法。建模方案需要多次反复才能对研究对象有深入了解，才能把握好不同方案的实用性，最终选择建模方案。经系统分析—选择方案—收集样本—系统分析……，多次循环后确定一个较好的建模方案。选择建模方案是关键的一步，方案定得好，会使建模过程中的困难大大减少；同时，建模也容易成功。选择建模方案中还应该包含对样本的评价、选择以及预处理。当样本的统计口径不一致时，如何统一口径；当样本出现较大波动时，应该考虑采用何种方法进行平滑；当样本中有个别极不合理的数据时，确定是否剔除等。样本是模型的基础，没有好的、可靠的样本，就不会有好的、可靠的模型。信息系统为数学建模提供了充足的数据，从信息系统获取建模数据可以大大降低收集样本的难度。

3. 收集样本

收集样本是建立数学模型过程中一项复杂的工作，需要考虑时间维的信息，才能有效地支持数学建模。

4. 选择模型

根据建模方案和样本确定数学模型的类别，例如，选择静态模型还是动态模型、使用相关分析还是时间序列分析、采用线性方程还是非线性方程、使用参数模型还是图表曲线、是否需要做方差分析、是否需要考虑随机干扰等。

5. 模型参数估计

当模型类别确定后，需要利用样本数据确定模型中的参数。由于所计算的参数一般不会是模型参数的真实值，所以称为"参数估计值"。当样本变化时，模型的参数估计值是会变化的，因而会影响模型的准确性。也就是说，在参数估计方法完全不变的情况下，一组样本对应一组参数。它表明了参数估计值的不确定性，也就是样本的随机性向参数估计值的转移。

6. 模型评价

模型评价是一项复杂而困难的工作，使用模型的人往往希望模型简单、实用、直观、有效。纯粹从数学的角度看，模型建立后可以从统计检验、残差分析、预测误差分析几方面来评价。

7. 模型测试

经过评价认为比较满意的模型，还要在实践中经受检验。若模型试用中发现问题，应及时纠正。由于客观世界总处在不停的发展变化之中，所以不存在一成不变、一劳永逸的模型。建模工作只能按照实践—认识—再实践—再认识……不断地逼近现实世界。

5.1.5 常用的系统建模方法

系统模型是研究和掌握系统运动规律的有力工具，它是认识、分析、设计、预测、控制实际的基础，也是解决系统工程问题不可缺少的技术手段。系统是具有特定功能、按照某些规律结合起来，相互作用，相互依存的所有物体的集合。系统模型是用于研究系统功能及规律的工具，是对实际系统的抽象，对系统本质的描述。数学表述是系统模型的最主要的表示形式，系统的数学模型是对系统与外部的相互关系及内部的运动规律所做的抽象，并用数学方式表示。

模型的分类有很多种，根据模型的时间集合可以分为连续时间模型和离散时间模型。连续时间模型中时间用实数表示，即系统的状态可以在任意时刻获得。离散时间模型中的时间用整数表示，系统状态可以在离散的时间点获得；根据模型的状态变量可以分为连续变化模型和离散变化模型。按照变量情况又可分为确定性模型和随机性模型；根据数学方法可分为初等模型、微分模型、优化模型、控制模型等；根据研究的实际问题可分为人口发展模型、生态模型、交通模型、经济模型等；根据系统的性质可分为微观模型、宏观模型、集中参数模型、分布参数模型、定常模型、时变模型等。

近年来建模方法又有了新的进展，常见方法有机理分析法、直接相似法、系统辨识法、回归统计法、概率统计法、网络图论法、模糊集论法、蒙特卡罗法、层次分析法、灰色系统法等。数学建模中，常常需要根据系统状况、建模目标、要求及实际背景来确定。建模一般遵从下述原则：

（1）可分离原则。系统的实体在不同程度上是相互关联的，但在分析时，大部分联系都是可以忽略的，系统的分离依赖于对系统的充分认识、对系统环境的界定、约束条件与外部条件的设定。

（2）假设的合理性原则。假设的合理性直接关系到系统模型的真实性，无论是何种系统，它们的模型都是在假设条件下建立的。

（3）因果性原则。系统的输入和输出满足函数映射关系，它是数学模型的必要条件。

（4）可测量性原则。

从数学模型的要求、建模过程与步骤来看，要建立数学模型，应具备五个方面的思维方法：抽象、归纳概括、演绎、类比、移植。模型是人们对客观实体及规律的主观认识，如果对实体一无所知或者知之甚少，则认为它是黑箱。可以通过两种不同的方法来研究，一种是通过机理分析，系统分解等，提高黑箱的透明度，发现实体的一部分结构和机理。另一种是不管原有实体的结构如何，通过对黑箱外部的输入/输出的研究得出关于黑箱内部情况的推测，探求黑箱的内部结构和特性，构想变量之间的约束和联系机理。另外，认识的过程也是"实践—认识—再实践"的反复循环。

5.2 先进制造模式扩散的概念

先进制造模式是指通过有效地组织制造要素从而达到良好制造

效果的先进生产方法，它可以依据不同的环境条件，针对不同的制造目标采用。先进制造系统则是通过对某种先进制造模式模型的解释和复制而得到的物理实例，是某种制造模式的一个实现。先进制造系统的实施，实际上是先进制造模式被接受、采纳并具体应用的过程，即先进制造模式在制造业中的扩散过程。

先进制造模式的出现也是一种创新，它具有内在的优越性，将通过一定的渠道向潜在使用企业传播，并逐渐被潜在使用企业采用，具体体现为先进制造系统的推广应用。由于先进制造模式既不是具体的产品，也不仅仅是企业的一项技术，而是融合了哲理、系统方法以及技术等多个层面内容的一种综合创新。其中，哲理层是先进制造模式的管理思想，它也是先进制造模式的出发点；系统方法层是先进制造模式的系统方法，具体体现在其管理模式、生产模式等；技术层则是先进制造模式本身所包含的具体技术，包括制造技术、设计技术及管理技术等。因此，本书对先进制造模式扩散进行定义如下：

定义 5.1 先进制造模式的扩散过程是先进制造模式接受、采纳并具体应用的过程，即先进制造模式在制造业中的扩散。先进制造模式扩散分为不同的层次，它可以在哲理层、系统方法层及技术层进行不同的扩散。

在定义了先进制造模式扩散的基础上，可以从扩散的视角对先进制造模式的扩散进行建模，为此，首先确定建立先进制造模式扩散模型的先行条件，即建模的视角。

5.3 先进制造模式扩散建模的视角

先进制造模式扩散的研究视角不同，其扩散过程的特点及机制也不完全相同，因此，根据先进制造模式在现实应用中的情形，主要从两个视角研究先进制造模式的扩散过程，即先进制造模式的自身特点及先进制造模式扩散的阶段性。在这两个视角下，先进制造模式扩散过程的特点及机制研究包括先进制造模式的分类及扩散的特点研究；先进制造模式的阶段性及不同阶段扩散的特点研究；先进制造模式扩散的影响因素综合分析等，通过对这些扩散特点的研究，获得先进制造模式扩散的机制，从而为先进制造模式扩散的建模奠定基础。

5.3.1　先进制造模式的自身特点

不同先进制造模式自身的特点与其扩散过程密切相关，决定了它们在扩散过程中的表现不尽相同。如第 1 章所述，众多的先进制造模式根据自身特点有多种分类方式，如从系统方法角度划分，可以将各种先进制造模式分为制造模式（如虚拟制造等）、生产模式（如产品开发管理）和管理模式（如精益生产等）。而如从制造模式的哲理划分，则可以划分为精益化制造哲理、敏捷制造哲理、智能化制造哲理、网络化制造哲理、对象化制造哲理及社会化制造哲理等。每种先进制造模式都同时具有多个特点，无论根据哪个或哪几个特点出发对先进制造模式自身进行划分，从而研究其扩散规律，都不够充分。另一方面，仅就研究先进制造模式的扩散规律而言，主要考虑先进制造模式自身的重复采纳性、竞争性、更新换代等特性，因此，将先进制造模式的扩散分为两种，即单模式扩散和多模式扩散。

定义 5.2　单模式扩散是从单个先进制造模式扩散的过程研究其扩散的规律，只针对一个先进制造模式的扩散过程，其他的制造模式可以作为其外部竞争模式。

定义 5.3　多模式扩散是多个先进制造模式看作共存于同一环境中，研究它们共同的扩散规律，此时这些模式之间存在着不同的转换及竞争关系。

5.3.2　先进制造模式扩散的阶段性

任何事物都有其发展的阶段性，先进制造模式也不例外，处于不同阶段的先进制造模式具有不同的特点，在不同阶段推广应用表现不同，扩散规律也不尽相同。为此，需要从先进制造模式阶段性的角度出发，研究先进制造模式扩散的特点和机制。

实施先进制造模式对企业来说是一个重大的决策，其采用过程不是一蹴而就的，而是有限理性的、分阶段的发展过程。企业采纳先进制造模式的过程可以分为以下几个阶段：

（1）未知：初始阶段企业对先进制造模式相关信息缺少了解。

（2）知晓：在这一阶段先进制造模式的扩散通过已采纳的企业和对先进制造模式已有了解的企业影响未知企业。

（3）评价：知晓先进制造模式的企业开始评价自身是否具有实施先进制造模式的能力，并评价采用先进制造模式是否符合企业利益。在这一阶段，知晓先进制造模式的企业通过评价后分为两类：有能力实施先进制造模式的企业和无能力实施先进制造模式的企业。

（4）决策及实施：通过评价阶段后企业对自身实施先进制造模式有了明晰的判断，企业将结合自身的条件选择合适的时机实施先进制造模式。

5.4 先进制造模式扩散模型的影响因素分析

先进制造模式作为一种技术和理念的结合，其扩散过程与特定技术或产品的扩散有相同点但更有其自身的特点。从先进制造模式扩散的角度，影响先进制造模式扩散的因素是多方面的，这些因素包括以下几个方面：

（1）已采用者的影响力。已采用先进制造模式的企业对先进制造模式的扩散有着非常重要的影响，采用先进制造模式的企业能够具有更强的竞争优势，使企业能够获得更好的效益，这样会在行业中产生良好的效应，起到示范作用。已采用者所占的比例越大，产生的影响也就越大，未采用的企业受其影响实施意愿会增强，倾向于实施先进制造模式，从而促进先进制造模式的扩散。

（2）政府的宣传力度。政府的态度是不容忽视的，具有官方的效应，它影响着企业实施先进制造模式的意愿，只有政府支持先进制造模式的实施才能坚定企业采用先进制造模式的态度。政府的宣传力度越大，对企业的影响也就越大，才能促进先进制造模式的扩散。

（3）技术支持力度。企业要想采用先进制造模式，只有实施意愿是不够的，必须得有技术上的支持。这里所指的技术支持主要包括中介机构的支持、高校研究的支持和政府技术的支持，这些技术上的支持直接影响着企业实施先进制造模式的能力。

（4）银行贷款能力。银行贷款能力是指银行向制造企业发放贷款时贷款额度等方面的限度，它直接影响着银行对实施先进制造模式的企业提供优惠贷款的支持力度，而银行提供优惠贷款的支持度在一定程度上又受到政府政策的影响。很多企业即使有意愿实施先进制造模式，也会受到自身资金等能力的限制，而银行贷款则在实际上解决了企业所面临的难题。因此，这是一个不容忽视的影响因素。

（5）主要竞争对手压力。在市场竞争不断加剧的大环境下，企业要想立于不败之地就必须具有能够打败竞争对手的能力，而竞争对手所带来的压力，使得企业必须不断增强自身的竞争优势。先进制造模式的实施可以从诸多方面提升企业的竞争优势，因此，竞争对手所带来的压力能够增强企业采用先进制造模式的意愿。

（6）先进制造模式本身特性。先进制造模式本身的特性主要包括模式的风险性、可观察性和相对优越性，只有风险性低、可观察性和相对优越性高的先进制造模式才能增强企业实施该模式的意愿。

（7）企业文化。好的企业通常具有自身所独特的企业文化，只有企业文化支持并能够接纳和融合新的先进制造模式，才能促使该企业对该模式的采用。企业文化从根本上影响着企业实施先进制造模式的意愿。

（8）消费者需求。面对多变的市场和多样化的消费群体，企业要想继续生存下去就必须能够满足不同消费者的多样化、个性化的需求。它促使企业必须不断地提升自己，研制和生产出不同的高质量产品和服务。根据消费者的需求选择不同的先进制造模式来提升自身优势，已成为刻不容缓的事情，它影响着企业选择不同先进制造模式的意愿。

5.4.1 影响因素的动力学分析

先进制造模式扩散过程中影响因素的分析是系统动力学典型的应用，在第4章中，通过对先进制造模式扩散的影响因素进行建模，建立了先进制造模式扩散影响因素的动力学模型，分别从宏观和微观视角下，对先进制造模式扩散过程的影响因素进行了分析。

从先进制造模式影响因素的宏观和微观模型中可以看出，影响先进制造模式扩散的因素有已采用者影响力、银行贷款能力、政府宣传、技术指导中心设置、高校对先进制造模式的研究、先进制造模式的中介机构、企业文化与先进制造模式适应度、竞争对手竞争压力、模式优越性、模式风险性、消费者需求、企业规模、企业财务状况、银行提供贷款、人力资源水平、政府税收支持力度、组织结构与模式适应度等。根据这些因素在宏观和微观模型的系统动力学分析，得到这些影响因素中意愿方面的影响（如已采用者影响力、企业文化与先进制造模式适应度等）要大于技术和能力方面的影响（如高校对先进制造模式的研究、人力资源水平等）。这与实践中先进制造模式的应用是比较接近的。造成这种现象的原因是先进模式的选择、实施、推广是一项长期的系统工程。其长期性与复杂性导致了实施先进制造模式的企业不能获得短期可见的效益，要长期坚持先进制造模式的推进就首先要加强企业对实施先进制造模式重要性的认识，影响企业实施意愿的因素起主要作用。而技术因素在促进最初一批企业实施先进制造模式时的作用较为明显，但随着技术的扩散，后续企业实施先进制造模式的意愿则成为了影响先进制造模式扩散的主要因素。

另一方面，通过模型分别从宏观、微观两个方面对先进制造模式的扩散因素进行了动力学分析，宏观模型及微观模型又通过了利益相关者满意度这一变量来衔接，实现模型的综合。其中，宏观模型讨论了宏观因素对于行业实施先进制造模式的影响，而微观模型讨论了不同因素对单个企业实施先进制造模式过程的影响。先进制造模式扩散因素影响的机理是：单个企业实施先进制造模式是行业先进制造模式扩散的基础；各个企业实施先进制造模式后将提高企业利益相关者满意度从而提高行业整体的利益相关者满意度，进而增强行业内企业实施先进制造模式的意愿。同时，行业内先进制造模式普及率的提高带来的企业利润率提高等标杆效应又对单个企业实施先进制造模式产生了促进作用。因此，宏观及微观模型之间存在着必然的联系，符合现实中先进制造模式扩散的规律。

通过先进制造模式扩散影响因素的动力学分析，获得了影响因素中对先进制造模式扩散影响较大的因素，这些因素也是建立扩散模型中需要重点考虑的因素。

5.4.2 影响因素的综合分析

结合以上分析，从先进制造模式扩散的角度可以把制约企业应用先进制造模式的因素分为两大类：①企业自身的能力；②企业采用先进制造模式的意愿。如企业内部因素中的人员素质、资金能力等决定了企业是否有能力实施先进制造模式，而模式本身的风险性、可观察性及相对优越性和企业文化则决定了企业采用先进制造模式意愿的大小。这样，按照能力和意愿两个因素把现实中的企业分为以下四类，如图 5.3 所示。

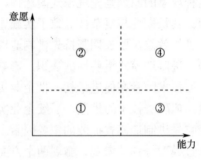

图 5.3　企业分类

其中：
① 代表无能力也无意愿实施先进制造模式。
② 代表无能力有意愿实施先进制造模式。
③ 代表有能力无意愿实施先进制造模式。
④ 代表有能力也有意愿实施先进制造模式。

值得指出的是，通过对先进制造模式扩散影响因素的动力学分析，可以看出政府在整个先进制造模式扩散过程中起着至关重要的作用。在企业的实施意愿方面，政府可以通过加大宣传力度、努力推广示范企业的实施等措施来引导未采用先进制造模式的企业，影响企业的实施态度；而在实施能力方面，政府可以通过建立技术指导中心、制定相关的政策等措施加大和保证银行对实施企业提供优惠贷款的力度。可见，政府在先进制造模式的扩散过程中的影响是一贯有力的，即政府的支持将作为一个强有力的外部因素影响着企业实施先进制造模式的态度和能力。因此，在本书所建立的先进制造模式扩散模型中也充分体现了政府的作用。

5.5 本章小结

本章讨论了先进制造模式扩散的建模方法。首先讨论了系统建模的基本理论及方法，说明了系统建模的常用步骤及方法，然后，对先进制造模式的扩散进行了界定，确定了先进制造模式扩散研究的视角。并在先进制造模式扩散影响因素的动力学分析的基础上，研究了先进制造模式扩散的因素及扩散机制，获得了建立先进制造模式扩散模型的先行条件，奠定了扩散模型建立的基础。

参 考 文 献

[1] 夏安邦. 系统建模理论与方法[M]. 北京: 机械工业出版社, 2008.

[2] 蒋慧, 等. UML Programming Guide 设计核心技术[M]. 北京: 北京希望电脑公司, 2001.

[3] 齐欢, 王小平. 系统建模与仿真[M]. 北京: 清华大学出版社, 2004.

[4] 刘飞, 张晓冬, 杨丹. 制造系统工程[M]. 北京: 国防工业出版社, 2000.

[5] 王红, 张于贤. 关于先进制造模式的共性特征的思考[J]. 价值工程, 2003(5): 80-81.

[6] 戴庆辉, 宋卫霞. 论现代工业工程技术与先进制造模式的关系[J]. 机械制造与自动化, 2006, 35(3): 1-3.

[7] 孙林岩, 汪建. 先进制造模式——理论与实践[M]. 西安: 西安交通大学出版社, 2003.

[8] 侯志楠. 浅析机械制造技术的发展历程[J]. 科技天地, 2010, 20(5): 39-40.

[9] 崔建双, 李铁克, 张文新. 先进制造模式研究综述[J]. 中国管理信息化, 2009, 12(15):91-94.

[10] 汪应洛, 孙林岩, 黄映辉. 先进制造生产模式与管理的研究[J]. 中国机械工程, 1997, (2):63-73.

[11] 戴毅茹, 严隽薇. 虚拟敏捷制造企业的建模技术[J]. 同济大学学报, 2001(11): 1304-1308.

[12] 刘梦麒, 单汨源, 李果. 国际先进制造模式及发展趋势研究[J]. 金融经济（理论版）, 2006(18): 100-101.

[13] 费志敏. 先进制造技术在我国制造业应用的探讨[J]. 工业工程, 2002, 5(2): 23-26.

[14] 孙林岩, 王能民. 工业工程研究新领域:先进制造模式及管理的研究现状及进展[J]. 中国管理科学与工程发展报告, 2004, 122-131.

[15] 赵春华, 魏晓平. 产业集聚中企业技术创新扩散影响因素分析[J]. 科技管理研究, 2008

(3):31-36.

[16] 侯立峰, 李继军. 技术创新扩散的影响因素分析[J]. 现代管理科学, 2001(3): 61-62.

[17] 孙林岩, 汪建. 先进制造模式的概念、特征及分类集成[J]. 西安交通大学学报（社会科学版）, 2001, 21(2): 27-31.

[18] 王利彬. 浅论先进制造模式的发展趋势[J]. 经济论坛, 2004(8): 30-32.

[19] 庄永耀, 王建中, 罗瑾, 等. 先进制造模式集成创新研究[J]. 昆明理工大学学报（理工版）, 2004, 29(4): 208-213.

第 6 章　单模式扩散的模型及分析

先进制造模式扩散过程的影响因素分析为扩散模型的建立奠定了基础。本章根据先进制造模式扩散的特点，建立先进制造模式的单模式扩散模型，并对其进行分析。首先对单模式的扩散特点进行分析，然后结合扩散过程中的影响因素建立扩散模型，并对单模式扩散模型进行分析，最后通过计算机集成制造模式的扩散过程，说明单模式扩散模型的应用。

6.1　单模式扩散的特点

一种先进制造模式的出现和被采纳，是一个理念的创新扩散过程，即先进制造理念随着时间的推移，向工程实践的一个有限理性的、分阶段的发展过程，而且在这个过程中，单一制造模式扩散具有的特点如下：

（1）先进制造模式是先进制造理念的实践，它的扩散过程就是其被推广应用的情况。单模式扩散主要考虑一种先进制造模式及其竞争型的扩散过程。

（2）先进制造理念是科学的思想，一经采纳是很难遗忘的，而且一种制造模式是不可能也没有必要被重复接受两次的。所以，一种先进制造模式被重复采纳的可能性极小。

（3）一种先进制造模式的出现是社会经济发展和科学技术进步的必然结果，也将会随着经济科技的前进而不断地发展和完善，因此，先进制造模式是存在更新换代的。

（4）先进制造模式是一种组织、管理与运行企业生产的新哲理，它集现代管理技术、制造技术、信息技术、自动化技术、系统工程技术于一身，具有良好的性能与可靠性。

（5）外部环境及中介机构（如政府等）在一种先进制造理念的传播扩散和先进制造模式的实施过程中的作用是十分重要的。

6.2　单模式扩散的机制

根据单一先进制造模式扩散过程的特点，获得单模式扩散机制如下：

（1）在一定时期内，现实中能够理解并有实力采纳某种先进制造模式的企业总数是一定的，即这个总数在模型中是一个常数。

（2）在现实中，信息的流通是顺畅的，企业获得信息的能力是均等的，即在所有有能力实施先进制造模式的企业中，采纳某种先进制造模式的机会均等。

（3）不断发展的某种先进制造模式是存在改进型的，是可以更新换代的，虽然新的理念从原有的理念中发展而来，但其具有一定的独立性，即改进型的使用者既可以从实施先进制造模式原型的企业发展而来，也可以从从未实施过先进制造模式的企业发展而来。

（4）某种先进制造模式的原型和改进型之间是存在竞争的，而且改进型相对原型具有一定的优越性，即改进型更具有竞争力。

（5）政府对某种先进制造理念的扩散和制造模式实施的积极影响是一贯的，是有力的，即政府的支持将作为一个强有力的外部因素推动着企业对待某种先进制造模式态度与行动的变化。

6.3　单模式扩散的模型及分析

6.3.1　单模式扩散模型

在定性分析某种先进制造模式扩散过程特点及机制的基础上，建立先进制造单模式扩散的动力学模型，它是扩散过程动力学分析的基础，也是对先进制造模式进行调控的理论依据。根据不同的扩散特点以及扩散机制，对先进制造模式的扩散过程进行动力学建模，并且进行动力学机制的分析。具体来说，包括如下内容：

单模式的扩散模型主要针对一种先进制造模式的扩散过程进行建模，根据上述单模式的扩散特点及扩散机制的分析，将现实中有能力实施某先进制造模式的企业分为三类：

（1）已经实施先进制造模式原型，但尚未实施改进型的企业 x。

（2）已经实施先进制造模式改进型的企业 y。

（3）尚未实施先进制造模式的企业（潜在使用者）z。

由单模式扩散的机制可知，三类企业数目之和是常数，即 $x+y+z=M$，其中，M 是先进制造模式潜在实施企业的上限。其中，三类企业的关系如图 6.1 所示。

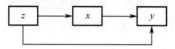

图 6.1　实施先进制造模式的企业关系图

因此，在政府等机构的外部作用影响下，所有企业均已知晓某先进制造模式的内涵，并且，没有实施先进制造模式的企业有可能向已经实施先进制造模式的企业转化，而已经实施先进制造模式的企业又有可能使用其改进型。

根据上述实施先进制造模式企业的分类：先进制造模式原型系统的采用者、先进制造模式改进型的采用者及潜在采用者，分别标记为 x，y，z。先进制造模式原型及先进制造模式改进型的固有扩散率（内部影响系数）分别为 q_1，q_2，这些模型中的内部影响系数对应的物理意义是：现实中某种先进制造模式影响着企业对其的认识、采纳过程，以及先进制造模式实施后对其他企业的影响等因素。由于政府在先进制造模式的推广应用中扮演着重要的角色，因此，考虑先进制造模式原型及先进制造模式改进型的政府影响系数分别为 g_1，g_2，且 $1<g_1<g_2$。由于存在着先进制造模式改进型与原型系统的竞争，因此，考虑由原型系统中向改进型系统的转化比率为 θ，且 $\theta<g_1$。由于整个先进制造模式的使用者数量不变，即 $x+y+z=M$，因此两种先进制造模式在某一时刻的推广数量分别可表示为 $q_1 \cdot \dfrac{x}{M} \cdot z$ 及 $q_2 \cdot \dfrac{y}{M} \cdot z$。

由此得到反映三类企业群体变化的微分动力学模型为

$$\begin{cases} \dot{x} = g_1(q_1xz/M) - \theta x \\ \dot{y} = g_2(q_2yz/M) + \theta x \\ \dot{z} = -g_1(q_1xz/M) - g_2(q_2yz/M) \end{cases} \qquad (6.1)$$

考虑到 $x + y + z = M$，$\dot{x} + \dot{y} + \dot{z} = 0$，模型式（6.1）可简化为

$$\begin{cases} \dot{x} = g_1q_1x(1 - x/M - y/M) - \theta x \\ \dot{y} = g_2q_2y(1 - x/M - y/M) + \theta x \end{cases} \qquad (6.2)$$

式中：g_1，g_2 分别为先进制造模式原型及先进制造模式改进型的政府影响系数；q_1，q_2 分别为先进制造模式原型及先进制造模式改进型的固有扩散率（内部影响系数）；θ 为由原型系统中向改进型系统的转化比率。

6.3.2　扩散模型的稳定性分析

在建立了先进制造单模式扩散的动力学模型之后，就可以对其动力学机制进行分析，掌握其主要的动态特性，加深对于先进制造模式扩散过程规律的认识，方便对其进行调控。包括先进制造模式扩散动力学模型稳定性的定义以及模型的稳定条件，并且分析不同稳定条件对应的物理意义。

由于所建立的先进制造模式的扩散模型均是非线性的动态系统模型，因此，为了分析模型的稳定性，首先定义如下平衡点及线性化矩阵。

定义 6.1　非线性系统的平衡点：对于非线性系统 $\begin{cases} \dot{x} = f(x,y) \\ \dot{y} = g(x,y) \end{cases}$，若存在一点 $P_i(x_i, y_i)$，满足 $f(x_i, y_i) = g(x_i, y_i) = 0$，则称 P_i 为非线性系统的一个平衡点。

定义 6.2　线性化矩阵：设 P_i 为非线性系统 $\begin{cases} \dot{x} = f(x,y) \\ \dot{y} = g(x,y) \end{cases}$ 的一个平衡点，则矩阵 $\boldsymbol{J} = \begin{bmatrix} \dfrac{\partial f}{\partial x} & \dfrac{\partial f}{\partial y} \\ \dfrac{\partial g}{\partial x} & \dfrac{\partial g}{\partial y} \end{bmatrix}\Bigg|_{x=x_i, y=y_i}$　为非线性系统在 P_i 点的约简线性化

矩阵。

对于一般的非线性系统而言，其解析形式的定量解很难得到，考虑到非线性系统中时间导数 $\dot{x}$，$\dot{y}$ 仅与 x，y 有关，与变量 t 无关，因此非线性系统是自治系统，可以运用李雅普诺夫（Lyapounov）第一方法（也称间接方法）来考察其稳定性，对系统的动态稳定性进行定性图解分析。

根据定义 6.1，非线性系统式（6.2）的平衡点方程为

$$\begin{cases} \dot{x} = g_1 q_1 x(1 - x/M - y/M) - \theta x = 0 \\ \dot{y} = g_2 q_2 y(1 - x/M - y/M) + \theta x = 0 \end{cases}$$

可知系统的平衡点分别为

$$P_1(0,0)，P_2(0,M)，P_3\left(M\frac{(\theta - g_1 q_1) g_2 q_2}{g_1 q_1 (g_1 q_1 - g_2 q_2)}, M\frac{(g_1 q_1 - \theta)}{(g_1 q_1 - g_2 q_2)} \right)，$$

三个平衡点分别位于原点、纵坐标轴上及第四象限。

通常意义上讲，先进制造模式的改进型在功能上优于原型系统且较原型系统具有更强的竞争能力，因而改进型系统的扩散速度快于原型系统，即 $q_1 < q_2$。且当一种先进制造模式出现时，由于其先进性以及所带来的社会及经济效益，政府对于先进制造模式（此时为原型系统）的推广力度较大，但随着先进制造模式改进型的出现，政府对于先进制造模式改进型的影响系数较原型系统的影响系数大，即 $1 < g_1 < g_2$，且 $\theta < g_1 q_1 < g_2 q_2$。

定理 6.1

$$P_1(0,0)，P_2(0,M)，P_3\left(M\frac{(\theta - g_1 q_1) g_2 q_2}{g_1 q_1 (g_1 q_1 - g_2 q_2)}, M\frac{(g_1 q_1 - \theta)}{(g_1 q_1 - g_2 q_2)} \right)$$

为系统式（6.2）的三个平衡点。当系统满足 $1 < g_1 < g_2$，$\theta < q_1 < q_2$ 时，P_1，P_2，P_3 分别为系统的不稳节点、稳定节点和鞍点。对于任意满足 $x(0) > 0$，$y(0) > 0$ 的起始点 $(x(0), y(0))$，当 $t \to \infty$ 时，$x(t) \to 0$，$y(t) \to M$。

证明 根据非线性系统平衡点的定义，有

$$P_1(0,0)，P_2(0,M)，P_3\left(M\frac{(\theta - g_1 q_1) g_2 q_2}{g_1 q_1 (g_1 q_1 - g_2 q_2)}, M\frac{(g_1 q_1 - \theta)}{(g_1 q_1 - g_2 q_2)} \right) 为$$

系统式（6.2）的平衡点。

记 $\dot{x} = f(x, y)$，$\dot{y} = g(x, y)$，则系统 $\begin{cases} \dot{x} = g_1 q_1 x(1 - x/M - y/M) - \theta x \\ \dot{y} = g_2 q_2 y(1 - x/M - y/M) + \theta x \end{cases}$

的线性化矩阵为

$$J = \begin{bmatrix} \dfrac{\partial f}{\partial x} & \dfrac{\partial f}{\partial y} \\ \dfrac{\partial g}{\partial x} & \dfrac{\partial g}{\partial y} \end{bmatrix} = \begin{bmatrix} g_1 q_1 - 2 g_1 q_1 \dfrac{x}{M} - g_1 q_1 \dfrac{y}{M} - \theta & -g_1 q_1 \dfrac{x}{M} \\ -g_2 q_2 \dfrac{y}{M} + \theta & g_2 q_2 - g_2 q_2 \dfrac{x}{M} - 2 g_2 q_2 \dfrac{y}{M} \end{bmatrix}$$

根据非线性系统稳定性的判定，双变量非线性系统的在平衡点的局部稳定性可以通过 $|J|$ 的符号、$\mathrm{tr}\, J$ 的符号，以及 $(\mathrm{tr}\, J)^2$ 与 $4|J|$ 的大小关系来进行判断。

对于 $P_1(0, 0)$，其约简线性化的系数矩阵为 $J_{P_1} = \begin{bmatrix} g_1 q_1 - \theta & 0 \\ \theta & g_2 q_2 \end{bmatrix}$，

$|J_{P_1}| = g_2 q_2 (g_1 q_1 - \theta) > 0$，$\mathrm{tr}(J_{P_1}) = g_1 q_1 + g_2 q_2 - \theta > 0$，$(\mathrm{tr}\, J_{P_1})^2 > 4|J_{P_1}|$，因此，$P_1$ 为不稳定节点。

对于 $P_2(0, M)$，其约简线性化系数矩阵为 $J_{P_2} = \begin{bmatrix} -\theta & 0 \\ -g_2 q_2 + \theta & -g_2 q_2 \end{bmatrix}$

$|J_{P_2}| = \begin{vmatrix} -\theta & 0 \\ -g_2 q_2 + \theta & -g_2 q_2 \end{vmatrix} = g_2 q_2 \theta$，由于 $1 < g_1 < g_2$，$\theta < q_1 < q_2$，

$|J_{P_2}| > 0$，$\mathrm{tr}(J_{P_2}) = -g_2 q_2 - \theta < 0$，$(\mathrm{tr}\, J_{P_2})^2 > 4|J_{P_2}|$，因此，$P_2$ 为稳定点。

对于 $P_3\left(M \dfrac{(\theta - g_1 q_1) g_2 q_2}{g_1 q_1 (g_1 q_1 - g_2 q_2)}, M \dfrac{(g_1 q_1 - \theta)}{(g_1 q_1 - g_2 q_2)} \right)$，其约简线性化矩

阵 J_{P_3} 为 $\begin{bmatrix} g_2 q_2 \dfrac{g_1 q_1 - \theta}{g_1 q_1 - g_2 q_2} & g_2 q_2 \dfrac{g_1 q_1 - \theta}{g_1 q_1 - g_2 q_2} \\ g_1 q_1 \dfrac{\theta - g_2 q_2}{g_1 q_1 - g_2 q_2} & \dfrac{g_2 q_2}{g_1 q_1} \cdot \dfrac{-(g_1 q_1)^2 + 2 g_1 q_1 \theta - g_2 q_2 \theta}{g_1 q_1 - g_2 q_2} \end{bmatrix}$ $|J_{P_3}| =$

$\dfrac{g_2 q_2 \theta}{g_1 q_1}(\theta - g_1 q_1)$，由于 $1 < g_1 < g_2$，$\theta < q_1 < q_2$，$|J_{P_2}| < 0$，$\mathrm{tr}(J_{P_3}) =$

$\dfrac{g_2 q_2 \theta}{g_1 q_1} > 0$ ，且 $(\mathrm{tr}\,\boldsymbol{J}_{P_3})^2 > 4\left|\boldsymbol{J}_{P_3}\right|$ ，因此 P_3 为鞍点。

如流线图 6.2 所示，任意从大于零的初始点出发的轨线最终都趋于 P_2 点，因此，当 $t \to \infty$ 时， $x(t) \to 0$ ， $y(t) \to M$ 。

证毕。

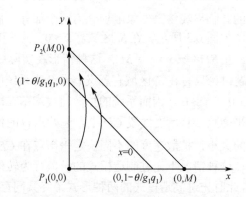

图 6.2　先进制造模式扩散过程的相图

由此可见，在先进制造模式的实施过程中，从初始时刻 $t = 0$ 到某一时刻 $t = T$ ，即在 $t \in [0,T]$ 的时间段内，现实中所有实施了先进制造模式原型的企业 $x(t)$ 都会向实施先进制造模式改进型的企业 $y(t)$ 转化，当 $t = T$ 时，转化完成，现实中所有的企业或是已经实施了先进制造模式的改进型，或是完全倾向于实施先进制造模式改进型，即现实中先进制造模式的改进型已经形成了垄断，且实施先进制造模式原型的企业 $x(t)$ 也已经不存在，先进制造模式原型完全被淘汰。此时只存在两种企业，实施先进制造模式改进型的企业 $y(t)$ 和尚未实施先进制造模式的企业 $z(t)$ 。在之后的 $t \in (T,+\infty)$ 的时间段内，仅存的企业 $z(t)$ 将在先进制造模式改进型的垄断影响下，向企业 $y(t)$ 转化，这时的转化过程应该符合单个创新产品扩散的 Bass 模型。当 $t \to +\infty$ 时，现实中有潜力实施先进制造模式的企业已经全部实施了先进制造模式的改进型，即 $\lim\limits_{t \to +\infty} x(t)=0,\ \lim\limits_{t \to +\infty} y(t)=M,\ \lim\limits_{t \to \infty} z(t)=0$ 。经过以上分析，更先进的先进制造模式改进型最终将完全淘汰掉其原型，垄断整个市场，直到新的先进制造模式出现打破这种平衡为止。

特别地，若 $\theta = 0$，即先进制造模式原型及改进型之间不存在转换关系，系统演化为

$$\begin{cases} \dot{x} = g_1 q_1 x(1 - x/M - y/M) \\ \dot{y} = g_2 q_2 y(1 - x/M - y/M) \end{cases} \tag{6.3}$$

除了 $(0,0)$ 外，系统式（6.3）在临界线 $M - x - y = 0$ 上的任意一点也都是平衡的。临界线将第一象限划分为两个部分。描述系统动态特性的相平面图如图 6.3 所示。在 S_1 区域，$\dot{x} > 0$，$\dot{y} > 0$；在 S_2 区域 $\dot{x} < 0$，$\dot{y} < 0$。在 S_2 区域 $x + y > M$，这种情形在实际中是不可能出现的，因此问题讨论只有在 S_1 区域有意义。设 Q 为系统的起始点，由于在 S_1 区域 $\dot{x} > 0$，$\dot{y} > 0$，因而系统的扩散轨线均落在图 6.3 所示三角形中，系统平衡点必将落在线段 CD 上，起始点 Q 的位置决定了系统可扩散空间的大小，扩散速度的不同决定平衡点在 CD 上位置的不同。由此可见，这种情况下先进制造模式的扩散行为转化为单次购买市场扩散模型，此时先进制造模式的两种形式最终共同存在于市场中，并各自占有稳定的市场份额，市场份额的大小取决于两种系统的初始规模及扩散速度。

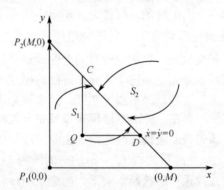

图 6.3　不存在转换的先进制造模式扩散行为

6.4　单模式扩散模型的仿真及分析

在分析先进制造模式扩散模型稳定性的基础上，进一步分析先进

152

制造模式扩散的收敛性。模型的收敛性实质是模型是否能够收敛到它的稳定点。事实上，收敛性说明先进制造模式的存在时间，从一定程度上决定先进制造模式的价值。由于先进制造模式扩散模型都是非线性的微分方程组，无法给出解析解。因此，采用数值解的形式给出其扩散过程，从而可以从扩散过程中直观看出其收敛的过程。

6.4.1　扩散模型的仿真

根据上述的单模式扩散模型，对前述模型进行仿真，假定系统的参数如表 6.1 所列，对模型用 MATLAB7.1 进行仿真，以时间为横轴，不同类型企业变化过程的仿真结果如图 6.4 所示。

表 6.1　系统式（6.2）中相关参数值

参数	M	q_1	q_2	g_1	g_2
值	75000	0.15	0.35	1	1
参数	θ_1	x_0	y_0	z_0	
值	0.04	195	5	74800	

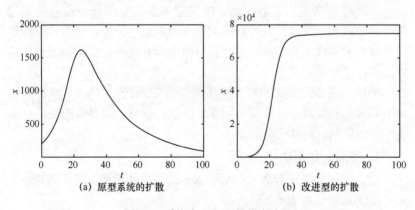

图 6.4　系统式（6.2）的仿真结果

图 6.4（a）、图 6.4（b）分别表示某先进制造模式的原型系统和改进型系统的扩散速度，直观上反映为采用两种模式的企业数量。由仿真结果可知，原型及其改进型在同一个市场内扩散，改进型较原型系统有更强的竞争能力。随着改进型系统被越来越多的企业采用，原型

系统逐渐淡出市场，直至完全被改进型系统淘汰，改进型系统维持在一个稳定的水平，直到更新的制造模式出现为止。这一结果与利用约简线性化矩阵画相图分析方法得出的结论是吻合的，这也从一个侧面证明了所建立模型的正确性。另外，模型中市场扩散系数及政府影响系数的不同，直接影响着先进制造模式的扩散行为。通过改变这些参数，扩散模型的曲线不同，那么先进制造模式的存在时间及采用者的数量不同，因此，企业建立先进制造模式的扩散模型后，可以对实际系统的推广应用有较为准确的判断，从而对何时实施先进制造模式，何时进行改进作出较为准确的决策。同样，政府机构可以根据现有的情况，增加或者减少对于先进制造模式的影响，使其扩散行为更加合理。

先进制造模式扩散动力学模型的参数是先进制造模式扩散过程稳定性以及收敛性的决定因素，也是调控先进制造模式扩散的途径。从模型的角度，对动力学模型的参数进行分析，以获得影响参数的主要因素，从宏观上对扩散过程进行调控。

6.4.2 参数分析

对先进制造模式扩散的动力学模型中各参数的分析是从模型的角度对先进制造模式扩散过程中的影响因素进行分析。分别讨论参数变化对扩散曲线的影响以及由此获得的模型参数的主要影响因素。具体内容，详细说明如下：

根据先进制造模式单模式扩散模型，在系统式（6.2）参数值如表 6.1 所列的参数下，改变不同参数的值，获得不同参数的变化对曲线形状的影响，具体变化如下：

1. 参数 g_1 的影响

为了研究参数 g_1 对先进制造模式扩散的整体影响，使其他参数不变，改变 g_1 的值如表 6.2 所列。

表 6.2　不同 g_1 的值

情况	1	2
值	1.0	1.5

根据表 6.2 中的参数值进行仿真结果如图 6.5 所示，图中实线代

表情况1，虚线代表情况2。

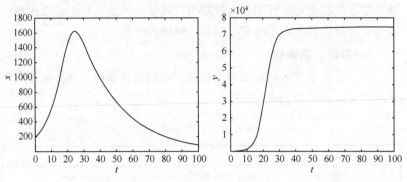

图 6.5　参数 g_1 的影响

从图 6.5 中可以看出参数 g_1 对扩散过程没有影响。

2. 参数 g_2 的影响

为了研究参数 g_2 对先进制造模式扩散的整体影响，使其他参数不变，改变 g_2 的值如表 6.3 所列。

表 6.3　不同 g_2 的值

情况	1	2
值	1.0	1.5

根据表 6.3 中的参数值进行仿真结果如图 6.6 所示，图中实线代表情况1，虚线代表情况2。

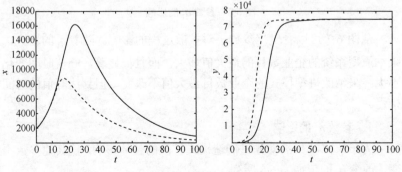

图 6.6　参数 g_2 的影响

155

从图 6.6 可以看出参数 g_2 对扩散过程的影响。随着 g_2 的增大，采纳原型系统的企业数目的最大值减少，峰值时间提前；采纳改进型模式的企业数目最大值不改变，但到达峰值的时间提前。

3. 参数 q_1 的影响

为了研究参数 q_1 对先进制造模式扩散的整体影响，使其他参数不变，改变 q_1 的值如表 6.4 所列。

表 6.4　不同 q_1 的值

情况	1	2
值	0.15	0.30

根据表 6.4 中的参数值进行仿真结果如图 6.7 所示，图中实线代表情况 1，虚线代表情况 2。

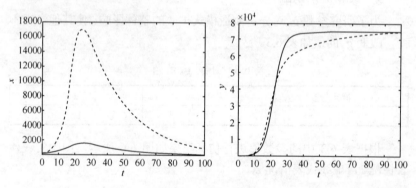

图 6.7　参数 q_1 的影响

从图 6.7 可以看出，参数 q_1 对扩散过程的影响。随着 q_1 的增大，采纳原型系统的企业数目的最大值增大，而且很显著，峰值时间变化不大；采纳改进型模式的企业数目最大值不改变，但到达峰值的时间推迟。

4. 参数 q_2 的影响

为了研究参数 q_2 对先进制造模式扩散的整体影响，使其他参数不变，改变 q_2 的值如表 6.5 所列。

156

表 6.5 不同 q_2 的值

情况	1	2
值	0.35	0.7

根据表 6.5 中的参数值进行仿真结果如图 6.8 所示，图中实线代表情况 1，虚线代表情况 2。

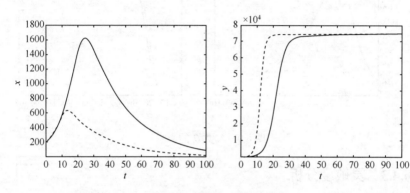

图 6.8 参数 q_2 的影响

从图 6.8 中可以看出参数 q_2 对扩散过程的影响。随着 q_2 的增大，采纳原型系统的企业数目的最大值减少，而且很显著，峰值时间提前；采纳改进型模式的企业数目最大值不改变，但到达峰值的时间提前。

5. 参数 θ_1 的影响

为了研究参数 θ_1 对先进制造模式扩散的整体影响，使其他参数不变，改变 θ_1 的值如表 6.6 所列。

表 6.6 不同 θ_1 的值

情况	1	2
值	0.04	0.08

根据表 6.6 中的参数值进行仿真结果如图 6.9 所示，图中实线代表情况 1，虚线代表情况 2。

从图 6.9 中可以看出参数 θ_1 对扩散过程的影响。随着 θ_1 的增大，采纳原型系统的企业数目的最大值减少，而且很显著，峰值时间提前；采纳改进型模式的企业数目最大值不改变，但到达峰值的时间稍有提前。

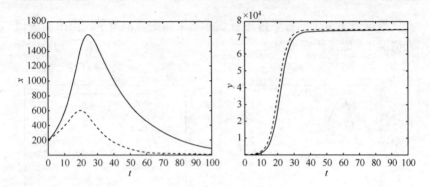

图 6.9　参数 θ_1 的影响

6.4.3　灵敏度分析

定义 6.3　参数 g 对于某年采纳者数量 z_T 的灵敏度 S 为

$$S(g, Z_T) = \left| \frac{\Delta Z_T}{\Delta g} \right|$$

先进制造模式单模式扩散模型的参数主要有 g_1，g_2，q_1，q_2，θ_1。由于该模型是非线性模型，无法求得解析解，因此，利用数值解获得各参数对 x_{30}，y_{30} 的灵敏度如表 6.7 和表 6.8 所列。

表 6.7　g_1，g_2，q_1，q_2，θ_1 对 x_{30} 的灵敏度分析

变化量 灵敏度	1%	2%	3%	4%	5%	6%
$S(g_1, x_{30})$	4510	4570	4633	4698	4762	4828
$S(g_2, x_{30})$	−10030	−5945	−4570	−3870	−3442	−3150
$S(q_1, x_{30})$	4510	4570	4633	4698	4762	4828
$S(q_2, x_{30})$	−10030	−5945	−4570	−3870	−3442	−3150
$S(\theta_1, x_{30})$	−2230	−6295	−4926	−4233	−3808	−3522

表 6.8 g_1，g_2，q_1，q_2，θ_1 对 y_{30} 峰值的灵敏度分析

变化量 灵敏度	1%	2%	3%	4%	5%	6%
$S(g_1, y_{30})$	−3200	−3200	−3267	−3325	−3360	−3433
$S(g_2, y_{30})$	223900	110200	72267	53300	41920	34317
$S(q_1, y_{30})$	−3200	−3200	−3267	−3325	−3360	−3433
$S(q_2, y_{30})$	223900	110200	72267	53300	41920	34317
$S(\theta_1, y_{30})$	8900	120350	82400	63400	51980	44333

g_1，g_2，q_1，q_2，θ_1 对 x_{30}，y_{30} 的灵敏度的变化趋势如图 6.10、图 6.11 所示。

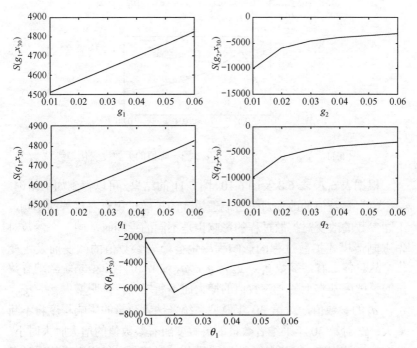

图 6.10 g_1，g_2，q_1，q_2，θ_1 对 x_{30} 峰值的灵敏度变化趋势

g_1，g_2，q_1，q_2，θ_1 对 y_{30} 峰值的灵敏度的变化趋势如图 6.11 所示。

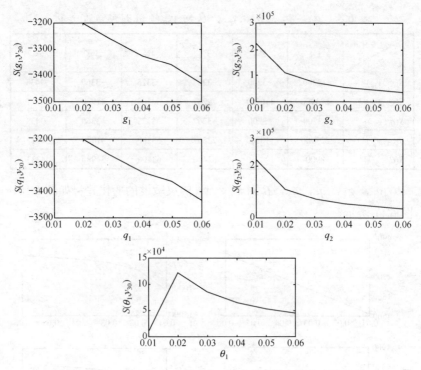

图 6.11　g_1，g_2，q_1，q_2，θ_1 对 y_{30} 峰值的灵敏度变化趋势

根据表 6.7、表 6.8 及图 6.10、图 6.11 的结果，可以得到如下结论：

（1）参数值的改变对先进制造模式的扩散过程有着显著的影响，不同参数的改变对扩散过程的影响也是不同的；同时，同一个参数对先进制造模式扩散过程的影响程度也会随着参数值的改变而发生变化。从总体上看，参数 g_1，g_2，q_1，q_2 对第 30 年原型系统采纳者数量的灵敏度基本上随着参数值的增大而不断增大，说明增大 g_1，g_2，q_1，q_2 的参数值，对第 30 年原型系统采纳者数量的影响程度将不断增大；θ_1 对第 30 年采纳者数量的灵敏度随着参数值的增大时大时小，没有特定的规律，说明增大 θ_1 的参数值，对第 30 年原型系统采纳者数量的影响程度时大时小。参数 g_1，g_2 对扩散过程的影响分别与参数 q_1，q_2 对扩散过程的影响相同。

（2）参数 g_1，g_2，q_1，q_2 对第 30 年改进型系统采纳者数量的灵敏度基本上随着参数值的增大而不断减小，说明增大 g_1，g_2，q_1，q_2 的参数值，对第 30 年改进型系统采纳者数量的影响程度将不断减小；θ_1 对第 30 年改进型系统采纳者数量的灵敏度随着参数值的增大时大时小，没有特定的规律，说明增大 θ_1 的参数值，对第 30 年改进型系统采纳者数量的影响程度时大时小。参数 g_1，g_2 对扩散过程的影响分别与参数 q_1，q_2 对扩散过程的影响相同。

（3）从灵敏度分析数值上看，各参数对于原型系统采纳者影响程度按照从大到小的顺序排列为：q_2，g_2，q_1，g_1，θ_1。各参数对于改进型系统采纳者影响程度按照从大到小的顺序排列为 q_2，g_2，θ_1，q_1，g_1。

6.5 单模式扩散模型的应用

为了说明单模式扩散模型的应用，针对某种先进制造模式的实施应用，对其建立扩散模型，并分析模型，说明模型应用。在该案例中，针对计算机集成制造（Computer Integrated Manufacturing，CIM）的实施应用情况进行分析说明。

6.5.1 案例背景

CIM 概念首先由美国 Joseph Harrington 博士于 1973 年提出。1981 年以后，CIM 哲理被各国广泛接受，其内涵得到很大丰富和发展，CIM 成为制造工业的发展热点。

1986 年，我国制定国家高技术研究发展计划（即 863 计划），将"计算机集成制造系统"确定为自动化领域研究主题之一，经过十多年的实践和科技攻关，863/CIMS 专家组提出了现代集成制造系统（Contemporary Integrated Manufacturing Systems, CIMS）的概念、方法和技术，扩展了美国学者早期提出的计算机集成制造系统（Computer Integrated Manufacturing System）的内涵。863/CIMS 主体从 1989 年开始实施应用示范工程；20 世纪 90 年代开始，全国以成都飞机制造厂、沈阳鼓风机厂等四家企业为代表，经过十年的发展，到 2000 年前后，在 10 多个行业、20 多个省市（不同规模、运行机制、生产模式）的企业中成功实施 200 个 CIMS 应用示范工程（共 201 家），同时提出了"现代集成制造"的概念。我国发展 CIMS，没有照搬照抄国外发展模式，而是结合国情，发挥其优势并对其创新。

CIMS 应用工程是 CIM 哲理在一个特定企业的实现，亦即企业根据自身需求，按 CIM 哲理，应用各种成熟技术建立起的一个计算机集成应用的系统。由于各个企业的行业类型、规模、资金投入能力的不同，造成企业基础不一，所以 CIMS 应用工程具有一定的特殊性，必须从实际出发，根据企业的具体情况制定企业规划、实施方案和实施步骤。总而言之，CIMS 应用工程没有一个统一的模式，更不是一种可供选用的产品；从某种意义上来看，与其说是 CIMS 应用工程在某个企业的实施，不如说是以 CIM 哲理为指导的追求企业功能集成的实践。

从 CIMS 概念的引入到 CIMS 应用工程在我国企业的实施，已经有二十多年的时间。CIMS 已从 20 世纪 90 年代初几个企业的典型应用发展到现在的各种类型的制造企业的示范应用，并取得了明显的经济效益和社会效益。CIMS 技术正是提高我国企业竞争力，以高技术改造传统产业，支持新兴产业，以信息化带动工业化，加速实现我国工业化进程的高技术。

显然，CIM 哲理，作为一种科学的认识，是社会历史发展的产物，而且已经被赋予了中国特色，它也必然能够指导我国企业 CIMS 应用工程实施的具体实践。因此，在考察 CIM 哲理在中国企业传播与扩散特点的基础上，对未来若干年 CIM 哲理被中国企业的接收程度，即 CIMS 应用工程的进展状况作出预测是十分有意义的。为此，本案例利用微分模型的方法对 CIM 哲理的扩散行为进行研究，建立了扩散模型，并分析其动态行为。

6.5.2　扩散模型及分析

CIM 哲理的出现和被采纳，是一个理念的创新扩散过程，即先进制造理念随着时间的推移，向应用工程实践的一个有限理性的、分阶段的发展过程，而且在这个过程中，它的扩散具有一定的特点。总结 CIM 扩散过程的特点如下：

（1）CIM 是先进制造理念的实践，它的扩散过程就是其被推广应用的情况。

（2）CIM 哲理是科学的思想，一经采纳是很难遗忘的，而且一种思想是不可能也没有必要被重复接受两次的。所以，CIM 哲理重复采纳的可能性是极小的。

（3）CIM 哲理的出现是社会经济发展和科学技术进步的必然结果，也将会随着经济科技的前进而不断地发展和完善，是与时俱进的。因此，CIM 哲理是分阶段的、有层次的，存在更新换代。

（4）CIM 集现代管理技术、制造技术、信息技术、自动化技术、系统工程技术于一身，具有良好的性能与可靠性。

（5）政府等外部机构在 CIM 理念的传播扩散和先进制造模式实施过程中的作用是十分重要的。

根据 CIM 哲理扩散过程的特点，给出如下几点假设：

H1. 在一定时期内，现实中能够理解并有实力采纳 CIM 哲理的企业总数是一定的，即这个总数在模型中是一个常数。

H2. 在现实中，信息的流通是顺畅的，企业获得信息的能力是均等的，即在所有有能力实施 CIM 应用工程的企业中，不存在从未听说过 CIM 哲理的企业。

H3. 不断发展的 CIM 哲理是存在改进型的，是可以更新换代的，虽然新的概念从原有的概念中发展而来，但其具有一定的独立性，即改进型的使用者既可以从实施 CIM 应用工程原型的企业发展而来，也可以从未实施过 CIM 应用工程的企业发展而来。

H4. CIM 应用工程原型和改进型之间是存在竞争的，而且改进型相对原型有一定的优越性，即改进型更具有竞争力。

H5. 政府对 CIM 哲理扩散和 CIM 应用工程实施的积极影响是一贯的，是有力的，即政府的支持将作为一个强有力的外部因素推动着企业对待 CIM 态度与行动的变化。

根据 CIM 理念的扩散特点及扩散机制，建立其扩散模型如下：

$$\begin{cases} \dot{x} = g_1(q_1 xz / M) - \theta x \\ \dot{y} = g_2(q_2 yz / M) + \theta x \\ \dot{z} = -g_1(q_1 xz / M) - g_2(q_2 yz / M) \end{cases}$$

式中：x 为 CIM 模式原型系统的采用者；y 为 CIM 模式改进型的采用者；z 为 CIM 模式的潜在采用者；g_1，g_2 为 CIM 模式原型及改进型的政府影响系数；q_1，q_2 为 CIM 模式原型及改进型的固有扩散率（内部影响系数）；θ 为由原型系统向改进型系统的转化比率。

在一种先进制造模式扩散模型的应用中，模型的参数值可以通过调研或者统计分析的方法获得，例如，可以以 CIM 扩散为例，针对某一地区或者省市的企业进行调研，获得有能力采纳的企业数目，即 M，其他的参数同样可以通过统计数据并结合统计学的方法进行处理，获得模型的参数值。

考虑到 20 世纪 90 年代是实施 CIM 应用工程的起步阶段，实施 CIM 应用工程企业的数目受不确定因素的影响较大，难以用模型较为精确地进行描述，并且现代集成制造系统的概念还没有正式提出，因此，将 2000 年作为系统时间的起始点，此时 $x_0 = 195$，$y_0 = 5$，$z_0 = 74800$。

建立 CIM 应用的扩散模型，对模型用 MATLAB 7.1 进行仿真。给定参数 $g_1 q_1 = 0.15$，$g_2 q_2 = 0.35$，$\theta_1 = 0.04$，对模型进行仿真，得到仿真结果如图 6.12 所示。

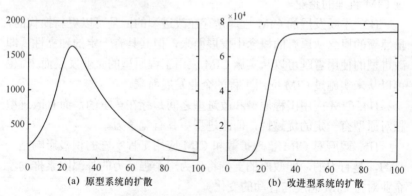

(a) 原型系统的扩散　　　　(b) 改进型系统的扩散

图 6.12　单模式扩散仿真分析结果

考虑到 $x + y + z = M$，$\dot{x} + \dot{y} + \dot{z} = 0$，模型可简化为

$$\begin{cases} \dot{x} = g_1 q_1 x(1 - x/M - y/M) - \theta x \\ \dot{y} = g_2 q_2 y(1 - x/M - y/M) + \theta x \end{cases}$$

根据平衡点的定义，非线性系统的平衡点方程为

$$\begin{cases} \dot{x} = g_1 q_1 x(1 - x/M - y/M) - \theta x = 0 \\ \dot{y} = g_2 q_2 y(1 - x/M - y/M) + \theta x = 0 \end{cases}$$

可知系统的平衡点分别为

$$P_1(0,0), \quad P_2(0,M), \quad P_3\left(M\frac{(\theta - g_1 q_1) g_2 q_2}{g_1 q_1 (g_1 q_1 - g_2 q_2)}, M\frac{(g_1 q_1 - \theta)}{(g_1 q_1 - g_2 q_2)} \right),$$

三个平衡点分别位于原点、纵坐标轴上及第四象限。当 $t \to \infty$ 时，$x(t) \to 0$，$y(t) \to M$。

通常意义上讲，CIM 模式的改进型在功能上优于原型系统且较原型系统具有更强的竞争能力，因而改进型系统的扩散速度快于原型系统，即 $q_1 < q_2$。且当一种先进制造模式出现时，由于其先进性以及所带来的社会及经济效益，政府对于先进制造模式（此时为原型系统）的推广力度较大，但随着先进制造模式改进型的出现，政府对于先进制造模式改进型的影响系数较原型系统的影响系数大，即 $1 < g_1 < g_2$，且 $\theta < g_1 q_1 < g_2 q_2$。

其中图 6.12（a）、图 6.12（b）分别表示 CIM 的原型系统和改进型系统的扩散速度，直观上反映为采用两种模式的企业数量。由仿真结果可知，原型及其改进型在同一个市场内扩散，改进型较原型系统有更强的竞争能力。随着改进型系统被越来越多的企业采用，原型系统逐渐淡出市场，直至完全被改进型系统淘汰，改进型系统维持在一个稳定的水平，直到更新的制造模式出现为止。这一结果与利用约简线性化矩阵画相图分析方法的结论是吻合的，这也从一个侧面证明了所建立模型的正确性。

另外，模型中市场扩散系数及政府影响系数的不同，直接影响着 CIM 模式的扩散行为。从物理意义上讲，对应着不同的 CIM 模式以及外部的政策对企业采纳先进制造模式的影响不同，因此，可以通过改变这些参数，进而影响扩散模型的曲线，使先进制造模式的存在时间及采用者的数量不同，因此，企业可以利用先进制造模式的扩散模型，对实际系统中应用某种先进制造模式的时机有较为准确的判断，从而对何时实施先进制造模式，何时改进做出较准确的决策。同样，

政府机构可以根据现有的影响情况，增加或者减少对于先进制造模式的影响，使其扩散行为更加合理。

先进制造理念及模式为企业在 21 世纪激烈的竞争中提供了强有力的思维方法，并指导企业成功地实施先进制造应用工程。针对先进制造模式应用实施中的决策问题，建立了某种先进制造模式竞争及扩散的模型，对先进制造理念发展过程中自我更新行为进行了模拟，并对所建非线性微分模型做出了分析。为企业提供决策依据，使企业理性地把握先进制造模式发展的规律，进行合理决策，规避先进制造模式的实施风险，增强企业的核心竞争力。另外，有利于政府机构对先进制造模式的扩散过程进行有效的调控，推动先进制造模式的合理应用，提升我国制造业的国际地位。

6.6 本 章 小 结

本章探索性地建立了具有实施先进制造模式能力的企业采纳某种先进制造模式的扩散模型，并且着重考虑先进制造模式原型与改进型之间的竞争。首先讨论了先进制造模式扩散的基本概念，说明了一种先进制造模式扩散过程中考虑的因素及扩散的特点，讨论了扩散的机制，然后建立了单模式扩散的模型，对模型进行了稳定性分析以及参数分析，最后通过计算机集成制造扩散的建模对建模过程及应用进行说明。

参 考 文 献

[1] 孙林岩，汪建，曹德弼. 先进制造模式的分类研究[J]. 中国机械工程，2002, 1(1): 84-88.

[2] 姜梅，姜大志，沈延森，等. 先进制造模式中的 CAD 技术[J]. 机械设计与制造，2001(3):23-24.

[3] 孙新宇，孙林岩，汪应洛，等. 先进制造模式在我国应用的实证研究[J]. 工业工程与管理，2005, 10(2):6-9.

[4] B0ass F M. A new product growth model for consumer durables[J]. Management Science, 1969, 15(5):215-227.

[5] Steffens P R, Murphy D N P. A mathematical model for new product diffusion: the influence of innovators and imitators[J]. Mathematical and Computer Modeling, 1992, 16(4):11-26.

[6] Tanny S M, Derzko N A. Innovators and imitators in innovation diffusion modeling[J]. Journal of Forecasting, 1988, 7(4):225-234.

[7] 张彬, 杨国英, 荣国辉. 产品扩散模型在internet采用者分析中的应用[J]. 中国管理科学, 2004, 10(2):51-56.

[8] Paul R Steffens. A model of multiple-unit ownership as a diffusion process[J]. Technological Forecasting and Social Change, 2003, 70(9):901-917.

[9] 蒋中一. 数理经济学的基本方法[M]. 北京:商务印书馆, 2003.

[10] 薛朝改, 曹海旺. 政府影响下某先进制造模式的竞争与扩散模型[J]. 系统管理学报, 2011, 20(3): 370-375.

[11] 任才方, 许剑毅, 刘富江,等. 2001年中国工业经济统计年鉴[M]. 北京:中国统计出版社, 2001.

[12] 李伯虎, 戴国忠. CIMS应用示范工程10年回顾与展望[J]. 计算机集成制造系统, 1998 (3): 3-9.

[13] 马开平, 严洪森. 重复购买产品的竞争与市场扩散行为分析[J]. 控制与决策, 2007, 22(2): 143-147.

[14] 徐玖平, 廖志高. 技术创新扩散速度模型 [J]. 管理学报, 2004, 1(3): 330-339.

[15] Xue C G, Cao H W, Gao W. Research on diffusion behavior of the CIM philosophy [J]. Proceedings of the Institution of Mechanical Engineers, Part B:Journal of Engineering Manufacture, 2008, 222(8): 1025-1033.

第7章 多模式扩散的模型及分析

本章从先进制造模式扩散的视角，建立先进制造模式的多模式扩散模型，并对其进行分析。首先分析多模式的扩散特点，然后结合扩散过程中的影响因素建立扩散模型，并对多模式扩散模型进行分析，最后通过多种制造模式的扩散过程，说明多模式扩散模型的应用。

7.1 多模式扩散的特点

在同一扩散空间之下，多种先进制造模式并存，它们被采纳，是多种理念的创新扩散过程，即多种先进制造理念随着时间的推移，向应用工程实践的一个扩散过程，而且在这个过程中，多种制造模式扩散具有如下特点：

（1）多种先进制造模式的扩散是其哲理的扩散，是一个有限理性的扩散过程。

（2）先进制造模式是科技进步和社会经济发展的结果。它可以随着科技而不断地发展和提高。多种先进制造模式也具有不同的改进型，由于其基本哲理不变，所以这些变型可以认为是一种模式扩散的结果。

（3）多种先进制造模式之间存在着竞争关系，不同的制造模式之间存在着转换，企业可以从实施一种制造模式转变成为另一种制造模式的实施者。

（4）先进制造模式哲理是一种组织、管理与运行企业生产的新哲理，它集现代管理技术、制造技术、信息技术、自动化技术、系统工程技术于一身，具有良好的性能与可靠性。

（5）外部环境及中介机构（如政府等）在多种先进制造理念的传播扩散和先进制造模式的实施过程中的作用是十分重要的。政府可以通过设置技术转移及应用指导中心、建立先进制造模式示范企业和为实施先进制造模式的企业提供优惠贷款等措施来支持先进制造模式的发展。

7.2　多模式扩散的机制

根据多种先进制造模式自身扩散过程的特点，获得多模式扩散机制如下：

（1）先进制造模式是强大的，它的实施需要大量的人力和物力资源。并且先进制造模式是科学的思想，一经采纳是很难遗忘的。

（2）在某一时间段内，现实中能够理解并有实力采纳先进制造模式的企业总数的一定的，即这个总数在模型中是一个常数。

（3）现实中，信息的流动是恒定的，企业接受信息的能力是相等的。随着信息技术的不断发展，企业对先进制造模式哲理一无所知的可能性极小，即企业获得信息的能力是均等的。

（4）随着市场竞争的日益加剧，企业迫切需要提高自身的竞争力。由于先进制造模式是一种先进的组织管理技术，所以企业都有意愿通过实施先进制造模式来改善经营。

（5）政府在先进制造模式的扩散过程中的影响是一贯的，有力的，即政府的支持将作为一个强有力的外部因素推动着企业对待先进制造模式的态度与行动的变化。

多种先进制造模式的扩散是一个有限理性的过程，在现有采用者、政府和外部市场环境的影响下，潜在采用者（即未实施先进制造模式的企业）会转变成不同先进制造模式的采用者。同时，如果一种模式比另一种模式更具有优势，那么已采用一种模式的企业也可能采用更具有优势的另一种模式。

7.3　多模式扩散的模型及分析

7.3.1　多模式扩散模型

在定性分析先进制造模式扩散过程特点及机制的基础上，建立先进制造模式扩散的动力学模型，它是扩散过程动力学分析的基础，也是对先进制造模式进行调控的理论依据。多模式的扩散模型研究多个先进制造模式并存于扩散空间中，根据上面多模式扩散的特点及扩散的机制，并考虑到企业本身的意愿及特点，以及先进制造模式之间的竞争性，企业可以分为以下几种：

（1）x_1 有意愿并且有能力实施先进制造模式的企业。

（2）x_2 有意愿但没有能力实施先进制造模式的企业。

（3）y_1 已经实施第 1 种先进制造模式的企业。

y_2 已经实施第 2 种先进制造模式的企业。

⋮

y_n 已经实施第 n 种先进制造模式的企业。

根据扩散机制，这些企业的总数是一定的，即 $x_1 + x_2 + y_1 + y_2 + \cdots + y_n = M$，其中，$M$ 是有能力理解并实施先进制造模式的潜在最大采用者数目。在某一时间段内，所有类型的企业并存。每种企业的数量已知，分别表示为 x_1，x_2，y_1，y_2，$\cdots$，y_n，并且都是随时间而变化的变量。在扩散模型中，不同企业之间的关系如图 7.1 所示。

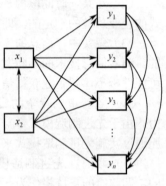

图 7.1　各企业之间的转换关系

根据图 7.1，在某一时期内，多种先进制造模式的竞争扩散模型如下：

$$\begin{cases} \dfrac{\mathrm{d}x_1}{\mathrm{d}t} = -\beta x_1 - \sum_{k=1}^{n}\left(p_k + q_{1k}\dfrac{am - x_1}{am}\right)x_1 \\[2mm] \dfrac{\mathrm{d}x_2}{\mathrm{d}t} = \beta x_1 - \sum_{k=1}^{n}\left(p_k + gq_{2k}\dfrac{bm - x_2}{bm}\right)x_2 \\[2mm] \dfrac{\mathrm{d}y_1}{\mathrm{d}t} = \left(p_1 + q_{11}\dfrac{am - x_1}{am}\right)x_1 + \left(p_1 + gq_{21}\dfrac{bm - x_2}{bm}\right)x_2 - \sum_{j=2}^{n}\theta_{1j}y_1 \\[2mm] \vdots \\[2mm] \dfrac{\mathrm{d}y_k}{\mathrm{d}t} = \left(p_k + q_{1k}\dfrac{am - x_1}{am}\right)x_1 + \left(p_k + gq_{2k}\dfrac{bm - x_2}{bm}\right)x_2 + \sum_{i=1}^{k-1}\theta_{ik}y_i - \sum_{j=k+1}^{n}\theta_{kj}y_k \\[2mm] \vdots \\[2mm] \dfrac{\mathrm{d}y_n}{\mathrm{d}t} = \left(p_n + q_{1n}\dfrac{am - x_1}{am}\right)x_1 + \left(p_n + gq_{2n}\dfrac{bm - x_2}{bm}\right)x_2 + \sum_{i=1}^{n-1}\theta_{in}y_i \end{cases} \quad (7.1)$$

式中：q_{1k}，q_{2k}分别为从有能力但未实施先进制造模式的企业x_1到已实施第k种先进制造模式的企业y_k，以及从无能力实施先进制造模式的企业x_2到已实施第k种先进制造模式的企业y_k的内部扩散系数；β为从有能力实施先进制造模式的企业x_1到无能力实施先进制造模式的企业x_2的企业能力转换率；θ_{ij}为从实施第i种先进制造模式的企业y_i到实施第j种先进制造模式的企业y_j的竞争转换率；g为政府对没能力实施的潜在采用者的影响系数；a为有能力实施的企业所占的比例；p_k为潜在采用者实施第k种先进制造模式的外部影响系数。

下面，以三种先进制造模式为例来进行讨论，即$n=3$。因为$x_1+x_2+y_1+y_2+y_3=m$并且$\dfrac{dx_1}{dt}+\dfrac{dx_2}{dt}+\dfrac{dy_1}{dt}+\dfrac{dy_2}{dt}+\dfrac{dy_3}{dt}=0$，所以式（7.1）可以化简为

$$
\begin{cases}
\dfrac{dx_1}{dt}=-\beta x_1-\left(p_1+q_{11}\dfrac{am-x_1}{am}\right)x_1-\left(p_2+q_{12}\dfrac{am-x_1}{am}\right)x_1-\left(p_3+q_{13}\dfrac{am-x_1}{am}\right)x_1 \\[3mm]
\dfrac{dx_2}{dt}=\beta x_1-\left(p_1+gq_{21}\dfrac{bm-x_1}{bm}\right)x_2-\left(p_2+gq_{22}\dfrac{bm-x_2}{bm}\right)x_2-\left(p_3+gq_{23}\dfrac{bm-x_2}{bm}\right)x_2 \\[3mm]
\dfrac{dy_1}{dt}=\left(p_1+q_{11}\dfrac{am-x_1}{am}\right)x_1+\left(p_1+gq_{21}\dfrac{bm-x_2}{bm}\right)x_2-\theta_{12}y_1-\theta_{13}y_1 \\[3mm]
\dfrac{dy_2}{dt}=\left(p_2+q_{12}\dfrac{am-x_1}{am}\right)x_1+\left(p_2+gq_{22}\dfrac{bm-x_2}{bm}\right)x_2+\theta_{12}y_1-\theta_{23}y_2
\end{cases}
$$

（7.2）

式中：$0\leqslant x_1,x_2,y_1,y_2,y_3\leqslant m$，$g\geqslant 1$，$0\leqslant a,b\leqslant 1$且$a+b=1$，$0\leqslant q_{11},q_{12},q_{13},q_{21},q_{22},q_{23}\leqslant 1$，$0\leqslant p_1,p_2,p_3\leqslant 1$，$-1\leqslant\beta,\theta_{12},\theta_{13},\theta_{23}\leqslant 1$。

7.3.2 扩散模型的稳定性分析

定理 7.1 当$\theta_{12}=\theta_{13}=\theta_{23}=0$时，系统式（7.2）所代表的模型是标准的 Bass 模型。

证明 设潜在最大采用者数目为$\overline{N}(t)$，采用者数目为$N(t)$，则
$$x_1=a[M-N(t)]=\overline{N}_1(t)-N_1(t)，\quad x_2=b[M-N(t)]=\overline{N}_2(t)-N_2(t)，$$
$$\overline{N}(t)=M，\quad y_1+y_2+y_3=N(t)$$

$$\dot{N}(t) = \dot{y}_1 + \dot{y}_2 + \dot{y}_3$$

$$= \left[3p + (q_{11} + q_{12} + q_{13}) \frac{N(t)}{\overline{N}_1(t)} \right] \left(\overline{N}_1(t) - N_1(t) \right) +$$

$$\left[3p + g(q_{21} + q_{22} + q_{23}) \frac{N(t)}{\overline{N}_2(t)} \right] \left(\overline{N}_2(t) - N_2(t) \right),$$

这是标准的 Bass 模型，定理 7.1 得证。

定理 7.2 当 $\theta_{12} = \theta_{13} = \theta_{23} = 0$ 时，点 $P\left(0, 0, m - y_2 - y_3, y_2, y_3\right)$ 为系统式（7.2）的平衡点，并且是稳定点。因此，当 $t \to +\infty$，$\lim\limits_{t \to +\infty} x_1(t) = 0, \lim\limits_{t \to +\infty} x_2(t) = 0, y_1 + y_2 + y_3 = m$。

证明 根据平衡点的定义，求得系统式（7.2）的平衡点为 $P\left(0, 0, m - y_2 - y_3, y_2, y_3\right)$。

将 $P\left(0, 0, m - y_2 - y_3, y_2, y_3\right)$ 代入线性化矩阵 $\boldsymbol{J}$ 中，得

$$\boldsymbol{J} = \begin{bmatrix} -\alpha - 3p - q_{11} - q_{12} - q_{13} & 0 & 0 & 0 \\ \alpha & -3p - g(q_{21} + q_{22} + q_{23}) & 0 & 0 \\ p + q_{11} & p + gq_{21} & 0 & 0 \\ p + q_{12} & p + gq_{22} & 0 & 0 \end{bmatrix}$$

求其特征值，得到 $\lambda_1 = -gq_{23} - 3p - gq_{21} - gq_{22}$，$\lambda_2 = 0$，$\lambda_3 = 0$，$\lambda_4 = -\alpha - 3p - q_{11} - q_{12} - q_{13}$。可见，$\lambda_1 < 0$，$\lambda_2 = 0$，$\lambda_3 = 0$，$\lambda_4 < 0$。故 $p(0, 0, m - y_2 - y_3, y_2, y_3)$ 是系统式（7.2）的稳定点。

通过定理 7.2 可知，当 $t \to +\infty$，扩散完成，企业实施三种模式达到平衡状态，即这三种模式将在市场中共存，并且每种模式的市场占有率取决于它们各自的初始值和自身的扩散系数。

定理 7.3 当 $\theta_{12} = \theta_{13} = \theta_{23} \neq 0$ 时，点 $p_1\left(0, 0, 0, 0, m\right)$ 和

$$p_2 \left(\begin{array}{l} 0, \dfrac{bm(3p + gqq_1)}{gqq_1}, \dfrac{bmp(3p + gqq_1)qq_2}{g(\theta_{12} + \theta_{23})qq_{12}}, \dfrac{bmp(3p + gqq_1)(\theta_{12}qq_4 - \theta_{13}qq_3)}{g\theta_{23}(\theta_{12} + \theta_{13})qq_{12}}, \\[4mm] \dfrac{bpgqq_{14} + 3bp^2(\theta_{12}qq_4 - \theta_{23}qq_2 - \theta_{13}qq_3) + ag\theta_{23}qq_{15} - 3bp\theta_{23}qq_1(\theta_{12} + \theta_{13})}{g\theta_{23}(\theta_{12} + \theta_{13})qq_{12}} \end{array} \right)$$

为系统式（7.2）的两个平衡点，其中 $qq_1 = q_{21} + q_{22} + q_{23}$，$qq_2 = q_{22} + q_{23} - 2q_{21}$，$qq_3 = q_{21} + q_{23} - 2q_{22}$，$qq_4 = q_{21} + q_{22} - 2q_{23}$，$qq_5 = q_{21}^2 + q_{23}^2 -$

$2q_{22}^2$, $qq_6 = q_{22}^2 + q_{23}^2 - 2q_{21}^2$, $qq_7 = q_{21}^2 + q_{22}^2 - 2q_{23}^2$, $qq_8 = q_{21}q_{23} + q_{22}q_{23} - 2q_{21}q_{22}$, $qq_9 = q_{21}q_{22} + q_{21}q_{23} - 2q_{22}q_{23}$, $qq_{10} = q_{22}q_{23} + q_{21}q_{22} - 2q_{21}q_{23}$, $qq_{11} = q_{21}q_{23} + q_{22}q_{23} + q_{21}q_{22}$, $qq_{12} = (q_{21} + q_{22} + q_{23})^2$, $qq_{13} = q_{21}^2 + q_{22}^2 + q_{23}^2$, $qq_{14} = \theta_{12}qq_7 - \theta_{12}qq_8 - \theta_{23}qq_6 + \theta_{23}qq_9 - \theta_{13}qq_5 + \theta_{13}qq_{10}$, $qq_{15} = 2\theta_{12}qq_{11} + 2\theta_{13}qq_{11} + \theta_{12}qq_{13} + \theta_{13}qq_{13}$ ，并且分别是系统式（7.2）的稳定点和非稳定点。因此，当 $t \to +\infty$ ，$\lim\limits_{t \to +\infty} x_1(t) = 0, \lim\limits_{t \to +\infty} x_2(t) = 0, \lim\limits_{t \to +\infty} y_1(t) = 0, \lim\limits_{t \to +\infty} y_2(t) = 0, \lim\limits_{t \to +\infty} y_3(t) = M$ 。

证明 根据平衡点的定义，求得系统式（7.2）的平衡点为 $p_1(0,0,0,0,m)$ 和

$$p_2 \left(\begin{matrix} 0, \dfrac{bm(3p + gqq_1)}{gqq_1}, \dfrac{bmp(3p + gqq_1)qq_2}{g(\theta_{12} + \theta_{23})qq_{12}}, \dfrac{bmp(3p + gqq_1)(\theta_{12}qq_4 - \theta_{13}qq_3)}{g\theta_{23}(\theta_{12} + \theta_{13})qq_{12}}, \\ \dfrac{bpgqq_{14} + 3bp^2(\theta_{12}qq_4 - \theta_{23}qq_2 - \theta_{13}qq_3) + ag\theta_{23}qq_{15} - 3bp\theta_{23}qq_1(\theta_{12} + \theta_{13})}{g\theta_{23}(\theta_{12} + \theta_{13})qq_{12}} \end{matrix} \right)$$ 。

将 $p_1(0,0,0,0,m)$ 代入线性化矩阵 $\mathbf{J}$ 中，得

$$\mathbf{J} = \begin{bmatrix} -\alpha - 3p - q_{11} - q_{12} - q_{13} & 0 & 0 & 0 \\ \alpha & -3p - g(q_{21} + q_{22} + q_{23}) & 0 & 0 \\ p + q_{11} & p + gq_{21} & -\theta_{12} - \theta_{13} & 0 \\ p + q_{12} & p + gq_{22} & \theta_{12} & -\theta_{23} \end{bmatrix}$$

求其特征值，得到 $\lambda_1 = -gq_{23} - 3p - gq_{21} - gq_{22}$ ，$\lambda_2 = -\theta_{12} - \theta_{13}$ ，$\lambda_3 = -\theta_{23}$ ，$\lambda_4 = -\alpha - 3p - q_{11} - q_{12} - q_{13}$ 。可见，$\lambda_1 < 0$ ，$\lambda_2 < 0$ ，$\lambda_3 < 0$ ，$\lambda_4 < 0$ 。故 $p_1(0,0,0,0,m)$ 是系统式（7.2）的稳定点。同理，可证明 p_2 是系统的非稳定点。

通过定理 7.3 可知，随着时间的推移，$x_1(t)$ ，$x_2(t)$ 不断减少，转换成先进制造模式的采用者。当 $t \to +\infty$ ，扩散完成，最具优势的模式 $y_3(t)$ 得到充分扩散，实施前两种模式的企业 $y_1(t)$ 和 $y_2(t)$ 消失。同时，所有有意愿实施最具优势的先进制造模式的企业都进行了实施，即 $\lim x_1(t) = 0, \lim x_2(t) = 0, \lim y_1(t) = 0, \lim y_2(t) = m$ 。

7.4 多模式扩散模型的仿真及分析

在分析先进制造模式扩散模型稳定性的基础上，进一步分析先进制造模式扩散的收敛性。模型的收敛性实质是模型是否能够收敛到它的稳定点。事实上，收敛性说明先进制造模式的存在时间，从一定程度上决定先进制造模式的价值。由于先进制造模式扩散模型都是非线性的微分方程组，无法给出解析解。因此，采用数值解的形式给出其扩散过程，从而可以从扩散过程中直观看出其收敛的过程。

7.4.1 扩散模型的仿真

根据上述的多模式扩散模型，应用 MATLAB 7.1 对多模式竞争扩散模型进行仿真（参数值如表 7.1 所列），以时间为横轴，不同类型企业变化过程的仿真结果如图 7.2 所示。

表 7.1　系统式（7.2）中相关参数值

参数	m	b	β	g	p
值	236486	0.89	0.17	1.8	0.09
参数	q_{11}	q_{12}	q_{13}	q_{21}	q_{22}
值	0.3730	0.5459	0.4381	0.6410	0.2807
参数	q_{23}	θ_{12}	θ_{13}	θ_{23}	a
值	0.3565	0.1322	0.4422	0.1436	0.11

从仿真结果图 7.2 可以看出，$x_1(t)$ 和 $x_2(t)$ 开始很大，变化速率小于 0，所以不断地减少至 0。相反的，$y_1(t)$，$y_2(t)$ 和 $y_3(t)$ 开始很小，在一定的时间段内不断增大。对于 $y_1(t)$，开始变化率大于 0，随着时间的推移增加速度不断减小直到达到其峰值，之后 $y_1(t)$ 的值不断减少，这意味着采用第一种模式的企业数减少，直到减为 0。$y_2(t)$ 同 $y_1(t)$ 具有相同的变化规律。而 $y_3(t)$ 开始很小，但是作为三种模式中最先进的制造模式，由于其具有很大的竞争优势，数量会不断增加，直到最后占领整个市场。当更先进更具竞争力的制造模式出现时，这种局势将会被打破，最终的结果是最先进的模式将得到充分扩散，这符合先

进制造模式的发展规律。通过仿真结果分析 $x_1(t)$，$x_2(t)$，$y_1(t)$，$y_2(t)$ 和 $y_3(t)$ 的扩散规律，可以看到其结果与定性分析的结果相一致。

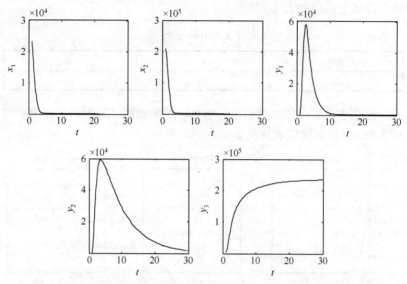

图 7.2　$x_1(t)$，$x_2(t)$，$y_1(t)$，$y_2(t)$ 和 $y_3(t)$ 的变化

7.4.2　参数分析

根据先进制造模式多模式扩散模型，在系统式（7.2）参数值如表 7.2 所列的参数下，改变不同参数的值，获得不同参数的变化对曲线形状的影响，具体变化如下：

表 7.2　系统中的各参数值

参数	m	a	b	β	g
值	29774	0.08	0.92	0.12	1.0
参数	p_1, p_2, p_3	q_{11}	q_{12}	q_{13}	q_{21}
值	0.0001	0.13	0.5	0.62	0.27
参数	q_{22}	q_{23}	θ_{12}	θ_{13}	θ_{23}
值	0.32	0.26	0.06	0.04	0.05
参数	x_1	x_2	y_1	y_2	y_3
值	1117	27271	58	328	1000

1. 参数 g 的影响

为了研究参数 g 对先进制造模式扩散的整体影响，使其他参数不变，改变 g 的值如表 7.3 所列。

表 7.3　不同 g 的值

情况	1	2
值	1.0	1.5

根据表 7.3 中的参数值进行仿真，结果如图 7.3 所示，图中实线代表情况 1，虚线代表情况 2。

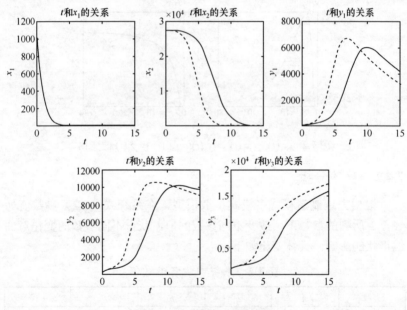

图 7.3　g 对扩散过程的影响

由图 7.3 可以看到，随着 g 值的增大，x_1 的扩散过程未受影响，而 x_2，y_1，y_2，y_3 的扩散过程均加快，同时 y_1 和 y_2 的峰值均增大。

2. 参数 p_1 的影响

为了研究参数 p_1 对先进制造模式扩散的整体影响，使其他参数不变，改变 p_1 的值如表 7.4 所列。

176

表 7.4   不同 p_1 的值

情况	1	2
值	0.0001	0.2

根据表 7.4 中的参数值进行仿真结果如图 7.4 所示，图中实线代表情况 1，虚线代表情况 2。

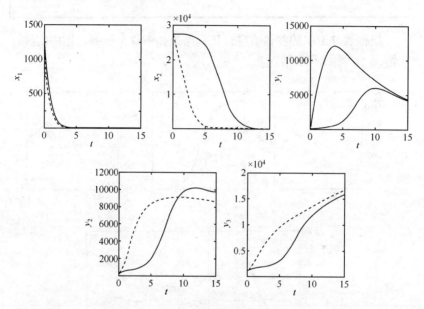

图 7.4 p_1 对扩散过程的影响

由图 7.4 可以看到，随着 p_1 值的增大，x_1，x_2，y_1，y_2，y_3 的扩散过程均加快，并且 x_2，y_1，y_2，y_3 的影响要明显大于 x_1，同时 y_1 的峰值增大，而 y_2 的峰值则减小。

类似地，可以得到：

随着 p_2 值的增大，x_1，x_2，y_1，y_2，y_3 的扩散过程均加快，同时 y_1 的峰值减小，而 y_2 的峰值则增大。

随着 p_3 值的增大，x_1，x_2，y_1，y_2，y_3 的扩散过程均加快，同时 y_1 和 y_2 的峰值均减小。

3. 参数 q 的影响

为了研究参数 q_{11} 对先进制造模式扩散的整体影响, 使其他参数不变, 改变 q_{11} 的值如表 7.5 所列。

表 7.5 不同 q_{11} 的值

情况	1	2
值	0.13	0.6

根据表 7.5 中的参数值进行仿真结果如图 7.5 所列, 图中实线代表情况 1, 虚线代表情况 2。

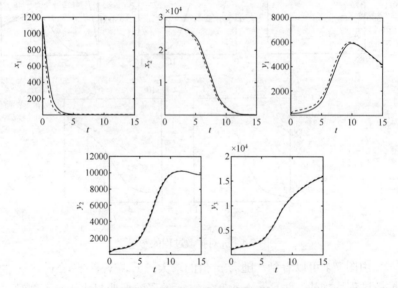

图 7.5 q_{11} 对扩散过程的影响

由图 7.5 可以看到, 随着 q_{11} 值的增大, x_1, x_2, y_1, y_2, y_3 的扩散过程均加快, 同时 y_1 的峰值增大, 而 y_2 的峰值则减小。

类似地, 可以得到:

随着 q_{12} 值的增大, x_1, x_2, y_1, y_2, y_3 的扩散过程均加快, 同时 y_1 的峰值减小, 而 y_2 的峰值则增大。

随着 q_{13} 值的增大, x_1, x_2, y_1, y_2, y_3 的扩散过程均加快, 同

时 y_1 和 y_2 的峰值均减小。

随着 q_{21} 值的增大，x_1 的扩散过程无变化，而 x_2，y_1，y_2，y_3 的扩散过程均加快，同时 y_1 的峰值增大，而 y_2 的峰值则减小。

随着 q_{22} 值的增大，x_1 的扩散过程无变化，而 x_2，y_1，y_2，y_3 的扩散过程均加快，同时 y_1 的峰值减小，而 y_2 的峰值则增大。

随着 q_{23} 值的增大，x_1 的扩散过程无变化，而 x_2，y_1，y_2，y_3 的扩散过程均加快，同时 y_1 和 y_2 的峰值均减小。

4. 参数 θ 的影响

为了研究参数 θ_{12} 对先进制造模式扩散的整体影响，使其他参数不变，改变 θ_{12} 的值如表 7.6 所列。

表 7.6　不同 θ_{12} 的值

情况	1	2
值	0.06	0.26

根据表 7.6 中的参数值进行仿真，结果如图 7.6 所示，图中实线代表情况 1，虚线代表情况 2。

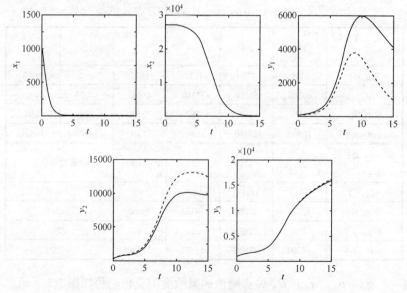

图 7.6　θ_{12} 对扩散过程的影响

由图 7.6 可以看到，随着 θ_{12} 值的增大，x_1，x_2，y_3 均未发生变化，y_1，y_2 的扩散过程均显著加快。同时 y_1 的峰值减小，而 y_2 的峰值则增大。

类似地，可以得到：

随着 θ_{13} 值的增大，x_1，x_2 均未发生变化，而 y_1，y_2，y_3 的扩散过程均加快，同时 y_1、y_2 的峰值均减小。

随着 θ_{23} 值的增大，x_1，x_2，y_1 均未发生变化，而 y_2，y_3 的扩散过程均加快，同时 y_2 的峰值减小。

7.4.3 灵敏度分析

这里分别针对参数 g，p_1，q_{11}，θ_{12} 对于 y_1 和 y_2 的峰值进行灵敏度分析。首先使模型中的其他参数不变，分别以上述四个参数中的任意一个参数的 $1\%\sim10\%$ 的变化量来模拟研究 y_1 和 y_2 峰值的变化率，再将 1% 和 10% 两点之间的斜率作为峰值斜率，结果如表 7.7、表 7.8 所列。

表 7.7　g，p_1，q_{11}，θ_{12} 对 y_1 峰值的灵敏度分析

变化量　灵敏度	1%	2%	3%	4%	5%	6%
$S(g, y_1)$	1500	1700	1633	1675	1640	1667
$S(p_1, y_1)$	60300	55100	51300	48425	46020	44017
$S(q_{11}, y_1)$	100	250	267	250	260	250
$S(\theta_{12}, y_1)$	16900	16250	15800	15350	14940	14567
变化量　灵敏度	7%	8%	9%	10%	峰值斜率	
$S(g, y_1)$	1643	1638	1633	1620	1633	
$S(p_1, y_1)$	42314	40800	39422	38200	35744	
$S(q_{11}, y_1)$	257	263	256	260	278	
$S(\theta_{12}, y_1)$	14200	13838	13522	13220	-12811	

g，p_1，q_{11}，θ_{12} 对 y_1 峰值的灵敏度的变化趋势如图 7.7 所示。

表 7.8 g，p_1，q_{11}，θ_{12} 对 y_2 峰值的灵敏度分析

变化量　　灵敏度	1%	2%	3%	4%	5%	6%
$S(g, y_2)$	1000	1000	1000	1000	1000	1000
$S(p_1, y_2)$	27700	18750	15533	13725	12480	11567
$S(q_{11}, y_2)$	0	0	0	0	0	0
$S(\theta_{12}, y_2)$	23000	22500	22000	21500	21200	20667
变化量　　灵敏度	7%	8%	9%	10%	峰值斜率	
$S(g, y_2)$	1000	1000	1000	1000	1000	
$S(p_1, y_2)$	10829	10213	9689	9220	-7167	
$S(q_{11}, y_2)$	0	0	0	0	0	
$S(\theta_{12}, y_2)$	20143	19625	19222	18700	18222	

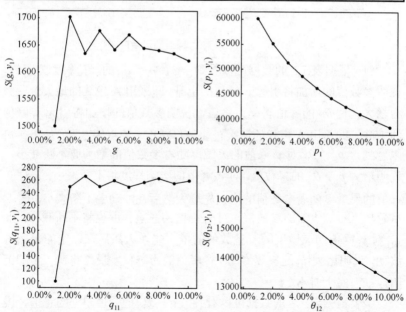

图 7.7 g，p_1，q_{11}，θ_{12} 对 y_1 峰值的灵敏度变化趋势

g，p_1，q_{11}，θ_{12} 对 y_2 峰值的灵敏度的变化趋势如图 7.8 所示。

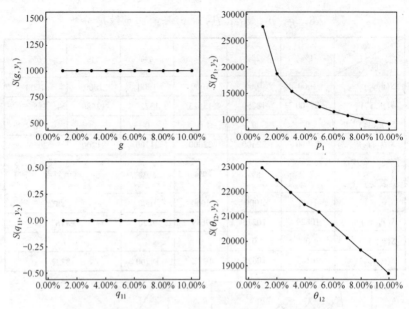

图 7.8　g，p_1，q_{11}，θ_{12} 对 y_2 峰值的灵敏度变化趋势

（1）根据表 7.7 的数据可以看到，g，p_1，q_{11} 的峰值斜率为正值，说明参数值的增加将引起 y_1 峰值的上升，即采用 A 模式的最大企业数将增大；而 θ_{12} 的峰值斜率为负值，说明参数值的增加将引起 y_1 峰值的下降，即采用 A 模式的最大企业数将减小。根据图 7.7 的结果，可以看到，p_1，θ_{12} 对 y_1 峰值的灵敏度随着参数值的增大而不断减小，说明增大 p_1，θ_{12} 的参数值，对 y_1 峰值的影响程度将不断减小；g 对 y_1 峰值的灵敏度随着参数值的增大先增大然后在波动中不断减小，说明从总体上看增大 g 的参数值，对 y_1 峰值的影响程度也将不断减小；而 q_{11} 对 y_1 峰值的灵敏度随着参数值的增大先增大然后在一定的范围内波动，说明增大 q_{11} 的参数值，对 y_1 峰值的影响程度最终将在一定的范围浮动，时大时小。

（2）根据表 7.8 的数据可以看到，g，θ_{12} 的峰值斜率为正值，说明参数值的增加将引起 y_2 峰值的上升，即采用 B 模式的最大企业数将增大；p_1 的峰值斜率为负值，说明参数值的增加将引起 y_2 峰值的下降，即采用 B 模式的最大企业数将减小；q_{11} 的灵敏度斜率为 0，说明参数值的变化不会引起 y_2 峰值的改变。根据图 7.8 的结果，可以看到，g 和 q_{11} 对 y_2 峰值的灵敏度随着参数值的增加而保持不变，说明改变 g 和 q_{11} 的参数值，对 y_2 峰值的影响程度将保持不变；而 p_1 和 θ_{12} 对 y_2 峰值的灵敏度随着参数值的增加不断减小，说明增大 p_1 和 θ_{12} 的参数值，对 y_2 峰值的影响程度将不断减小。

（3）从灵敏度分析数值上看，各参数对于模式 A 及模式 B 采纳者峰值影响程度按照从大到小的顺序排列为：p_1，θ_{12}，g，q_{11}。

7.5　多模式扩散模型的应用

在同一扩散空间（应用先进制造模式的全体企业）之下，多种先进制造模式并存，它们被采纳，是多种理念的创新扩散过程，即多种先进制造理念随着时间的推移，向应用工程实践的一个扩散过程，本节将以实际应用中三种不同的制造模式为例，说明多模式扩散模型的建模及应用。

7.5.1　案例背景

依据先进制造模式的定义和分类，考虑到数据收集的实际困难，分别从系统方法层、技术方法层和哲理层三个层次中选取制造业中常见并且数据相对容易收集的先进制造模式，即供应链管理、绿色制造和全面质量管理三种模式为例来说明多模式竞争扩散模型的仿真及应用。

先进制造模式的实施情况可以通过实施该模式的企业数目来衡量。不同的制造模式都有其核心哲理，由于不同制造模式实施企业数目没有权威数据，只能通过间接方法获得数据。例如，通过全国 A 级物流制造企业的数目来衡量供应链管理的实施情况；通过获得中国环境标志认证的制造企业数目来衡量绿色制造的实施情况；通过获得 ISO9001 质量认证的制造企业数目来衡量全面质量管理的实施情况。下面是通过中国物流与采购联合会、环境保护部科技标准司、中环联合认证中心三个官方机构收集并结合历年中国工业经济统计年鉴整理，得到的数据如表 7.9 所列。

表 7.9　采用三种模式的制造业企业数

模式＼时间	2005	2006	2007	2008	2009	2010
A	58	132	230	370	743	1061
B	328	335	704	1180	1340	1742
C	1000	1238	1771	2139	2405	2617

7.5.2　扩散模型及分析

先进制造模式扩散的核心在于其哲理的扩散，其扩散过程与创新产品和创新技术的扩散不同，有着自身的特点。总结其扩散过程的特点如下：

（1）三种先进制造模式的扩散是其哲理的扩散，是一个有限理性的扩散过程。

（2）先进制造模式是科技进步和社会经济发展的结果，它可以随着科技而不断地发展和提高。

（3）三种先进制造哲理是一种组织、管理与运行企业生产的新哲理，它集现代管理技术、制造技术、信息技术、自动化技术、系统工程技术于一身，具有良好的性能与可靠性。

（4）政府在此三种先进制造模式的传播扩散和实施过程中的作用十分重要。政府可以通过设置技术转移及应用指导中心、建立先进制造模式示范企业和为实施先进制造模式的企业提供优惠贷款等措施来支持先进制造模式的发展。

为了研究先进制造模式的扩散机制，必须解决两个问题。首先要确定其扩散模式；其次要确定哪些变量应该包括到扩散模式中。根据先进制造模式扩散过程的特点，研究的假设如下：

H1. 先进制造模式是科技进步和社会经济发展的结果，它具有不同的改进型，但由于其基本哲理不变，所以这些变型均认为是该模式扩散的结果。

H2. 在某一时间段内，现实中能够理解并有实力采纳这三种先进制造模式的企业总数的一定的，即这个总数在模型中是一个常数。

H3. 现实中，信息的流动是通畅的，企业均具有接受信息的渠道和能力。假设所有的企业对先进制造模式都有一定的了解，即不考虑企业知晓先进制造哲理及模式的阶段。

H4. 随着市场竞争的日益加剧，企业迫切需要提高自身的竞争力。由于先进制造模式是一种先进的组织管理技术，所以企业都有意愿通过实施先进制造模式来改善经营。

H5. 企业可以同时采用多种先进制造模式，但往往以一种模式为主，所以企业只作为某一种先进制造模式的采用者。

H6. 政府在先进制造模式的扩散过程中的影响是一贯的，有力的，即政府的支持将作为一个强有力的外部因素推动着企业对待先进制造模式的态度与行动的变化。

根据 H2 的假设，这些企业的总数是一定的，即 $x_1 + x_2 + y_1 + y_2 + \cdots + y_n = m$，其中，$m$ 是有能力理解并实施先进制造模式的潜在最大采用者数目。

$$\begin{cases}
\dfrac{dx_1}{dt} = -\beta x_1 - \left(p_1 + q_{11}\dfrac{am-x_1}{am}\right)x_1 - \left(p_2 + q_{12}\dfrac{am-x_1}{am}\right)x_1 - \left(p_3 + q_{13}\dfrac{am-x_1}{am}\right)x_1 \\[2mm]
\dfrac{dx_2}{dt} = \beta x_1 - \left(p_1 + gq_{21}\dfrac{bm-x_1}{bm}\right)x_2 - \left(p_2 + gq_{22}\dfrac{bm-x_2}{bm}\right)x_2 - \left(p_3 + gq_{23}\dfrac{bm-x_2}{bm}\right)x_2 \\[2mm]
\dfrac{dy_1}{dt} = \left(p_1 + q_{11}\dfrac{am-x_1}{am}\right)x_1 + \left(p_1 + gq_{21}\dfrac{bm-x_2}{bm}\right)x_2 - \theta_{12}y_1 - \theta_{13}y_1 \\[2mm]
\dfrac{dy_2}{dt} = \left(p_2 + q_{12}\dfrac{am-x_1}{am}\right)x_1 + \left(p_2 + gq_{22}\dfrac{bm-x_2}{bm}\right)x_2 + \theta_{12}y_1 - \theta_{23}y_2
\end{cases}$$

式中：$0 \leqslant x_1, x_2, y_1, y_2, y_3 \leqslant m$；$g \geqslant 1$；$0 \leqslant a, b \leqslant 1$ 且 $a+b=1$；$0 \leqslant q_{11}$, $q_{12}, q_{13}, q_{21}, q_{22}, q_{23} \leqslant 1$；$0 \leqslant p_1, p_2, p_3 \leqslant 1$，$-1 \leqslant \beta, \theta_{12}, \theta_{13}, \theta_{23} \leqslant 1$；$q_{1k}$, q_{2k} 分别为从有能力但未实施先进制造模式的企业 x_1 到已实施第 k 种先进制造模式的企业 y_k，以及从无能力实施先进制造模式的企业 x_2 到已实施第 k 种先进制造模式的企业 y_k 的内部扩散系数；β 为从有能力实施先进制造模式的企业 x_1 到无能力实施先进制造模式的企业 x_2 的企业能力转换率；θ_{ij} 为从实施第 i 种先进制造模式的企业 y_i 到实施第 j 种先进制造模式的企业 y_j 的竞争转换率；g 为政府对没能力实施的

185

潜在采用者的影响系数；a 为有能力实施的企业所占的比例；p_1, p_2, p_3 为潜在采用者的外部影响系数。

根据案例背景的数据并结合相关文献获得系统的初始值及相关参数，具体方法如下：

（1）将 2005 年作为 $t = 0$ 时刻，根据统计年鉴，2005 年全国规模以上工业企业总数为 271835 个，其中大中型企业单位共有 29774 个，占 11%，其中亏损企业有 4998 个，占 17%；小型工业企业有 242061 个，占 89%，故 $m = 271835$，$a = 0.11$，$b = 0.89$，$\alpha = 0.17$。

（2）参数 q 的估计已经提出了很多方法，Sultan、Farley 和 Lehmann 在对 15 个扩散研究的结果进一步分析后得出结论：外部影响系数 p 的平均值为 0.03，内部影响系数 q 的平均值为 0.38。该系数的估计值与其所采用的方法有关。

记潜在最大采用者数量为 $\bar{N}$，采用者数量为 N，则
$$x_1 = a[\bar{N}(t) - N(t)], \quad x_2 = b[\bar{N}(t) - N(t)], \quad \bar{N}(t) = m$$
故 $N(t+1) - N(t) = 3pm + [a(q_{11} + q_{12} + q_{13}) + bg(q_{21} + q_{22} + q_{23}) - 3p]$
$$N(t) - \left[\frac{a(q_{11} + q_{12} + q_{13}) + bg(q_{21} + q_{22} + q_{23})}{m}\right] N^2(t)$$
$$= A_1 + A_2 N(t) + A_3 N^2(t)$$
分别对 $N(t)$，m 进行归一化处理，并根据表 7.9 中的数据计算得，$A_1 = 0.1066$，$A_2 = 0.6894$，$A_3 = -0.7754$。从而得到 $p = 0.09$，$a(q_{11} + q_{12} + q_{13}) + bg(q_{21} + q_{22} + q_{23}) = 0.9471$。

根据已有数据，假设前三年不同模式之间不存在转换关系，即 $\theta_{12} = \theta_{13} = \theta_{23} = 0$，可计算得 $q_{11} + q_{21} = 0.8757$，$q_{12} + q_{22} = 0.7738$，$q_{13} + q_{23} = 0.6281$。

假设后三年不同模式之间存在转换关系，即 $\theta_{12} = \theta_{13} = \theta_{23} \neq 0$，可计算得 $q_{11} + q_{21} - \theta_{12} - \theta_{13} = 0.4280$，$q_{13} + q_{23} + \theta_{13} + \theta_{23} = 0.8110$。

假设只有 B 和 C 两种模式存在时，有 $q_{12} + q_{22} - \theta_{23} = 0.4763$，结合上面的式子可以计算得 $\theta_{12} = 0.2887$，$\theta_{13} = 0.159$，$\theta_{23} = 0.2975$。

假设 2005 年前采用 B 和 C 模式的企业都是有能力的企业，并且它们之间不存在转换关系，而 2005 年以后采用 B 和 C 模式的企业受到政府的支持，根据已有数据可以得到 $q_{12} = 0.5459$，$q_{13} = 0.3955$，

$g = 1.44$，结合上面的式子，可计算得 $q_{22} = 0.2279$， $q_{23} = 0.2326$，
$q_{11} = 0.7414$， $q_{21} = 0.1343$。整理相关参数值如表 7.10 所列。

表 7.10　系统中相关参数值

参数	m	a	b	β	g
值	29774	0.08	0.92	0.12	1.0
参数	p_1, p_2, p_3	q_{11}	q_{12}	q_{13}	q_{21}
值	0.0001	0.13	0.5	0.62	0.27
参数	q_{22}	q_{23}	θ_{12}	θ_{13}	θ_{23}
值	0.32	0.26	0.06	0.04	0.05
参数	x_1	x_2	y_1	y_2	y_3
值	1117	27271	58	328	1000

应用 MATLAB 7.1 对多模式竞争扩散模型进行仿真（参数值如表 7.10 所列），以时间为横轴，不同类型企业变化过程的仿真结果如图 7.9 所示。

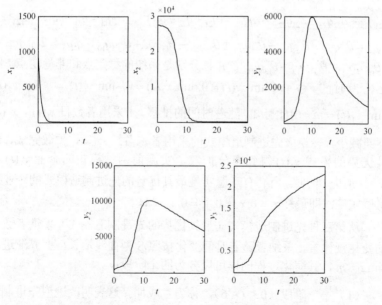

图 7.9　$x_1(t)$， $x_2(t)$， $y_1(t)$， $y_2(t)$ 和 $y_3(t)$ 的变化

当 $\theta_{12} = \theta_{13} = \theta_{23} = 0$ 时，点 $p\left(0,0,m-y_2-y_3,y_2,y_3\right)$ 为系统的平衡点，并且是稳定点。因此，当 $t \to +\infty$，$\lim\limits_{t \to +\infty} x_1(t) = 0$，$\lim\limits_{t \to +\infty} x_2(t) = 0$，$y_1 + y_2 + y_3 = m$。由此可知，当 $t \to +\infty$，扩散完成，企业实施三种模式达到平衡状态。即这三种模式将在市场中共存，并且每种模式的市场占有率取决于它们各自的初始值和自身的扩散系数。

当 $\theta_{12} = \theta_{13} = \theta_{23} \ne 0$ 时，点 $p_1\left(0,0,0,0,m\right)$ 和

$$p_2 \left(\begin{array}{l} 0, \dfrac{bm(3p+gqq_1)}{gqq_1}, \dfrac{bmp(3p+gqq_1)qq_2}{g(\theta_{12}+\theta_{23})qq_{12}}, \dfrac{bmp(3p+gqq_1)(\theta_{12}qq_4 - \theta_{13}qq_3)}{g\theta_{23}(\theta_{12}+\theta_{13})qq_{12}}, \\[3mm] \dfrac{bpgqq_{14} + 3bp^2(\theta_{12}qq_4 - \theta_{23}qq_2 - \theta_{13}qq_3) + ag\theta_{23}qq_{15} - 3bp\theta_{23}qq_1(\theta_{12}+\theta_{13})}{g\theta_{23}(\theta_{12}+\theta_{13})qq_{12}} \end{array} \right)$$

为系统的两个平衡点，其中 $qq_1 = q_{21} + q_{22} + q_{23}$，$qq_2 = q_{22} + q_{23} - 2q_{21}$，$qq_3 = q_{21} + q_{23} - 2q_{22}$，$qq_4 = q_{21} + q_{22} - 2q_{23}$，$qq_5 = {q_{21}}^2 + {q_{23}}^2 - 2{q_{22}}^2$，$qq_6 = {q_{22}}^2 + {q_{23}}^2 - 2{q_{21}}^2$，$qq_7 = {q_{21}}^2 + {q_{22}}^2 - 2{q_{23}}^2$，$qq_8 = q_{21}q_{23} + q_{22}q_{23} - 2q_{21}q_{22}$，$qq_9 = q_{21}q_{22} + q_{21}q_{23} - 2q_{22}q_{23}$，$qq_{10} = q_{22}q_{23} + q_{21}q_{22} - 2q_{21}q_{23}$，$qq_{11} = q_{21}q_{23} + q_{22}q_{23} + q_{21}q_{22}$，$qq_{12} = (q_{21} + q_{22} + q_{23})^2$，$qq_{13} = {q_{21}}^2 + {q_{22}}^2 + {q_{23}}^2$，$qq_{14} = \theta_{12}qq_7 - \theta_{12}qq_8 - \theta_{23}qq_6 + \theta_{23}qq_9 - \theta_{13}qq_5 + \theta_{13}qq_{10}$，$qq_{15} = 2\theta_{12}qq_{11} + 2\theta_{13}\,qq_{11} + \theta_{12}qq_{13} + \theta_{13}qq_{13}$，并且分别是系统的稳定点和非稳定点。因此，当时间 $t \to +\infty$，$\lim\limits_{t \to +\infty} x_1(t) = 0$，$\lim\limits_{t \to +\infty} x_2(t) = 0$，$\lim\limits_{t \to +\infty} y_1(t) = \lim\limits_{t \to +\infty} y_2(t) = \lim\limits_{t \to +\infty} y_3(t) = m$。由此可知，随着时间的推移，未采用者数目 $x_1(t)$，$x_2(t)$ 不断减少，转换成先进制造模式的采用者。当 $t \to +\infty$，扩散完成，最具优势的模式 $y_3(t)$ 得到充分扩散，实施前两种模式的企业 $y_1(t)$ 和 $y_2(t)$ 消失。同时，所有有意愿实施最具优势的先进制造模式的企业都得以实施，即最终 $x_1 = 0, x_2 = 0, y_1 = 0, y_2 = M$。

从第三种先进制造模式（最具优势的先进制造模式）采纳者数量的变化规律看，采纳者随着时间变化按照 S 型曲线增长，上界渐进线 $\lim\limits_{t \to \infty} z = m$，其演化过程同样可以分为四个阶段：

（1）第一阶段（$0 < t < 6$），称为生成期。这表明改进型先进制造模式扩散的速度与加速度递增，规模演化曲线呈指数型增长。在成长

速度曲线上升段的拐点处，加速度达到最大值。此时，影响先进制造模式扩散的各因素协同作用达到最大值，约为 13.7%。这是第三种先进制造模式发展的初期，第三种先进制造模式的应用刚刚形成，需要努力适应和调整，处于一个磨合阶段。在此阶段，前两种先进制造模式的采纳者已有一定的数量，并且增长的速度要大于第三种先进制造模式的增长速度，三种模式之间的竞争开始体现出来。

（2）第二阶段（$6 < t < 7.75$），称为成长期，也是改进型先进制造模式应用实施的"起飞"阶段。该阶段改进型先进制造模式扩散的速度继续递增，但加速度减少，增长性质为准线性。说明当先进制造模式的发展渡过"起飞"前的困难时期后，扩散将演化为一个新阶段，应用前景广阔，需求逐步明朗化。当改进型先进制造模式的采纳者达到极限值的 25.6%时，成长速度达到最大值，该时刻是该改进型先进制造模式发展的"鼎盛点"。而在此阶段，前两种先进制造模式的采纳者数目仍然在不断增加，三种模式之间的竞争不断加剧。

（3）第三阶段（$7.75 < t < 9.5$），称为成熟期。该阶段时，第三种先进制造模式扩散的速度与加速度递减，增长性质仍为准线性，但增长的动力明显减弱。当采纳者达到极限值的（扩散速度曲线下降段拐点处）约 37.4%时，加速度的负值达到最大，我们将这一时刻称为"成熟点"。在该点到来之后，第三种先进制造模式的扩散较为稳定。同时，前两种先进制造模式的扩散将相继在该点前后达到最大值，与三种先进制造模式之间的竞争将呈现最激烈的状态，此阶段之后前两种先进制造模式的扩散都将呈现下降的趋势。

（4）第四阶段（$9.5 < t < +\infty$），称为稳定期。该阶段时，第三种先进制造模式扩散速度递减，加速度为零，即第三种先进制造模式扩散的增长变得越来越慢，越来越接近极限值，直至几乎完全停止。与此同时，前两种先进制造模式采纳者的数目不断减少，直至减少为零，第三种先进制造模式将充分的占有市场，而此时，比第三种先进制造模式更具有竞争力的新的先进制造模式将会诞生。

以上分析表明，新的先进制造模式从生成到成熟的扩散过程伴随着原有先进制造模式从发展到成熟再到衰败的过程，这种规律也符合事物发展规律，不断继承和发展，不断推陈出新。

另外，在影响先进制造模式扩散的因素中，政府的影响是最主要的因素，先进制造模式扩散过程会因为政府政策的变化而变化。为了说明政府的影响，改变政府影响因素 g 的值如表 7.11 所列，仿真结果如图 7.10 所示，其中实线代表情况 1，虚线代表情况 2。

表 7.11　不同的 g 值

情况	1	2
值	1.80	3.80

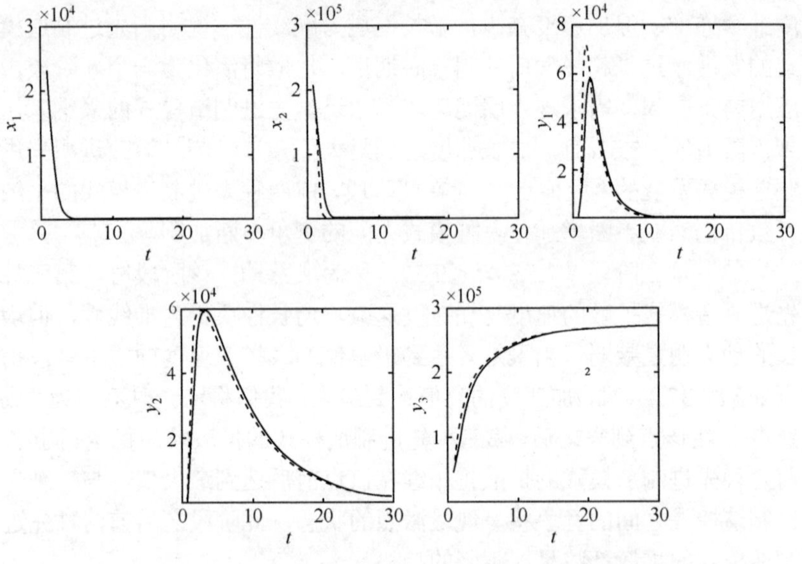

图 7.10　g 对 $x_1(t)$，$x_2(t)$，$y_1(t)$，$y_2(t)$ 和 $y_3(t)$ 的影响

从仿真结果图 7.9 可以看出，$x_1(t)$ 和 $x_2(t)$ 开始很大，变化速率小于 0，所以不断地减少至 0。相反，$y_1(t)$，$y_2(t)$ 和 $y_3(t)$ 开始很小，在一定的时间段内不断增大。对于 $y_1(t)$，开始变化率大于 0，随着时间的推移，增加速度不断减小直到达到其峰值，之后 $y_1(t)$ 的值不断减少，这意味着采用第一种模式的企业数减少，直到减为 0。$y_2(t)$ 同 $y_1(t)$ 具有相同的变化规律。而 $y_3(t)$ 开始很小，但是作为三种模式中最先进的制造模式，由于其具有很大的竞争优势，数量会不断增加，直到最后占领整个市场。当更先进更具竞争力的制造模式出现时，这种局势将

会被打破，最终的结果是最先进的模式将得到充分扩散，这符合先进制造模式的发展规律。通过仿真结果分析 $x_1(t)$、$x_2(t)$、$y_1(t)$、$y_2(t)$ 和 $y_3(t)$ 的扩散规律，可以看到其结果与定性分析的结果相一致，这也证明所建立的竞争扩散模型是正确的。

从仿真结果图 7.10 可以看出，g 的改变对 x_2，y_1，y_2 和 y_3 有显著影响，随着 g 的增大，x_2 的扩散速度加快，即随着政府的干预，无能力实施先进制造模式的企业数目减少速度加快；y_1，y_2 和 y_3 的扩散速度加快，扩散时间变短，即随着政府干预的加大，最具优势的先进制造模式将更快地占领整个市场。为了促进先进制造模式的发展，政府可以通过宣传、建立示范企业、提供优惠贷款等措施来促进未实施企业实施先进制造模式；也可以通过对实施企业提供更多的资金、技术等能力的支持以及设置技术转移及应用指导中心等政策来进一步加快先进制造模式的扩散速度。

通过对仿真结果的分析可知，先进制造模式的扩散在一定时期内，会呈现多种模式并存的现象；但是在扩散的最后阶段往往是最先进最具竞争力的模式占领整个市场。而政府在先进制造模式的传播扩散和实施过程中扮演着十分重要的角色，政府可以通过为实施先进制造模式的企业提供优惠贷款等措施来促进先进制造模式的扩散。另外，企业在实施先进制造模式时应充分地考虑先进制造模式的扩散特点和规律，并结合自身的特点和需求，对系统地推广应用先进制造模式有较为准确的判断，从而对是否实施先进制造模式，实施哪种模式做出合理的决策。

7.6　本 章 小 结

本章分析了先进制造模式的影响因素和扩散机制，然后建立了多模式竞争扩散模型，并将先进制造模式的竞争性和企业能力考虑在内。对多模式竞争扩散模型进行了稳定性分析，得出定性分析结果。然后应用 MATLAB 7.1 软件，对模型进行了仿真。企业可以将本章中的方法和结论与自身的特点和需求相结合，理性地把握先进制造模式的扩散规律，进行合理决策，从而增强企业的竞争力。同时政府在制定政策时，根据先进制造模式的发展规律，制定适时的政策。该模型有助于在竞争环境下，预测先进制造模式的实施情况，为企业决策和政府制定政策提供有力的理论依据。

参 考 文 献

[1] 孙林岩, 汪建. 先进制造模式的概念、特征及分类集成[J]. 西安交通大学学报(社会科学版), 2001, 21(2):27-31.

[2] 孙林岩, 汪建, 曹德弼. 先进制造模式的分类研究[J]. 中国机械工程, 2002 (1):84-88.

[3] 龙玲. CIMS 中的集成和现代集成制造系统中的优化[J]. 电子科技, 2004 (1):51-53.

[4] 董大明, 郭长进. 计算机集成制造技术(CIMS)在唐钢高线厂的具体应用[J]. 唐山学院学报, 2009 (6):80-83.

[5] Bass F M. A new product growth model for consumer durables[J]. Management Science, 1969, 15(5): 215-227.

[6] 刘茂长, 滕永刚. 创新产品扩散影响要素研究[J]. 学术交流, 2009 (4): 83-85.

[7] 陈国宏, 王丽丽, 蔡猷花. 基于 Bass 修正模型的产业集群技术创新扩散研究[J]. 中国管理科学, 2010, 18(5):179-183.

[8] 张玮. 重复购买模型在研究我国移动用户扩散上的应用[D]. 重庆: 重庆师范大学, 2009.

[9] 薛朝改, 曹海旺. 政府影响下某先进制造模式的竞争与扩散模型[J]. 系统管理学报, 2011, 20(3): 370-375.

[10] 佘竞雄, 等. 2006 年中国工业经济统计年鉴[M]. 北京: 中国统计出版社, 2007.

第8章 多阶段扩散的模型及分析

本章首先讨论先进制造模式扩散过程中的影响因素，分析扩散的特点和扩散机制，然后对企业的应用能力进行区分，并且考虑外部影响，建立先进制造模式的多阶段扩散模型；随后对该模型的稳定性及灵敏度进行分析；最后以 CIMS 的扩散为例建立多阶段扩散模型，并对模型进行仿真及分析，验证模型的正确性。

8.1 多阶段扩散的特点

根据第4章对于先进制造模式扩散影响因素的分析，可以把制约企业应用先进制造模式的因素从先进制造模式的角度分为两大类，即企业自身的能力和采用先进制造模式的意愿。企业内部因素中人员素质、资金能力决定了企业是否有能力实施先进制造模式，而模式本身的风险性、可观察性及相对优越性和企业文化则决定了企业采用先进制造模式的意愿大小。不同类型的企业制约其应用先进制造模式的因素也不尽相同，按照实施的能力和意愿可以把现实中的企业分为四类（图5.3）：①无能力也无意愿实施先进制造模式；②无能力有意愿实施先进制造模式；③有能力无意愿实施先进制造模式；④有能力也有意愿实施先进制造模式。

先进制造模式对企业来说是一个重大的决策，其采用过程不是一蹴而就的，而是有限理性的、分阶段的发展过程。企业采纳先进制造模式的过程可以分为以下几个阶段：

（1）未知：初始阶段企业对先进制造模式相关信息缺少了解。

（2）知晓：在这一阶段先进制造模式的扩散通过已采纳的企业和对先进制造模式已有了解的企业影响未知企业。

（3）评价：知晓先进制造模式的企业开始评价自身是否具有实施先进制造模式的能力，并评价采用先进制造模式是否符合企业利益。在这一阶段，知晓先进制造模式的企业通过评价后分为两类：有能力实施先进制造模式的企业和无能力实施先进制造模式的企业。

（4）决策及实施：通过评价阶段后企业对自身实施先进制造模式有了明晰的判断，它们将结合自身的条件选择合适的时机实施先进制造模式。

根据先进制造模式阶段的划分，可以得到先进制造模式扩散的示意图如图 8.1 所示，图中 x，y，z 分别代表先进制造模式的未知者、潜在采用者和已采用者。其中 y_1 代表无能力实施先进制造模式的企业，y_2 代表有能力实施先进制造模式的企业。

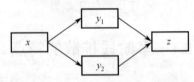

图 8.1　先进制造模式扩散示意图

先进制造模式应用实施的过程可以看成是先进制造模式被知晓、被评价及被采纳的过程，是一个多阶段的过程，也是其在制造企业中进行扩散的过程，因此，本章将先进制造模式的应用实施过程看作是一个多阶段的扩散过程，对其进行建模、分析及应用。多阶段先进制造模式扩散的核心在于其哲理的扩散，总结其扩散过程的特点如下：

（1）先进制造理念是科学的思想，一经采纳是很难遗忘的，而且一种思想是不可能也没有必要被重复接受两次的。所以，先进制造模式扩散的过程中重复采纳的可能性极小。

（2）企业应用先进制造模式与否很大程度上不取决广告等外部因素，而是取决于先进制造模式的可靠性、企业实施风险大小等因素。

（3）先进制造模式哲理是一种组织、管理与运行企业生产的新哲理，它集现代管理技术、制造技术、信息技术、自动化技术、系统工程技术于一身，具有良好的性能与可靠性，其竞争力是强大的。

（4）外部环境及中介机构（如政府等）在先进制造理念的传播扩散和先进制造模式的实施过程中的作用是十分重要的。

8.2　多阶段扩散的机制

根据多阶段先进制造扩散过程的特点，多阶段扩散模型的扩散机制如下：

（1）在一定时期内，采纳及拟采纳先进制造模式的企业总数是一定的。

（2）先进制造模式的实施是一个系统工程，需要投入大量的人力物力，因此需要考虑企业的实施能力问题。

（3）先进制造模式的技术是不断发展的，它可以有不同的变型和发展。尽管形式不同，但不同的变型均是其哲理扩散的结果。

（4）先进制造模式的采用者和潜在采用者对未知者的影响是相同。

（5）政府、高校及中介机构对先进制造模式扩散和先进制造模式的实施是积极的，影响是一贯的、有力的，即政府等机构的支持将作为一个强有力的外部因素推动着企业对待先进制造模式的态度与行动的变化。

因此，先进制造模式的扩散过程是一个分阶段的过程。在外部作用（包括政府、中介机构及高校等）的影响下，所有未知企业在潜在采用者和已采用者的影响下向潜在采用者转变，而这两类潜在采用者在已采用者的影响下，在不同的外部干预下向采用者转换，从而推动先进制造模式的扩散。

8.3　多阶段扩散的模型及分析

8.3.1　多阶段扩散模型

在多阶段建模过程中，对企业能力进行区分，在某一时间段内将现实中的四类企业分为先进制造模式的未知者、无实施能力的潜在采用者、有实施能力的潜在采用者和采用者，分别标记为 $x'(t)$，$y_1'(t)$，$y_2'(t)$，$z'(t)$。而对于企业能力的区分也对扩散模型的建立带来了困难，因此，采用逆向推理法，获得外部影响下先进制造模式扩散的多阶段微分动力学系统模型如下：

$$\begin{cases} \dfrac{dx'}{dt} = -\left(g_1' + q_0' \dfrac{m'-x'}{m'}\right)x' \\[3mm] \dfrac{dy_1'}{dt} = \alpha'\left(g_1' + q_0' \dfrac{m'-x'}{m'}\right)x' - \left[g_2' + q_1' \dfrac{\alpha'(m'-x')-y_1'}{\alpha'(m'-x')}\right]y_1' \\[3mm] \dfrac{dy_2'}{dt} = \beta'\left(g_1' + q_0' \dfrac{m'-x'}{m'}\right)x' - q_2' \dfrac{(1-\alpha')(m'-x')-y_2'}{(1-\alpha')(m'-x')}y_2' \\[3mm] \dfrac{dz'}{dt} = \left[g_2' + q_1' \dfrac{\alpha'(m'-x')-y_1'}{\alpha'(m'-x')}\right]y_1' + q_2' \dfrac{(1-\alpha')(m'-x')-y_2'}{(1-\alpha')(m'-x')}y_2' \end{cases} \tag{8.1}$$

式中：g_1' 为政府、中介等外部机构推动先进制造模式的影响系数；q_0' 为未知者向其他类型企业转变的扩散系数；α'，β' 为有无实施能力的企业的比例；g_2' 为政府、中介等外部机构对有意愿实施先进制造模式但没实施能力的企业所提供的支持；q_1'，q_2' 为先进制造模式分别由这两类潜在采用者转变为已知者的扩散系数。

8.3.2 扩散模型的稳定性分析

对于先进制造模式扩散的系统式（8.1），由于 $\alpha' + \beta' = 1$，$x' + y_1' + y_2' + z' = m'$ 和 $\dfrac{dx'}{dt} + \dfrac{dy_1'}{dt} + \dfrac{dy_2'}{dt} + \dfrac{dz'}{dt} = 0$，系统式（8.1）可以化简为

$$\begin{cases} \dfrac{dy_1'}{dt} = \alpha'\left(g_1' + q_0' \dfrac{y_1'+y_2'+z'}{m'}\right)(m'-y_1'-y_2'-z') - \left[g_2' + q_1' \dfrac{\alpha'(y_1'+y_2'+z')-y_1'}{\alpha'(y_1'+y_2'+z')}\right]y_1' \\[3mm] \dfrac{dy_2'}{dt} = (1-\alpha')\left(g_1' + q_0' \dfrac{y_1'+y_2'+z'}{m'}\right)(m'-y_1'-y_2'-z') - q_2' \dfrac{(1-\alpha')(m'-x')-y_2'}{(1-\alpha')(y_1'+y_2'+z')}y_2' \\[3mm] \dfrac{dz'}{dt} = \left[g_2' + q_1' \dfrac{\alpha'(y_1'+y_2'+z')-y_1'}{\alpha'(y_1'+y_2'+z')}\right]y' + q_2' \dfrac{(1-\alpha')(y_1'+y_2'+z')-y_2'}{(1-\alpha')(y_1'+y_2'+z')}y_2' \end{cases}$$

$$\tag{8.2}$$

定理 8.1 $p_1' = (0,0,-g_1'm'/q_0')$ 和 $p_2' = (0,0,m')$ 为系统式（8.2）的两个平衡点。p_1' 为不稳定节点，p_2' 为系统的稳定节点。

证明 解得其平衡点为 $p_1' = (0,0,-g_1'm'/q_0')$，$p_2' = (0,\beta'm',\alpha'm')$ 和 $p_3' = (0,0,m')$。因为 x'，y_1'，y_2'，z' 均不能小于零，所以平衡点 p_1' 无意义，

只需考察系统在 p_2' 和 p_3' 的稳定性。

（Ⅰ）对于平衡点 $p_1' = (0, \beta'm', \alpha'm')$

将 $p_1' = (0, \beta'm', \alpha'm')$ 代入系统式（8.2）的线性化矩阵 $\boldsymbol{J}'$ 中，化简，得

$$J' = \begin{vmatrix} -\alpha'(g_1'+q_0')-g_2'-q_1' & -\alpha'(g_1'+q_0') & -\alpha'(g_1'+q_0') \\ -\beta'(g_1'+q_0')-\beta'q_2' & -\beta'(g_1'+q_0')-\alpha'q_2' & -\beta'(g_1'+q_0')-\beta'q_2' \\ g_2'+q_1'+\beta'q_2' & \alpha'q_2' & \beta'q_2' \end{vmatrix}$$

求其特征值，得到 $\lambda_1' = -g_2'-q_1'$，$\lambda_2' = (\beta'-\alpha')q_2'$，$\lambda_3' = -\alpha'(g_1'+q_0')-\beta'(g_1'+q_0')$。可见，$\boldsymbol{J}'$ 的特征值 $\lambda_1' < 0, \lambda_3' < 0$。当 $\beta' > \alpha'$ 时，$\lambda_2' > 0$，故系统式（8.2）在平衡点 $p_1' = (0, \beta'm', \alpha'm')$ 是不稳定的；

当 $\beta' < \alpha'$ 时，$\lambda_2' < 0$，故系统式（8.2）在平衡点 $p_1' = (0, \beta'm', \alpha'm')$ 是稳定的。

（Ⅱ）平衡点 $p_2' = (0, 0, m')$

$$J' = \begin{vmatrix} -\alpha'(g_1'+q_0')-g_2'-q_1' & -\alpha'(g_1'+q_0') & -\alpha'(g_1'+q_0') \\ -\beta'(g_1'+q_0') & -\beta'(g_1'+q_0')-q_2' & -\beta'(g_1'+q_0') \\ g_2'+q_1' & q_2' & 0 \end{vmatrix}$$

求其特征值，得到 $\lambda_1' = -\alpha'(g_1'+q_0')-\beta'(g_1'+q_0')$，$\lambda_2' = -q_2'$，$\lambda_3' = -g_2'-q_1'$。可见，$J'$ 的特征值 $\lambda_1' < 0$，$\lambda_2' < 0$，$\lambda_3' < 0$，故系统式（8.2）在平衡点 $p_2' = (0, 0, m')$ 是稳定的。

通过以上对系统式（8.2）的稳定性的分析，可以得出结论：由于先进制造模式的优越性及外部因素的影响，企业趋于采用先进制造模式，即先进制造模式在企业中将得到充分扩散。

8.4 多阶段扩散模型的仿真及分析

8.4.1 扩散模型的仿真

根据上述的多阶段扩散模型，对前述模型进行仿真，系统相关参数值如表 8.1 所列，采用 MATLAB 7.1 软件对多阶段模型进行仿真，参数值如表 8.1 所列，以时间为横轴，不同类型企业扩散过程仿真结果如图 8.2 所示。

表 8.1　系统式（8.2）中参数值表

参数	m'	x'	y_1'	y_2'	z'	g_1'	q_0'	g_2'	q_1'	q_2'	α'	β'
值	45134	36138	2005	6787	204	0.01	0.60	0.02	0.3076	0.2342	0.228	0.772

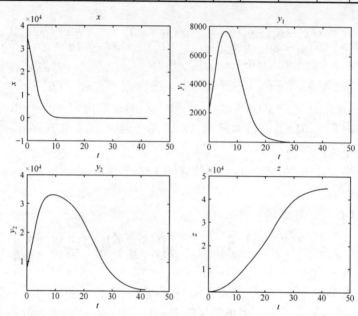

图 8.2　系统式（8.2）的仿真结果

　　从仿真结果可以看出，x' 随着时间的推移不断减少，未知企业在不断减少，直至为零；无实施能力但有意愿实施的企业 y_1'，在政府支持下不断增加，但随着知晓的企业实施先进制造模式，未实施企业数目最终不断减少为零；有能力的企业 y_2' 与无实施能力的企业数目变化具有同样的规律；而实施企业数目 z' 则随着时间的推移而不断增加，增加到 m' 后将一直维持在此水平，说明系统趋于稳定状态，与系统稳定性分析结论一致。由此，可以得出：先进制造模式扩散的过程包括三个阶段，即未知者数目不断减少，而潜在采用者数目不断增加；未知者变成潜在采用者；潜在采用者都将变成采用者。在这些阶段中，实施先进制造模式的企业数目是动态变化的。从未来发展看，未知者和潜在采用者都将变成先进制造模式的采用者，这与稳定性分析的分析结果一致。

8.4.2 参数分析

根据先进制造模式单模式扩散模型，在系统式（8.2）参数值如表 8.1 所列的参数下，改变不同参数的值，获得不同参数的变化对曲线形状的影响，具体变化如下：

1. 参数 g_1' 的影响

为了研究参数 g_1' 对先进制造模式扩散的整体影响，使其他参数不变，改变 g_1' 的值如表 8.2 所列。

表 8.2　不同 g_1' 的值

情况	1	2
值	0.01	0.05

根据表 8.2 中的参数值进行仿真结果如图 8.3 所示，图中实线代表情况 1，虚线代表情况 2。

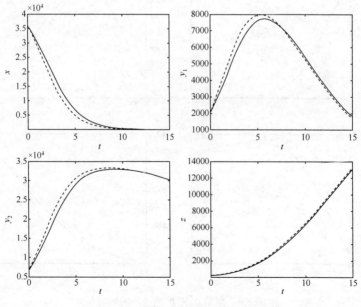

图 8.3　参数 g_1' 对扩散过程的影响

由图 8.3 可以看到，随着 g_1' 值的增大，z' 的变化不明显，x'，y_1'，y_2' 的扩散过程均显著加快。同时 y_1'，y_2' 的峰值增大，到达峰值的时间稍有提前。

2. 参数 q_0' 的影响

为了研究参数 q_0' 对先进制造模式扩散的整体影响，使其他参数不变，改变 q_0' 的值如表 8.3 所列。

表 8.3　不同 q_0' 的值

情况	1	2
值	0.6	0.9

根据表 8.3 中的参数值，结果如图 8.4 所示，图中实线代表情况 1，虚线代表情况 2。

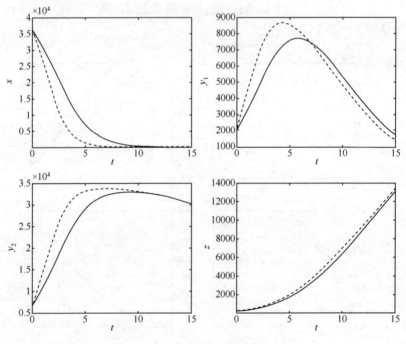

图 8.4　参数 q_0' 对扩散过程的影响

200

由图 8.4 可以看到，随着 q_0' 值的增大，x'，y_1'，y_2'，z' 的扩散过程均显著加快。同时 y_1'，y_2' 的峰值增大，到达峰值的时间提前。

3. 参数 α' 的影响

为了研究参数 α' 对先进制造模式扩散的整体影响，使其他参数不变，改变 α' 的值如表 8.4 所列。

表 8.4 不同 α' 的值

情况	1	2
值	0.228	0.35

根据表 8.4 中的参数值进行仿真，结果如图 8.5 所示，图中实线代表情况 1，虚线代表情况 2。

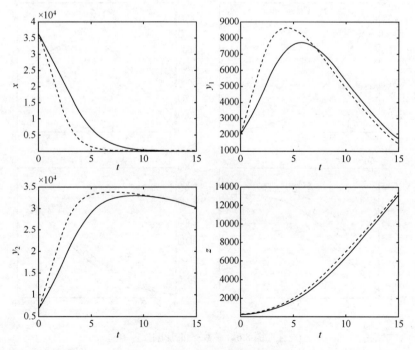

图 8.5 参数 α' 对扩散过程的影响

由图 8.5 可以看到，随着 α' 值的增大，x'，y_1'，y_2'，z' 的扩散

过程均显著加快。同时 y_1'，y_2' 的峰值增大，到达峰值的时间提前。

4. 参数 g_2' 的影响

为了研究参数 g_2' 对先进制造模式扩散的整体影响，使其他参数不变，改变 g_2' 的值如表 8.5 所列。

表 8.5   不同 g_2' 的值

情况	1	2
值	0.02	0.04

根据表 8.5 中的参数值进行仿真，结果如图 8.6 所示，图中实线代表情况 1，虚线代表情况 2。

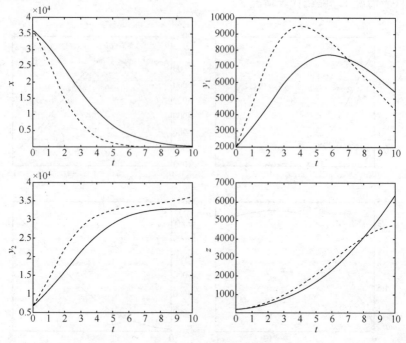

图 8.6   参数 g_2' 的影响

由图 8.6 可以看到，随着 g_2' 值的增大，x'，y_1'，y_2'，z' 的扩散过程均显著加快。同时 y_1'，y_2' 的峰值增大，到达峰值的时间提前。

5. 参数 q_1' 的影响

为了研究参数 q_1' 对先进制造模式扩散的整体影响，使其他参数不变，改变 q_1' 的值如表 8.6 所列。

表 8.6　不同 q_1' 的值

情况	1	2
值	0.3	0.6

根据表 8.6 中的参数值进行仿真，结果如图 8.7 所示，图中实线代表情况 1，虚线代表情况 2。

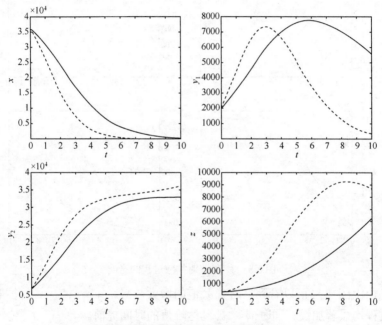

图 8.7　参数 q_1' 对扩散过程的影响

由图 8.7 可以看到，随着 q_1' 值的增大，x'、y_1'、y_2'、z' 的扩散过程均显著加快。同时 y_1'、y_2' 到达峰值的时间提前。

6. 参数 q_2' 的影响

为了研究参数 q_2' 对先进制造模式扩散的整体影响，使其他参数不变，改变 q_2' 的值如表 8.7 所列。

表 8.7 不同 q_2' 的值

情况	1	2
值	0.1	0.2

根据表 8.7 中的参数值进行仿真，结果如图 8.8 所示，图中实线代表情况 1，虚线代表情况 2。

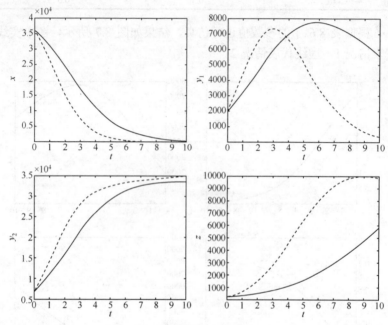

图 8.8 参数 q_2' 对扩散过程的影响

由图 8.8 可以看到，随着 q_2' 值的增大，x'，y_1'，y_2'，z' 的扩散过程均显著加快。同时 y_1'、y_2' 到达峰值的时间提前。

8.4.3 灵敏度分析

根据灵敏度的定义，分别对参数 g_1'，q_0'，α'，g_2'，q_1'，q_2' 进行灵敏度分析。首先使模型中的其他参数保持不变，分别以上述参数中的任意一个参数的-4%~4%的变化量进行仿真，指标选取第 20 年时采纳者 z' 值数量，得到其灵敏度，仿真结果如表 8.8 所列。根据表 8.8

中的数据可以得到各参数的灵敏度变化趋势如图 8.9 所示。

表 8.8 不同参数下灵敏度的值

变化量　　灵敏度	-4%	-3%	-2%	-1%	1%	2%	3%	4%
$S'(g_1', z_{20}')$	1250	1333	1500	1000	1000	1500	1667	1500
$S'(q_0', z_{20}')$	592	583	567	567	550	550	539	533
$S'(\alpha', z_{20}')$	919331	890234	894408	654167	586754	680636	606111	558761
$S'(g_2', z_{20}')$	24875	24667	24250	24000	24000	23750	23333	23250
$S'(q_1', z_{20}')$	6973	6643	6730	6599	6339	6177	5993	5868
$S'(q_2', z_{20}')$	136838	137233	139518	137874	140350	144663	144819	147064

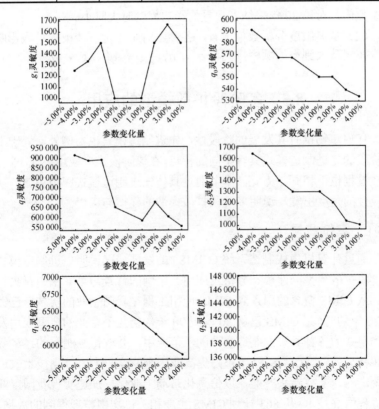

图 8.9 灵敏度分析结果

根据表8.8及图8.9的结果，可以得到如下结论：

（1）参数值的改变对先进制造模式的扩散过程有着显著地影响，不同参数的改变对扩散过程的影响也是不同的；同时，同一个参数对先进制造模式扩散过程的影响程度也会随着参数值的改变而发生变化。从总体上看，参数 q_0'，α'，g_2'，q_1' 对第20年采纳者数量的灵敏度基本上随着参数值的增大而不断减小，说明增大 q_0'，α'，g_2'，q_1' 的参数值，对第20年采纳者数量的影响程度将不断减小；q_2' 对第20年采纳者数量的灵敏度随着参数值的增大而不断增大，说明增大 q_2' 的参数值，对第20年采纳者数量的影响程度将不断增大；而 g_1' 对 y_1' 峰值的灵敏度随着参数值的增大时大时小，没有特定的规律，说明增大 g_1' 的参数值，对第20年采纳者数量的影响程度时大时小。

（2）从灵敏度分析数值上看，各参数对于先进制造模式扩散影响程度按照从大到小的顺序排列为 α'，q_2'，g_2'，q_1'，g_1'，q_0'。

8.5　多阶段扩散模型的应用

任何事物都有其发展的阶段性，先进制造模式也不例外，处于不同阶段的先进制造模式具有不同的特点，在该阶段推广应用表现不同，扩散过程也不相同。为此，本节通过具体先进制造模式应用实施，从阶段性的角度出发，说明多阶段扩散模型的建模与应用。

8.5.1　案例背景

通过计算机集成制造系统（CIMS）的发展情况说明先进制造模式多阶段扩散模型的建模、分析及应用。案例的背景与第6章中背景相同。从 CIMS 概念的引入到 CIMS 应用工程在我国企业的实施，已经有20年的时间。CIMS 已从20世纪90年代初几个企业的典型应用发展到现在的各种类型的制造企业的示范应用，并取得了明显的经济效益和社会效益。CIMS 技术正是提高我国企业竞争力，以高技术改造传统产业，支持新兴产业，以信息化带动工业化，加速实现我国工业化进程的高技术。从863计划 CIMS 主题相关论文中整理得到的数据，如表8.9所列。

表 8.9 采用 CIMS 应用工程企业数目表

时间/年份	1990	1995	1997	2000	2002
企业数目/个	9	16	67	204	515

8.5.2 扩散模型及分析

CIM 的多阶段扩散过程的特点如下：

（1）CIM 是科学的思想，一经采纳是很难遗忘的，而且一种思想是不可能也没有必要被重复接受两次的。所以，CIM 重复采纳的可能性极小。

（2）企业应用 CIM 与否很大程度上不取决广告等外部因素，而是取决于 CIM 的可靠性、企业实施风险大小等因素。

（3）CIM 哲理是一种组织、管理与运行企业生产的新哲理，它集现代管理技术、制造技术、信息技术、自动化技术、系统工程技术于一身，具有良好的性能与可靠性，其竞争力是强大的。

（4）外部环境及中介机构（如政府等）在 CIM 的传播扩散和先进制造模式的实施过程中的作用是十分重要的。

根据 CIM 自身扩散过程的特点，多阶段扩散模型的假设如下：

H1.在一定时期内，采纳及拟采纳 CIM 的企业总数是一定的，即 $x + y_1 + y_2 + z = m$。

H2.CIM 的实施需要投入大量的人力物力，因此考虑企业的实施能力问题。

H3.CIM 的技术是不断发展的，它可以有不同的变型和发展。尽管形式不同，但不同的变型均是其哲理扩散的结果。

H4.CIM 的采用者和潜在采用者对未知者的影响是相同。

H5.政府、高校及中介机构对 CIM 扩散和实施是积极的，影响是一贯的、有力的。

因此，CIM 的扩散过程是一个分阶段的过程。在外部作用（包括政府、中介机构及高校等）的影响下，所有未知企业在潜在采用者和已采用者的影响下向潜在采用者转变，而这两类潜在采用者在已采用者的影响下，在不同的外部干预下向采用者转换，从而推动 CIM 的扩散。

在多阶段建模过程中，由于先进制造模式的实施是一个耗时费力的系统工程，企业能力对实施有着决定性的影响，因此首次对企业能力进行区分，多阶段模型采用逆向推理法，获得外部影响下 CIM 扩散的多阶段微分动力学系统模型：

$$
\begin{cases}
\dfrac{\mathrm{d}x'}{\mathrm{d}t} = -\left(g_1' + q_0'\,\dfrac{m'-x'}{m'}\right)x' \\[2mm]
\dfrac{\mathrm{d}y_1'}{\mathrm{d}t} = \alpha'\left(g_1' + q_0'\,\dfrac{m'-x'}{m'}\right)x' - \left[g_2' + q_1'\,\dfrac{\alpha'(m'-x')-y_1'}{\alpha'(m'-x')}\right]y_1' \\[2mm]
\dfrac{\mathrm{d}y_2'}{\mathrm{d}t} = \beta'\left(g_1' + q_0'\,\dfrac{m'-x'}{m'}\right)x' - q_2'\,\dfrac{(1-\alpha')(m'-x')-y_2'}{(1-\alpha')(m'-x')}y_2' \\[2mm]
\dfrac{\mathrm{d}z'}{\mathrm{d}t} = \left[g_2' + q_1'\,\dfrac{\alpha'(m'-x')-y_1'}{\alpha'(m'-x')}\right]y_1' + q_2'\,\dfrac{(1-\alpha')(m'-x')-y_2'}{(1-\alpha')(m'-x')}y_2'
\end{cases}
\tag{8.3}
$$

式中：g_1' 为政府、中介等外部机构推动 CIM 的影响系数；q_0' 为未知者向其他类型企业转变的扩散系数；α'、β' 为有无实施能力的企业的比例；g_2' 为政府、中介等外部机构对有意愿实施 CIM 但没实施能力的企业所提供的支持；q_1'，q_2' 分别为 CIM 分别由这两类潜在采用者转变为已知者的扩散系数。

采用表 8.9 中前四个数据作为参数估计数据，在已有数据的基础上使用回归分析分别估计出 1990 年—2001 年采用 CIMS 应用工程的企业数目。以 2000 年作为系统的原点，结合相关文献获得系统的初始值及参数值：

（1）根据统计年鉴，2000 年全国国有及规模以上非国有工业企业中机械电子制造业的企业单位总数为 45134 个，因此模型中 $M'=45134$；其中大中型企业共有 6787 个，故 $y_2'=6787$，$y_1'=2005$，$x'=36138$，$z'=204$。

（2）根据机械电子制造业企业中亏损和未亏损企业所占的比例可确定 α 取值为 0.228。

（3）参数 q_0' 根据已有的方法进行估计，扩散系数 q_0' 的值取 0.6。

（4）对参数 q_1' 和 q_2' 进行估计，应用 Minitab 做回归分析，估计出相应参数值分别为 $q_1'=0.3076, q_2'=0.2342, \bar{N}=2053$。系统相关参数值

如表 8.10 所列。

表 8.10　系统式（8.3）中参数值表

参数	M'	x'	y'_1	y'_2	z'	g'_1	q'_0	g'_2	q'_1	q'_2	α'	β'
值	45134	36138	2005	6787	204	0.01	0.60	0.02	0.3076	0.2342	0.228	0.772

　　根据上述的多阶段扩散模型，对前述模型进行仿真，系统相关参数值如表 8.10 所列，采用 MATLAB7.1 软件对多阶段模型进行仿真，以时间为横轴，不同类型企业扩散过程仿真结果如图 8.10 所示。

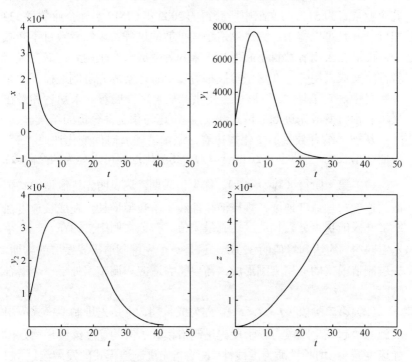

图 8.10　系统式（8.3）的仿真结果

　　根据模型的稳定性分析，$P'_1 = (0, 0, -g'_1 M'/q'_0)$ 和 $P_2 = (0, 0, M)$ 为系统式（8.3）的两个平衡点。P_1 为不稳定点，P_2 为系统的稳节点。通过以上对系统式（8.3）的稳定性的分析，可以得出结论：由于先进制造模式的优越性及外部因素的影响，企业趋于采用先进制造模式，即先进制造模式在企业中将得到充分扩散。

从图 8.10 的数值仿真结果可以看出，未知企业数量 x' 随着时间的推移不断减少，直至最终为零；无实施能力但有意愿实施的企业数量 y'_1，在外部干预下，数目不断减少至零；有能力实施的企业数量 y'_2 与无实施能力的企业数量具有同样的变化规律；而实施企业数目 z' 则随着时间的推移不断增加，增加到 M' 后将一直维持在此水平，说明系统趋于稳定状态，与系统稳定性分析结论一致。

从仿真的数值结果上看，在表 8.10 的参数下，可得到第二年的实施企业数目为 517，与文献中所获得的 2002 年 CIMS 实施企业数目 533 相近。并且可以得出：先进制造模式扩散的过程，未知者数目不断减少，而潜在采用者数目不断增加；未知者变成潜在采用者；潜在采用者都将变成采用者。在这些阶段都可以反映在实施先进制造模式的企业数目中，它呈现 "S" 形动态变化。从未来发展看，未知者和潜在采用者都将变成先进制造模式的采用者，这与稳定性分析的结果一致。

从被采纳者数量的变化规律看，采纳者随着时间变化按照 "S" 型曲线增长的，上界渐进线 $\lim\limits_{t \to \infty} z = M$，其演化过程可以分为四个阶段：

（1）第一阶段（$0 < t < t_1$），称为生成期。这表明先进制造模式扩散的速度与加速度递增，规模演化曲线呈指数型增长。在成长速度曲线上升段的拐点处，加速度达到最大值。在该案例中大约在 $t_1 = 17$ 年左右获得，约达到峰值的 32.6%。这是一个先进制造模式发展的初期，先进制造模式的应用刚刚形成，需要努力适应和调整，处于一个磨合阶段。

（2）第二阶段（$t_1 < t < t^*$），称为成长期，也是先进制造模式应用实施的 "起飞" 阶段。该阶段先进制造模式扩散的速度继续递增，但加速度减少，增长性质为准线性。说明当先进制造模式的发展渡过 "起飞" 前的困难时期后，扩散将演化为一个新阶段，应用前景广阔，需求逐步明朗化。在案例中，大约在 $t^* = 23$ 年时，采纳者达到极限值的 59.7% 时，成长速度达到最大值，该时刻是该先进制造模式发展的 "鼎盛点"。

（3）第三阶段（$t^* < t < t_2$），称为成熟期。该阶段时，先进制造

210

模式扩散的速度与加速度递减，增长性质仍为准线性，但增长的动力明显减弱。在案例中，大约在 $t_2 = 29$ 年时，采纳者达到极限值的 84% 时，加速度的负值达到最大，这一时刻称为"成熟点"。在该点到来之前，先进制造模式扩散较为稳定。

（4）第四阶段（ $t_2 < t < +\infty$ ），称为稳定期。该阶段时，先进制造模式扩散速度递减，加速度为零，即先进制造模式扩散的增长变得越来越慢，越来越接近极限值，直至几乎完全停止。此时，新的更具竞争力的先进制造模式将会再一次替代现有先进制造模式。

以上分析表明，先进制造模式的生命周期的规律性符合事物的发展规律，不断继承和发展，不断推陈出新。另一方面，在先进制造模式扩散的不同阶段，外部因素（如政府、高校及中介机构等）在不同的扩散阶段对扩散过程的影响不同。因此，可以根据先进制造模式扩散模型的仿真分析，获得各个扩散阶段的关键影响因素，采用相应的干预措施促进先进制造模式的扩散。在先进制造模式发展的生成期（多数企业从未知到知晓的阶段），外部影响对其发展具有重要作用，可以通过宣传、建立示范企业、为企业提供资金等手段加快企业对先进制造模式优势的了解；在先进制造模式的成长期（多数企业评价及决策阶段），政府及中介机构可以通过对企业提供资金、技术等促进先进制造模式的扩散；而在先进制造模式发展的成熟期（多数企业处于拟实施阶段），政府及中介机构则可以通过设置技术转移及应用指导中心等促进先进制造模式的发展；在先进制造模式的稳定期，无需过多的外部干预，先进制造模式即可按照其自身规律发展，此时外部干预效果亦不明显。另外，政府也可以从模型中获得先进制造模式扩散的规律，从而制定更有效的产业政策，促进先进制造模式的合理、健康发展。

8.6 本 章 小 结

先进制造模式及其技术的发展为企业在 21 世纪激烈的竞争中提供了强有力的思维方法，有效地提高企业绩效，增强企业的竞争力。本章建立了先进制造模式的多阶段扩散模型，对模型进行了分析和应用。从分析结果可以看出先进制造模式将逐步扩散到所有的企业，所以企业有必要关注先进制造模式的特点，选择最佳时机实施先进制造模式；同时政府在制定政策时，根据先进制造模式的发展规律，制定适时的政策。模型为调控先进制造模式的扩散提供理论支持，也为评估政府对先进制造模式的调控措施提供量化依据，同时也辅助企业决策者在实施先进制造模式的问题上做出合理决策，增强企业的核心竞争力。

参 考 文 献

[1] Bass F M. A new product growth model for consumer durables [J]. Management Science, 1969, 15(5): 215-227.

[2] Steffens P R, Murphy D N P. A mathematical model for new product diffusion: the influence of innovators and imitators[J]. Mathematical and Computer Modeling, 1992, 16(4): 11-26.

[3] 艾兴政, 唐小我. 广告媒介下两种产品竞争与扩散模型研究 [J]. 管理工程学报, 2000, 14(3): 19-22.

[4] 马开平, 严洪森. 重复购买产品的竞争与市场扩散行为分析 [J]. 控制与决策, 2007, 22(2): 143-147.

[5] 徐玖平, 廖志高. 技术创新扩散速度模型 [J]. 管理学报, 2004, 1(3): 330-339.

[6] Xue C G, Cao H W, Gao W. Research on diffusion behavior of the CIM philosophy [J]. Proceedings of the Institution of Mechanical Engineers, Part B: Journal of Engineering Manufacture, 2008, 222(8):1025-1033.

[7] 薛朝改, 曹海旺. 政府影响下某先进制造模式的竞争与扩散模型 [J]. 系统管理学报, 2011, 20(3): 370-375.

[8] 胥卫东, 齐稳. 产业集群中技术创新扩散模式及影响因素分析 [J]. 科技经济市场, 2008 (4): 98-99.

[9] 李伯虎, 戴国忠. CIMS 应用示范工程 10 年回顾与展望 [J]. 计算机集成制造系统, 1998 (3): 3-9.

[10] 任才方, 许剑毅, 刘富江, 等. 2001 年中国工业经济统计年鉴 [M]. 北京:中国统计出版社, 2001.

[11] 张彬, 杨国英, 荣国辉. 产品扩散模型在 Internet 采用者分析中的应用 [J]. 中国管理科学, 2004, 10(2): 51-56.

第9章 扩散模型的参数辨识

根据先进制造模式自身的特点通过建立先进制造模式扩散的单模式、多模式及多阶段的扩散模型，为先进制造模式扩散规律的研究奠定了基础。然而，在模型的应用过程中可以发现，模型参数的取值对于扩散过程有很大的影响，为了使参数的取值更接近实际先进制造模式的扩散过程，本章讨论先进制造模式扩散模型的参数辨识问题。首先，给出参数辨识问题的基本理论，然后，针对先进制造模式的扩散模型，利用优化思想，建立参数辨识的模型，再次，结合先进制造模式的多模式扩散模型建立参数辨识模型，并对参数辨识模型进行求解，得到最优参数。最后，说明扩散模型参数辨识的应用。

9.1 参数辨识概述

在数学建模中，经常会遇到这样一类问题：在确定了问题涉及的关键量和发现制约问题的基本规律或部分规律后，可以得到这些关键量之间关系的数学表达式，但在这些表达式中尚包含若干未知参数。实际问题往往又提供了某些表征关键量变化的信息（如某种试验数据等）。如果能够利用这些信息，连同关键量之间的表达式可以确定未知参数，则实际问题就迎刃而解了。

按照系统建模的概念，建立数学模型就是根据样本数据确定表达对象的数学形式。它包含两个基本环节：一是确定模型类别和结构，如差分方程、微分方程、代数方程、时变模型等；二是通过采样数据或者信息系统的数据确定模型的未知部分，通常称为参数估计。此外，还需要对模型进行校验，建立模型是确定模型结构、参数估计和模型校验三个阶段交替反复的过程。

9.1.1　参数的概念

参数可以作为对数学模型进一步分类的依据，例如非参数和参数模型、集中参数和分布参数模型、线性和非线性模型、定常参数和时变参数模型等，都是针对参数的某一特征而划分的。其中，参数的线性模型是最基本的数学模型，也是信息分析用得最多的模型。

线性模型指模型关于参数为线性，若

$$y = f(\theta, x) \tag{9.1}$$

式中：θ 为模型参数；y，x 为样本值。

如果满足

$$Y = y_1 + y_2 = f(\theta_1, x) + f(\theta_2, x) = f(\theta_1 + \theta_2, x)$$

$$Y = ky = kf(\theta, x) = f(k\theta, x)$$

那么，模型是关于参数 θ 为线性。这种情况下，可以定义通用的关于参数的线性模型

$$y = a_0 + a_1\varphi_1 + a_2\varphi_2 + \cdots + a_n\varphi_n = \boldsymbol{\theta}^{\mathrm{T}}\boldsymbol{\psi}$$

式中：$\boldsymbol{\theta}^{\mathrm{T}} = [a_0, a_1, a_2, \cdots, a_n]$；$\boldsymbol{\psi}^{\mathrm{T}} = [1, \varphi_1, \varphi_2, \cdots, \varphi_n]$

9.1.2　参数估计值及其评价

通常将确定未知参数的过程称为"参数辨识"，而将上述一类问题的数学描述称为参数辨识模型。参数辨识模型应用非常广泛，关键量之间关系的表达式也是多种多样的，既可能是某种代数方程、函数方程，也可能是微分方程或方程组；未知参数在这些关系式中也以不同的方式出现；可以进行参数辨识的信息更是多种多样的。建模可以认为是从众多模型中挑选出比较合适的模型，但是即使模型结构已经选定，模型仍然有许多，这些模型由不同的参数估计值表达出来。一般来讲，参数估计值由四个因素决定：

（1）系统 S。参数首先由研究对象或者系统所决定，不同的系统对应不同的数学模型。信息分析和决策时经常要利用等价的原理，用一个简单的系统代替复杂的系统，研究简单系统的变化规律可以预见复杂系统的未来，从而发现可能的解决方案。

（2）模型结构 M。参数都是针对具体的模型而言，不确定对象的

模型结构，就无法估计参数。因此，参数估计值的第二个决定因素就是所选择的模型结构。

（3）样本 A。用于估计模型参数的一组数据称为样本，或者称为样本空间的一个点。由于样本具有一定的随机性，参数估计值也具有随机性。

（4）参数估计方法 T。系统、模型和样本都确定了，使用不同的参数估计方法仍然会得到不同的参数估计值。例如，一个线性系统，采用最小二乘法估计参数，可以选择不同的加权方法而得到不同的参数估计值。原则上讲，一组参数有无穷组参数估计值。要得到较好的模型，必须选择"合适"的参数估计方法。

综上所述，参数估计值由系统 S、模型结构 M、样本 A 和参数估计方法 T 决定。如果把参数向量记为 θ，参数向量的估计值记为 $\hat{\theta}$，那么

$$\hat{\theta}=\hat{\theta}(S,M,A,T)$$

上式表示参数估计值是 S、M、A、T 的函数。有时称为参数估计的 SMAT 条件，一组参数的 SMAT 条件规定后，它的估计值也就决定了。参数估计值能否被接受，主要取决于 SMAT 条件的选择与配合。

从式 $\hat{\theta}=\hat{\theta}(S,M,A,T)$ 可以看出，参数估计值 $\hat{\theta}$ 是样本 A 的函数，当系统受到噪声污染时，信号应该看成随机变量，由样本构成的序列是一个随机过程，而样本 A 只是这个随机过程的一个样本函数。很显然，当使用不同的样本函数进行参数估计时，即使它们取自同一个随机过程，即使使用相同的参数估计方法，所得到的参数估计值仍然存在这差别。这种差别就是参数随机性的表现，确切地讲，参数估计值也应该是随机变量。

在建模过程中，人们总希望模型尽可能包含系统的特性，尽可能消除随机干扰对系统观测值的影响，因此，提出方法来评价模型参数估计值的好坏，应包含以下几个特性。

（1）无偏性。由于参数估计值 $\hat{\theta}$ 是样本 A 的函数，对于不同的采样值所求出来的参数估计值通常是不同的。因而确定估计值的好坏不能根据一组样本所得到的结果来做结论，而应该根据参数估计的方法

来判断估计值的好坏。好的估计值应该在真实值周围，不同样本用同样方法得到的不同估计值应该分布在以真实值为中心的范围内。

数学期望又称为均值，它是随机变量的一个重要数字特征。设参数空间内的元为 $\hat{\theta}$，$E(\hat{\theta})$ 表示它的均值，如果 $E(\hat{\theta})$ 恰好与参数的真实值 θ_0 重合，就称 $\hat{\theta}$ 为参数 θ 的一个无偏估计。$\hat{\theta}$ 的这种特性就称为无偏性，即 $E(\hat{\theta})=\theta_0$。

（2）有效性。只要选择合适，不同的参数估计方法都可能得到参数的无偏估计，但是用这些方法得到的无偏估计值在真实值周围的离散程度是不一样的。显然，偏离的范围越小越好。如果偏离的范围缩小为一点，那么这个估计值就应该是参数的真实值。对于无偏估计才能考虑其有效性的问题，认为方差小的无偏估计更有效。但是，具有最小方差的估计值并不一定是数学上的有效估计。

有效估计是方差达到下限的估计值。为了研究方差的下限，数学家 Fisher 定义了参数的信息量函数，通常称为 Fisher 信息矩阵函数，即

$$F(\theta) = E\left(\frac{\partial \ln L(\theta)}{\partial \theta}\right)^2$$

著名数学家 C.R. Rao 和 H. Cramer 引入罗-克拉美不等式来说明信息量函数决定了估计值 $\hat{\theta}$ 方差 $D(\hat{\theta})$ 的下界，即如果 $\hat{\theta}$ 为参数 θ 的一个估计值，必有

$$D(\hat{\theta}) \geqslant \frac{1}{nF(\theta)}$$

式中：n 为样本长度；$F(\theta)$ 为 Fisher 信息矩阵。

粗略地讲，对于参数的一个无偏估计，估计值的方差越小，这个估计值取到接近于它的期望值（真实参数）的概率越大，因而有效率也越大。

（3）一致性。一致性指一个估计值是无偏的，且具有较小的方差，当样本长度无限增大时，估计值在某种意义下越来越接近参数的真实值。

（4）充分性。充分性指在参数估计中，样本所包含的信息全部转移到参数估计当中。这个指标确切地进行判断，往往用残差检验的方

法作为辅助判断充分性的方法。如果能确认残差中不再携带系统的有用信息，则说明了参数估计值的充分性。

9.1.3　参数辨识的方法

解决参数辨识问题的数学方法涉及优化、微分方程或差分方程的求解、积分变换等。常用的参数辨识方法如下：

1. 准则函数

准则函数又称损失函数、误差函数或者价值函数等，它是度量模型和系统之间差异程度的一个量。从方法上讲，可以通过使准则函数取极小值来获得参数估计值，但是，建立准则函数的目的并不能使模型和系统完全一致，而是希望模型能排除随机干扰，反映出系统的内在规律。假定系统的准确形式为

$$y = f(X, \theta) + \xi \tag{9.2}$$

式中：y 为系统输出；$X = [x_1, x_2, \cdots, x_p]^T$ 为与 y 有关的因素组成的向量，广义地讲，X 中可以包含 y 的历史数据（如时间序列分析）；θ 为由模型参数组成的向量，在参数估计问题中，它是待求解的量；ξ 为系统的随机干扰。用 $\hat{\theta}$ 表示参数向量 θ 的估计值，由模型计算输出值为

$$\hat{y} = f(X, \hat{\theta}) \tag{9.3}$$

假定模型结构不产生误差，所以式（9.2）和式（9.3）的函数形式完全一样。

观测误差法又称预报误差法，它认为模型和系统的差别为

$$e = y - \hat{y} \tag{9.4}$$

如果误差 e 和随机干扰重合，可以推出

$$f(X, \hat{\theta}) = f(X, \theta) \tag{9.5}$$

这说明了式（9.3）的模型完全表达了系统式（9.2）的确定成分，而随机干扰则完全残留在式（9.4）表达的误差之中，通常称 e 为残差。为了确认残差 e 是否与随机干扰 ξ 一样，对残差进行统计检验是十分重要和必要的。如何通过残差来吸收系统的随机成分是建模的关键。可以适当定义准则函数来解决这个问题。有两种定义准则函数的方法：

一是在式（9.4）的基础上，规定 e 的某个范数作为系统与模型之间的距离，记为

$$J_1 = |e|^2 \tag{9.6}$$

二是利用信息量的方法，利用使用残差中包含随机信号的信息量最大的思想，定义似然函数

$$J_2 = \ln g[e] \tag{9.7}$$

式中：$g[e]$ 为随机变量 e 的概率密度，也就是随机干扰 ξ 的概率密度。

系统辨识把式（9.6）定义的 J_1 和式（9.7）定义的 J_2 都称为求解参数估计值的准则函数。对于式（9.6），希望 J_1 取极小值，它表示系统和模型的差异最小；对于式（9.7），希望 J_2 最大，它表示残差中包含随机干扰的信息量最大。在一些情况下，可以证明准则函数 J_1 和 J_2 的等价性。

2. 最小二乘法

最小二乘法是 1795 年高斯在预测星体运行轨道中最先提出的，它奠定了最小二乘估计理论的基础。到了 20 世纪 60 年代瑞典学者 Austron 把这个方法用于动态系统的辨识中，在这种辨识方法中，首先给出模型类型，在该类型下确定系统模型的最优参数。事实上，可以将所研究的对象按照对其了解的程度分成白箱、灰箱和黑箱。于其内部结构、机制只了解一部分，对于其内部运行规律并不十分清楚，这样的研究对象通常称为"灰箱"；如果对于研究对象的内部结构、内部机制及运行规律均一无所知的话，则把这样的研究对象称为"黑箱"。研究"灰箱"和"黑箱"时，将研究的对象看作是一个系统，通过建立该系统的模型，对模型参数进行辨识来确定该系统的运行规律。对于动态系统辨识的方法有很多，但其中应用最广泛，辨识效果良好的就是最小二乘辨识方法，研究最小二乘法在系统辨识中的应用具有现实的、广泛的意义。

假设系统写成矩阵的形式为

$$Y = \Phi\theta + e$$

$$J(\theta) = \sum_{i=1}^{N} (Y - \Phi\theta)^2 = \sum e^2(n+i) = e^{\mathrm{T}} \cdot e = (Y - \Phi\theta)^{\mathrm{T}}(Y - \Phi\theta)$$

最小二乘法原理即是使 $J(\theta)$ 最小，对其求极值，得

$$\frac{\partial J}{\partial \boldsymbol{\theta}} = \frac{\partial}{\partial \boldsymbol{\theta}}[(\boldsymbol{Y} - \boldsymbol{\Phi}\boldsymbol{\theta})^{\mathrm{T}}(\boldsymbol{Y} - \boldsymbol{\Phi}\boldsymbol{\theta})] = 0$$

由此可得系统的最小二乘法估计值为

$$\boldsymbol{\theta} = (\boldsymbol{\Phi}^{\mathrm{T}}\boldsymbol{\Phi})^{\mathrm{T}}\boldsymbol{\Phi}^{\mathrm{T}}\boldsymbol{Y}$$

应用最小二乘法对系统模型参数进行辨识的方法有离线辨识和在线辨识两种。离线辨识是在采集到系统模型所需全部输入输出数据后，用最小二乘法对数据进行集中处理，从而获得模型参数的估计值；而在线辨识是一种在系统运行过程中进行的递推辨识方法，所应用的数据是实时采集的系统输入输出数据，应用递推算法对参数估计值进行不断修正，以取得更为准确的参数估计值。

最小二乘递推算法有多种不同的变形，常用的有七种情况：基于数据所含的信息内容不同，对数据进行有选择性的加权；在认为新近的数据更有价值的假设下，逐步丢弃过去的数据；只用有限长度的数据；加权方式既考虑平均特性又考虑跟综能力；在不同的时刻，重调协方差阵 $\boldsymbol{P}(k)$；设法防止协方差阵 $\boldsymbol{P}(k)$ 趋于零。下面分别针对选择性加权最小二乘法及遗忘因子法进行说明。

1）选择性加权最小二乘法

把加权最小二乘递推算法改写成

$$\begin{cases} \hat{\boldsymbol{\theta}}(k) = \hat{\boldsymbol{\theta}}(k-1) + \boldsymbol{K}(k)[z(k) - \boldsymbol{h}^{\mathrm{\tau}}(k)\hat{\boldsymbol{\theta}}(k-1)] \\ \boldsymbol{K}(k) = \Lambda(k)\boldsymbol{P}(k-1)\boldsymbol{h}(k)\left[\Lambda(k)\boldsymbol{h}^{\mathrm{\tau}}(k)\boldsymbol{P}(k-1)\boldsymbol{h}(k) + 1\right]^{-1} \\ \boldsymbol{P}(k) = [\boldsymbol{I} - \boldsymbol{K}(k)\boldsymbol{h}^{\mathrm{\tau}}(k)]\boldsymbol{P}(k-1) \end{cases}$$

算法中引进加权因子，其目的是便于考虑观测数据的可信度，选择不同的加权方式对算法的性质会有影响。

2）遗忘因子法

遗忘因子算法通过对数据加遗忘因子的办法来降低老数据的信息量，为补充新数据的信息创造条件。取准则函数为

$$J(\boldsymbol{\theta}) = \sum_{k=1}^{L} \mu^{L-k}\left[z(k) - \boldsymbol{h}^{\mathrm{\tau}}(k)\boldsymbol{\theta}\right]^2$$

式中：μ 称为遗忘因子，取值为 $0 < \mu < 1$。

极小化这个准则函数，可得到参数辨识算法为

$$\hat{\theta}_{FF} = (\boldsymbol{H}_L^{*\tau} \boldsymbol{H}_L^*)^{-1} \boldsymbol{H}_L^{*\tau} \boldsymbol{z}_L^*$$

式中

$$\begin{cases} \boldsymbol{z}_L^* = [\beta^{L-1}z(1), \beta^{L-2}z(2), \cdots, z(L)]^\tau \\ \boldsymbol{H}_L^* = \begin{bmatrix} \beta^{L-1}\boldsymbol{h}^\tau(1) \\ \beta^{L-2}\boldsymbol{h}^\tau(2) \\ \vdots \\ \boldsymbol{h}^\tau(L) \end{bmatrix} \\ \beta^2 = \mu \end{cases}$$

这种参数辨识方法称作遗忘因子法，记作 FF（Forgetting Factor algorithm）。如果遗忘因子 $\mu = 1$，算法退化成普通最小二乘法。

3）遗忘因子法和加权最小二乘算法的主要差别

（1）加权方式不同。加权最小二乘法各时刻权重是不相关的，也不随时间变化；遗忘因子法各时刻权重是有关联的，满足 $\Lambda(k) = \dfrac{1}{\mu}\Lambda(k-1)$ 关系，各时刻权重的大小随时间变化，当前时刻的权重总为 1。

（2）加权的效果不一样。加权最小二乘法获得的是系统的平均特性；遗忘因子法能实时跟踪系统明显的变化，具有跟踪能力。

（3）算法的协方差矩阵 $\boldsymbol{P}(k)$ 的内容不一样，两者的关系为 $\boldsymbol{P}_{FF}(k) = \Lambda(k)\boldsymbol{P}_{WLS}(k)$。

3. 最小方差估计

由准则函数定义的最小二乘法估计，当噪声是非白噪声时，得到的不是有效估计。此外，由于对数据的重视程度不一样，可以定义的准则函数增加一种称为"权"的量，以区别具有不同精度的数据。数据精度高则赋予较大的权，以表示对其重视，它对计算结果的作用就大。于是，有

$$J_W = (\boldsymbol{Y} - \boldsymbol{\Phi}\boldsymbol{A})^{\mathrm{T}} \boldsymbol{W} (\boldsymbol{Y} - \boldsymbol{\Phi}\boldsymbol{A}) \tag{9.8}$$

其中

$$W = \begin{pmatrix} w_1 & & \\ & \ddots & \\ & & w_N \end{pmatrix}$$

称为权矩阵。根据求解的方法，解出

$$\hat{A}_W = (\boldsymbol{\Phi}^{\mathrm{T}} \boldsymbol{W} \boldsymbol{\Phi})^{-1} \boldsymbol{\Phi}^{\mathrm{T}} \boldsymbol{W} \boldsymbol{Y} \qquad (9.9)$$

通常称 $\hat{A}_W$ 为加权最小二乘法估计值。由于对权矩阵的选择有相当的任意性，所以在加权的概念下，最小二乘法有无数个估计值，这些估计值都是无偏估计，但是其中只有一组是最小方差估计，那就是以随机干扰的协方差矩阵的逆矩阵作为加权矩阵所得到的加权最小二乘法估计。

4. 非线性规划方法

用理论数据与实测数据误差平方和最小的原则，可辨识 k_i 和 P_i $(i = 1, 2)$，即求非线性函数 $E(k_1, k_2, P_1, P_2) = \sum_{j=1}^{n} [N_j - N(t_j)]^2$ 的最小值点，可采用高斯牛顿法或其他方法实现。

9.2　扩散模型的参数辨识模型

参数辨识模型与其他数学模型及建模方法密切相关。例如，当人们对问题的机理所知甚少时，参数辨识模型蜕变为回归模型或统计模型，当制约问题的规律用微分方程描述时，参数辨识模型又与微分方程模型有十分密切的关系。若需要辨识的参数是某些微分方程的系数时，这类辨识模型又可称为微分方程的反问题。

9.2.1　参数辨识模型

为了使先进制造模式扩散的模型更符合实际制造模式推广应用的过程，模型参数的选取就至关重要，因此，研究了先进制造模式扩散模型参数辨识方法，模型参数辨识的最终目的是确定模型中的未知参数，从而使模型更加接近于真实系统。为了得到模型中更优的参数，可以基于非线性优化理论，通过优化算法来得到。优化的目标选取先进制造模式采纳数量的预测结果和实际数量差值的平方和。提出先进制造模式参数辨识模型，具体内容如下：

（1）目标函数：

$$\min \sum_{i=1}^{m} \sum_{j=1}^{n} (y_{ij} - y_{ij}^*)^2$$

式中：i 表示第 i 年，$i = 1, 2, \cdots, m$；j 表示第 j 种先进制造模式，$j = 1, 2, \cdots, n$；y_{ij} 表示第 i 年实施第 j 种先进制造模式的预测企业数；y_{ij}^* 表示第 i 年实施第 j 种先进制造模式的实际企业数。

（2）约束条件：

$$
\begin{cases}
\dfrac{\mathrm{d}x_1}{\mathrm{d}t} = -\beta x_1 - \sum_{k=1}^{n} \left(p_k + q_{1k} \dfrac{am - x_1}{am} \right) x_1 \\[2mm]
\dfrac{\mathrm{d}x_2}{\mathrm{d}t} = \beta x_1 - \sum_{k=1}^{n} \left(p_k + g q_{2k} \dfrac{bm - x_2}{bm} \right) x_2 \\[2mm]
\dfrac{\mathrm{d}y_1}{\mathrm{d}t} = \left(p_1 + q_{11} \dfrac{am - x_1}{am} \right) x_1 + \left(p_1 + g q_{21} \dfrac{bm - x_2}{bm} \right) x_2 - \sum_{j=2}^{n} \theta_{1j} y_1 \\[2mm]
\quad \vdots \\[1mm]
\dfrac{\mathrm{d}y_k}{\mathrm{d}t} = \left(p_k + q_{1k} \dfrac{am - x_1}{am} \right) x_1 + \left(p_k + g q_{2k} \dfrac{bm - x_2}{bm} \right) x_2 + \sum_{i=1}^{k-1} \theta_{ik} y_i - \sum_{j=k+1}^{n} \theta_{kj} y_k \\[2mm]
\quad \vdots \\[1mm]
\dfrac{\mathrm{d}y_n}{\mathrm{d}t} = \left(p_n + q_{1n} \dfrac{am - x_1}{am} \right) x_1 + \left(p_n + g q_{2n} \dfrac{bm - x_2}{bm} \right) x_2 + \sum_{i=1}^{n-1} \theta_{in} y_i \\[2mm]
y_{i3} = m - x_{i1} - x_{i2} - y_{i1} - y_{i2} \\[2mm]
\eta_0 \leqslant g, p_1, p_2, p_3, \theta_{12}, \theta_{13}, \theta_{23}, q_{11}, q_{12}, q_{13}, q_{21}, q_{22}, q_{23} \leqslant \eta_1
\end{cases}
$$

约束条件包含如下信息：扩散模型以及参数的取值范围。不同的扩散模型，得到的参数辨识模型的约束条件不同。根据前面章节中关于先进制造模式扩散模型的研究，可以看出约束条件中包含了微分方程，参数辨识模型是非线性优化模型。

9.2.2　模型的求解

从参数辨识模型来看，先进制造模式参数辨识是一个优化问题。优化问题一般包括如下内容：

（1）优化目标。研究优化问题时，首先应该确定的是系统优化的目标，这些目标通常情况下，需要借助一定的方法对其进行量化，从而可以获得优化的目标函数，才能应用运筹学或者优化技术建立优化模型。

（2）优化模型。在一定的优化目标的基础上，选择优化涉及的变量和约束，建立相应的优化模型，通过模型的求解获得较优的参数。

（3）优化算法。优化算法是求解优化模型的重要工具。简单的优化模型可以通过常用的规划算法求解，对于非线性的甚至是 NP 难问题，模型的优化不能用常规的线性规划方法或牛顿法、梯度法等非线性规划方法解决，但是可以采用隐枚举方法解决。

在系统性能优化方面，运筹学及各种优化算法在制造系统、软件系统等多个领域的具体优化问题中取得了令人瞩目的成果，为先进制造模式扩散模型参数的辨识问题提供参考，常用的优化方法列举如下：

1. 遗传算法

20 世纪 50 年代末和 60 年代初，美国 Michigan 大学的霍兰教授和他的学生在研究自适应系统时，提出了一种全局搜索算法——遗传算法（Genetic Algorithm，GA）。该算法可以简要描述为：每个个体可以看作是搜索空间中的一个点，代表了一个候选解，不断地用一个新的染色体群替换原来种群中适应度较低的染色体，具体步骤如下：

步骤 1　编码。将问题的解描述成一种形式（通常用串表示），表达问题的串相当于生物遗传中的染色体，组成串的字符相当于基因，不同的优化问题可以采用不同的编码来表示不同的解。

步骤 2　生成初始群体。在遗传算法中，通常采用随机的方法产生初始群体，群体中个体的数目是种群规模，通常种群规模是固定的。

步骤 3　计算适应度。在遗传算法中衡量进化过程中个体优劣的主要依据是适应度，主要根据目标函数（通常由实际问题建立的函数）计算适应度。

步骤 4　选择操作。通常也称为复制，选择优良的个体直接进入下一代的过程，选择的依据是适应度值，通常采用的方式是轮盘赌选择法。

步骤 5　交叉操作。由于仅仅通过选择产生的新个体并不能创造个体。为了创造新的个体，在遗传算法中按照生物学杂交的办法，对染色体的部分基因位进行交叉换位，从而获得新的染色体，被交换的母体都选自经过复制的新一代群体。

步骤 6　变异操作。该操作指染色体中某个或几个基因变成等位基因，从而使染色体得到更新。

步骤 7　判断终止条件。当种群中最优个体达到终止条件（例如最大迭代次数）时，终止循环，输出最优染色体（个体），否则转步骤 3。

在遗传算法的实现过程中，编码与所要解决的问题密切相关。一般情况下，染色体串至少要能够描述符合约束条件的全部解空间；另外，多样性的初始解有利于提高算法的效率与质量。

2. 蚁群算法

蚁群算法（Ant Algorithm，AA）是由意大利学者 M.Dorigo 于 1992 年提出的一种新的人工生命算法。该算法的思想是通过蚂蚁群体之间的信息传递从而达到寻优的目的。由于仿真中使用了人工蚂蚁的概念，因此也称为蚂蚁系统（Ant System，AS）。蚁群算法是以具有简单智能行为的蚂蚁在宏观层次上涌现出的整体智能行为为特征的优化算法，是典型的群体智能算法。蚁群算法的主要步骤如下：

步骤 1　将 m 个蚂蚁置于 n 个顶点上，且初始化各个参数。设置迭代次数 $n_c \leftarrow 0$。

步骤 2　将各个蚂蚁初始出发点设置于当前解集中；对每个蚂蚁 $k(k=1,2,\cdots,m)$ 按照概率 P^{kij} 转移至下一顶点 j，并将顶点 j 置于当前解集。

步骤 3　计算各个蚂蚁的目标函数值 $Z_k(k=1,2,\cdots,m)$，并记录当前最优解。

步骤 4　按照更新方程修改轨迹强度。

步骤 5　对路径 (i,j)，置 $\Delta\tau_{ij} \leftarrow 0; n_c \leftarrow n_c+1$，其中 $\Delta\tau_{ij}$ 为单位轨迹信息素数量。

步骤 6　若 n_c 小于设置的最大迭代次数且无退化行为（即找到的都是相同解），则转步骤 2，否则输出目前最优解。

蚁群算法的特点如下：

（1）蚁群算法是一种正反馈机制或称增强型学习系统，它通过"最优路径上蚂蚁数量的增加→信息素强度的增加→后来蚂蚁选择概率增大→最优路径上蚂蚁数量更大"达到最终收敛于最优路径的目的。

（2）蚁群算法是一种通用型随机优化算法，它吸收了蚂蚁的行为特性（内在搜索机制），使用人工蚂蚁的仿真来求解问题。但是人工蚂蚁决不是对实际蚂蚁的一种简单模拟，它融进了人工智能，例如具有一定的记忆力、时空是离散的。

（3）蚁群算法是一种分布式、全局优化算法，不仅适合目前的串行计算机，而且适合于未来的并行计算机；不仅可用于求解单目标优化问题，而且用于求解多目标优化问题。

（4）蚁群算法是一种动态优化的启发式算法，可以根据环境变化，自动地调整其行为，适用于动态系统的优化。

3. 粒子群优化算法

粒子群优化算法（Particle Swarm Optimization，PSO）是由 Kennedy 和 Eberhart 于1995年提出的，其基本理念源于对鸟群捕食行为的研究。在 PSO 中，将问题的一个解被抽象为搜索食物的"鸟"，在解空间搜索最优解的问题就转化为鸟类搜索食物。解空间中的解被称为"粒子"，所有的粒子都有一个函数衡量其到最优解的距离，即适应度。每个粒子除了"位置"信息外，还有速度信息，表示飞翔的信息和距离，而粒子位置的调整取决于最优粒子以及粒子所找到的最优位置。

PSO 随机地初始化一群粒子，然后通过迭代找到最优解，在每一次迭代中，粒子通过跟踪两个"极值"来更新自己，第一个就是粒子本身的最优解，称为个体极值；另一个极值是整个种群的最优解，称为全局极值。另外，可以只用其中一部分作为粒子的邻居，那么在所有邻居中的极值就是局部极值。由于粒子群优化算法对解的更新更具目的性，因此 PSO 算法具有较高的收敛速度，但是 PSO 算法容易陷入局部最优、全局搜索能力不足、搜索精度不高。近年来，学者做了各种各样的改进，如自适应 PSO 算法、杂交 PSO 算法、协同 PSO 算法等。

相对于遗传算法，PSO 算法具有以下特征：

（1）PSO 算法通过一个向量描述问题的解，不仅能解决连续空间的优化问题，还可以解决离散空间的优化问题。

（2）PSO 算法实现简单，依赖于经验值的参数少。

（3）PSO 算法解的更新具有一定的目的性，取代了盲目的交叉与变异，具有优良的局部搜索能力，收敛速度快。

4. 遗传规划

遗传规划（Genetic Programming，GP）是由 Koza 在 1989 年提出的，是在遗传算法的基础上发展的新型搜索算法。其基本思想是利用层次化的计算机程序来表达和解决问题，而解决问题的方法借助遗传算法的思想获得。该算法的优势是在没有完整的结构信息的情况下，建立层次模型，从而克服遗传算法在描述层次化问题时的缺陷，在系统预测、函数建模、系统建模等研究中提供了一种新思想和新方法。遗传规划主要包含以下内容：

（1）解的描述。在遗传规划中，个体采用层次型计算机程序表达，由函数集 F 和终止符集 T 组成。在函数表达中，函数集 F 内的函数是二元或者一元数学函数；终止符集 T 通常由常量和变量组成，而要表达的解则由 F，T 通过表达式树组合而成。

（2）初始群体的生成。采用完全法、生长法和混合法三种以及其他的改进方法，其基本原则在于增加个体的多样性，从而提高解的整体状况。

（3）计算适应度。遗传规划中的适应度一般表示为计算值与期望值之间的方差。

（4）遗传操作。遗传规划的遗传操作和遗传算法的遗传操作大同小异，最大的区别在于 GP 的遗传操作是在树上进行的，通常通过两种方式控制：一种是计算最优个体的方差值，当方差小于某一设定值时终止进化；另一种是设定进化的最大代数。

综上可知，遗传规划在解的表示上采用了层次型问题的描述结构，在遗传算子的操作上，更针对具体解的描述。因此，在一定的意义上，遗传规划较之遗传算法，并无本质区别。

这些优化方法在应用中取得了令人瞩目的成果，也为优化研究提供了参考。目前发展的基于免疫原理的遗传算法是国内外研究的热点，虽然与基本遗传算法相比，免疫遗传算法的记忆功能可以加快搜索速度，但是在实际问题（如先进制造模式扩散参数的优化）的应用中总希望加快收敛速度，在最少的时间内搜索到优化解，进而节省成本。目前，已经提出了许多方法来改进免疫遗传算法，例如通过抗体亲和度及浓度的大小对不同个体促进和抑制，将相似性矢量距作为选择概率的免疫遗传算法。此外，目前出现不同算法相结合的混合算法，例如小生境遗传算法和蚂蚁算法、小生境遗传算法和微粒群算法的融合等，并且它们也都在不同领域，例如作业调度、机器人等领域得到应用。

先进制造模式扩散模型的参数辨识模型是一个非线性优化问题，由于模型中的约束条件非常复杂，采用一般的非线性优化方法求解，模型的收敛性差，因此，采用隐枚举算法求解，而由于基本遗传算法在解决特定问题时计算性能很差，所以，采用改进的混合遗传算法对模型参数进行辨识。

采用实数编码的方法将决策变量表示为算法中的遗传基因，染色体（由不同的参数值构成），如图 9.1 中所示，染色体 Au 中基因位分别对应于各个参数变量的取值。

图 9.1　染色体的表示

遗传运算中选择运算采用赌轮选择法对父代染色体进行选择，染色体被选中的概率 p_{opi} 与其关联度 ε_{opi} 成正比，即

$$p_{\text{opi}} = \frac{\varepsilon_{\text{opi}}}{\sum\limits_{\text{opi}=1}^{\text{popsize}} \varepsilon_{\text{opi}}} \quad \text{opi} = 1, 2, \cdots, \text{popsize}$$

累积概率计算公式为 $q(\text{kk}) = \sum\limits_{i=1}^{\text{kk}} p_{\text{opi}}$，将计算得到的累积概率与[0,1]区间内均匀分布的随机数 r 进行比较，如果 $r \leqslant q(1)$ 则选第一个染色体，否则选第 kk 个染色体($2 \leqslant \text{kk} \leqslant \text{pop\_size}$)，使得 $q(\text{kk}-1) < r \leqslant q(\text{kk})$ 成立。

遗传运算中的交叉操作采用两点交叉，如图9.2所示。

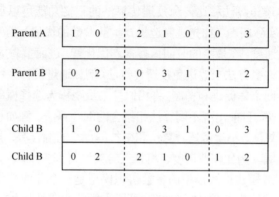

图 9.2 交叉操作

遗传运算中变异操作采用两点变异，如图 9.3 所示。随机选择染色体和变异位置，用随机产生的基因位代替原来该位上的基因。

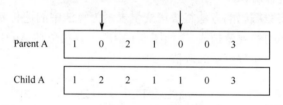

图 9.3 染色体 Au 变异操作

算法 9.1 基于改进混合遗传算法的先进制造模式扩散参数辨识算法。

步骤 1 初始化遗传运算参数：最大迭代次数为 g_num、种群规模为 popsize、交叉概率为 p_c、变异概率为 p_m，并读取模型参数数据。置初始迭代次数 g_ctr ← 0。

步骤 2 按照下面步骤生成初始的染色体（个体），并构成初始种群 pop_0（由 popsize 条染色体组成）。

（1）染色体 Au 中的基因，基因位随机产生，采用实数编码如图 9.1 所示。

（2）为了改善解的质量，采用启发式的方法确定初始种群包含的染色体，即初始种群中至少含有一个可行的染色体，这样可以加快可行解的收敛速度。

步骤 3　将父代种群 pop_0 映射到解空间，计算各条染色体对应的适应度值，即目标函数值。

步骤 4　采用比例选择的方法进行个体的筛选和复制。根据染色体被选中的概率 p_{opi} 与其关联度 ε_{opi} 成正比的原则，从 pop_0 中选择 popsize 条染色体复制到子代种群 pop_1 中。

步骤 5　按照交叉概率 p_c 在 pop_1 中随机选择两个染色体和交叉的位置进行交叉，产生两个新的个体以替代 pop_1 中原来的两条染色体。对染色体 Au 中的基因采用两点交叉算子，以产生新的基因段。

步骤 6　按照变异概率 p_m 在 pop_1 中随机选择染色体和变异位置进行两点变异。对染色体 Au，随机选取染色体的两个位置，将该位置上的基因变异成随机产生的与原来不同的基因，产生新的个体替代 pop_1 中原来的染色体。

步骤 7　检查 pop_0 与 pop_1 的最优染色体的优劣，如果 pop_0 的最优染色体更优则以 pop_0 中的最优染色体替换从 pop_1 中随机选择的一条染色体。

步骤 8　如果 $g\_ctr \geqslant g\_num$，则转步骤 9；否则 $g\_ctr \leftarrow g\_ctr+1$，$pop_0 \leftarrow pop_1$，转 Step4。

步骤 9　根据改进遗传算法得到的 pop_1 中的最优染色体，即得到最优的先进制造模式扩散模型的参数，从而可以获得更合适的先进制造模式扩散模型。

经过算法 9.1 的优化后，即可获得较优的扩散模型的参数，从而实现系统的预测及调控。同时，该方法可以应用于各类扩散模型的参数辨识中。

9.3　参数辨识的应用

为了使先进制造模式扩散的模型更符合实际制造模式推广应用的过程，模型参数的选取就至关重要，为此，研究了先进制造模式扩散模型参数辨识方法，以多模式扩散模型为例，说明基于遗传算法的先进制造模式扩散模型的参数辨识方法及应用。

9.3.1 案例背景

先进制造模式的实施情况可以通过实施该模式的企业数目来衡量。案例的背景与 7.5.1 节中背景相同，通过全国 A 级物流制造企业的数目来衡量供应链管理的实施情况；通过获得中国环境标志认证的制造企业数目来衡量绿色制造的实施情况；通过获得 ISO9001 质量认证的制造企业数目来衡量全面质量管理的实施情况。根据中国物流与采购联合会、环境保护部科技标准司、中环联合认证中心三个官方网站公布的信息，整理得到数据如表 7.9 所列，利用该数据可以获得多模式扩散模型中的部分相关参数。

根据 2006 年中国工业经济统计年鉴，可以获得系统的初始值，以及系统中的部分参数值。具体方法是：将 2005 年作为 $t=1$ 时刻，根据统计年鉴，2005 年全国规模以上大中型企业总数为 29774 个，其中大型企业单位共有 2503 个，占 8.4%，其中亏损企业有 29 个，占 11.87%；中型企业单位有 27271 个，占 91.6%，故 $m=29774$，$a=0.08$，$b=0.92$，$\beta=0.12$。

9.3.2 参数辨识模型及求解

遗传算法是一种并行算法，由于它是基于模式处理的方法，因此能够对数据空间进行全局搜索，以较大的概率收敛到全局较优点。利用遗传算法在系统辨识中可以较快地得到较好的参数估计值，因此，竞争扩散模型中的其他参数可以结合表 7.9 中的数据并使用遗传算法来获得。利用遗传算法获得扩散模型优化参数的具体方法如下：

（1）建立目标函数：

$$\min \sum_{i=1}^{6} \sum_{j=1}^{3} (y_{ij} - y_{ij}^{*})^2$$

式中：i 为第 i 年；j 为第 j 种先进制造模式；y_{ij} 为第 i 年实施第 j 种先进制造模式的预测企业数；y_{ij}^{*} 为第 i 年实施第 j 种先进制造模式的实际企业数。

230

（2）建立约束条件：

$$\begin{cases} \dfrac{dx_{i1}}{di} = -\beta x_{i1} - \left(p_1 + q_{11}\dfrac{am-x_{i1}}{am}\right)x_{i1} - \left(p_2 + q_{12}\dfrac{am-x_{i1}}{am}\right)x_{i1} - \left(p_3 + q_{13}\dfrac{am-x_{i1}}{am}\right)x_{i1} \\[3mm] \dfrac{dx_{i2}}{di} = \beta x_{i1} - \left(p_1 + gq_{21}\dfrac{bm-x_{i1}}{bm}\right)x_{i2} - \left(p_2 + gq_{22}\dfrac{bm-x_{i2}}{bm}\right)x_{i2} - \left(p_3 + gq_{23}\dfrac{bm-x_{i2}}{bm}\right)x_{i2} \\[3mm] \dfrac{dy_{i1}}{di} = \left(p_1 + q_{11}\dfrac{am-x_{i1}}{am}\right)x_{i1} + \left(p_1 + gq_{21}\dfrac{bm-x_{i2}}{bm}\right)x_{i2} - \theta_{12}y_{i1} - \theta_{13}y_{i1} \\[3mm] \dfrac{dy_{i2}}{di} = \left(p_2 + q_{12}\dfrac{am-x_{i1}}{am}\right)x_{i1} + \left(p_2 + gq_{22}\dfrac{bm-x_{i2}}{bm}\right)x_{i2} + \theta_{12}y_{i1} - \theta_{23}y_{i2} \\[3mm] y_{i3} = m - x_{i1} - x_{i2} - y_{i1} - y_{i2} \\[2mm] m=29774, a=0.08, b=0.92, \beta=0.12 \\[2mm] 1 \leq g \leq 1.01 \\[2mm] 0.2 \leq q_{11}, q_{12}, q_{13}, q_{21}, q_{22}, q_{23} \leq 0.7 \\[2mm] 0.0001 \leq p_1, p_2, p_3 \leq 0.01 \\[2mm] 0 \leq \theta_{12}, \theta_{13}, \theta_{23} \leq 0.1 \end{cases}$$

式中：x_{i1}为第i年有能力但未实施先进制造模式的企业数；x_{i2}为第i年无能力实施先进制造模式的企业数；y_{i1}为第i年实施第一种先进制造模式的企业数；y_{i2}为第i年实施第二种先进制造模式的企业数；y_{i3}为第i年实施第三种先进制造模式的企业数。

$x_{i1}, x_{i2}, y_{i1}, y_{i2}, y_{i3}$的初始值分别为 1117，27271，58，328，1000，且

$$y_{ij}^* = \begin{bmatrix} 58 & 328 & 1000 \\ 132 & 335 & 1238 \\ 230 & 704 & 1771 \\ 370 & 1180 & 2139 \\ 743 & 1340 & 2405 \\ 1061 & 1742 & 2617 \end{bmatrix} 。$$

（3）根据上述所建立的目标函数和约束条件，使用 MATLAB7.1 进行编程，调用基于改进遗传算法的扩散模型参数辨识算法，求出参数 g，p，q，θ 的最优值。整理模型中的相关参数如表 9.1 所列。

表 9.1　系统中的各参数值

参数	m	a	b	γ	g
值	29774	0.08	0.92	0.12	1.0032
参数	p_1, p_2, p_3	q_{11}	q_{12}	q_{13}	q_{21}
值	0.0001	0.2	0.4688	0.6715	0.2700
参数	q_{22}	q_{23}	θ_{12}	θ_{13}	θ_{23}
值	0.3200	0.2444	0.0756	0.0556	0.0588
参数	x_1	x_2	y_1	y_2	y_3
值	1117	27271	58	328	1000

利用表 9.1 中的相关参数值，可以得到三种模式在不同年份的实施情况预测值，对预测结果进行整理如表 9.2 所列。

表 9.2　遗传算法得到的预测值与实际值的比较

时间 模式	2005	2006	2007	2008	2009	2010
A（实际值）	58	132	230	370	743	1061
预测值	58	175	246	350	578	1066
误差	0	32.58%	6.96%	5.41%	22.21%	0.47%
B（实际值）	328	335	704	1180	1340	1742
预测值	328	578	717	872	1210	1864
误差	0	72.54%	1.85%	26.10%	9.70%	7.00%
C（实际值）	1000	1238	1771	2139	2405	2617
预测值	1000	1390	1625	1841	2192	2861
误差	0	12.28%	8.24%	13.93%	8.86%	9.32%

从表 9.2 可以看出利用遗传算法得到的参数进行预测，预测值与实际值之间有一定的误差，但其中有 67% 的误差都控制在 10% 之内，有 78% 的误差都控制在 15% 之内，可见结果比较合理。为了进一步说明预测结果的有效性，运用 minitab 统计软件对表 9.3 中的实际值和预测值进行配对 T 检验，结果如表 9.3 所列。

根据表 9.3 中的检验结果可以看到，实际值和预测值之间的均值差的置信区间包括零，这表明实际值与预测值之间存在的差异较小。较大的 P 值（$P = 0.572$）进一步表明，实际值与预测值较为接近。因此通过遗传算法求得的相关参数值是比较合理的。

表 9.3　实际值与预测值的配对 T 检验

	样本量	平均值	标准差	平均值标准误差
实际值	18	1077	797	188
预测值	18	1053	780	184
差分	18	24.6	161.4	38.0
平均差的 95%置信区间	(−55.7, 104.8)			
P 值	0.527			

实施先进制造模式可以帮助企业适应各种各样的目标市场，增强企业的核心竞争力，因此，企业在实施先进制造模式时有必要理解先进制造模式的扩散规律和扩散过程。根据先进制造模式的扩散模型，结合案例提出了基于遗传算法的扩散模型的参数辨识方法，得到了模型中参数的最优值。通过模型的参数辨识得到模型中参数的最优值，使模型更加符合现实系统，从而使对先进制造模式未来发展应用情况的预测更加准确。同时，通过参数分析得到的相关结论，能够更好地帮助企业和政府理解先进制造模式的扩散过程，为企业决策和政府制定产业政策提供决策依据，政府可以通过制定相应的政策来改变模型中的相关参数值，进而影响先进制造模式的扩散过程。

9.4　本　章　小　结

本章研究了先进制造模式扩散模型的参数辨识问题。首先，讨论了系统建模中的参数辨识问题，给出了参数辨识的基本理论及方法。然后，提出了先进制造模式扩散模型的参数辨识模型。再次，提出了基于遗传算法的竞争扩散模型的参数辨识方法，并给出了模型的求解方法。最后，通过先进制造模式的多模式扩散模型参数辨识问题，说明了参数辨识模型的应用。该研究揭示了先进制造模式的扩散规律，为准确预测先进制造模式未来的实施情况奠定了基础，为政府制定调控政策提供了理论依据。

参 考 文 献

[1] 夏安邦. 系统建模理论与方法[M]. 北京：机械工业出版社, 2008.

[2] 薛朝改. 企业信息系统的形式化及其应用[M]. 北京：机械工业出版社, 2012.

[3] 刘静纨. 最小二乘法在系统辨识中的应用[J]. 北京建筑工程学院学报, 2004, 20(3):19-22.

[4] 王浩宇, 张云生, 张果. 系统辨识及自适应控制系统算法仿真实现[J], 控制工程, 2008, 15(S):77-80.

[5] 徐洪泽, 李绍斌. 基于遗传算法的系统辨识方法可靠性分析[J], 模式识别与人工智能, 2000, 13(4):447-480.

[6] 黄文梅, 等. 系统分析与仿真[M].长沙:国防科技大学出版社, 1999.

[7] Ivan Markovsky, Jan C Willems, et al. Application of structured total least squares, 43rd IEEE Conference on Decision and Control, December 14-17, 2004.

[8] 李言俊, 张科. 系统辨识理论及应用[M].北京:国防工业出版社, 2009.

[9] Yannis M, Magdalene M. A hybrid multi-swarm particle swarm optimization algorithm for the probabilistic traveling salesman problem[J]. Computers & Operations Research, 2010, 37(3):432-442.

[10] 黄跃龙. 基于 Petri 网和混合遗传算法的双资源车间调度[D]. 哈尔滨: 哈尔滨工业大学, 2010.

[11] 周维生. 基于混合遗传算法的作业车间调度问题的研究[D]. 哈尔滨: 哈尔滨工业大学, 2008.

[12] 段玉波, 任伟建, 霍凤财, 等. 一种新的免疫遗传算法及其应用[J]. 控制与决策, 2005, 20(10):1185-1187.

[13] 乔少杰, 唐常杰, 代术成, 等. SIGA:一种新的自适应免疫遗传算法[J]. 中山大学学报, 2008, 47(3):6-7.

[14] 郑建刚, 王行愚. 基于信息熵的 DNA 免疫遗传算法[J]. 计算机仿真, 2006, 23(6): 163-165.

[15] 刘国联, 谭国政, 等. 一种改进的免疫遗传算法的性能分析[J]. 科学技术与工程, 2008, 8(14): 3773-3774.

[16] 席红蕾.基于梯度优化的自适应小生境遗传算法[J]. 计算机工程, 2008, 34(11):186-187.

[17] 周书敬, 李慧敏, 高天宝.蚂蚁算法和小生境遗传算法的融合[J]. 数学的实践与认识, 2008, 38(9):77-81.

[18] 滕居特, 顾幸生.小生境微粒群优化算法[J].华东理工大学学报（自然科学版）, 2007, 33(1):33-136.

[19] Xue C G, Cao H W,Gao W. Research on diffusion behavior of the CIM philosophy [J]. Proceedings of the Institution of Mechanical Engineers, Part B:Journal of Engineering Manufacture, 2008, 222(8):1025-1033.

[20] 薛朝改, 曹海旺. 政府影响下某先进制造模式的竞争与扩散模型[J]. 系统管理学报, 2011, 20(3): 370-375.

[21] 刘俊娟, 薛朝改, 曹海旺. 先进制造模式竞争扩散模型的参数分析及辨识[J]. 工业工程与管理, 2012,17 (5): 46-51.

[22] 孙磊, 陈绍炜, 吴金鹿.基于改进遗传算法的系统参数辨识[J]. 科学技术与工程, 2011,11(33): 8199-8202.

[23] 黄玉水, 丁雄勇.运用于交流电机矢量控制的遗传算法参数辨识[J]. 电测与仪表, 2010,47(4): 17-20.

[24] 刘超, 江成顺, 沈永明.一类反应扩散模型的未知参数辨识[J]. 信息工程大学学报, 2004,5(2): 13-15.

[25] 林岩, 汪建. 先进制造模式的概念、特征及分类集成[J]. 西安交通大学学报（社会科学版）, 2001, 21(2): 27-31.

[26] 佘竞雄，等.2006 年中国工业经济统计年鉴[M]. 北京: 中国统计出版社, 2007.

第10章 先进制造模式扩散的调控策略

本章从扩散模型应用的视角来研究先进制造模式扩散的调控策略，首先应用扩散理论来研究制造企业实施先进制造模式的客观规律，根据先进制造模式扩散过程的系统动力学分析，获得不同视角下先进制造模式扩散的影响因素，以及不同模式下的扩散调控策略，并分别讨论政府、企业及社会资源对先进制造模式应用实施的调控策略。

10.1 先进制造模式扩散调控的概述

通过建立先进制造模式扩散的动力学模型以及对模型的分析，认识了先进制造模式扩散过程的规律，在模型参数分析的基础上，研究如何对先进制造模式的扩散过程进行调控，具体包括：

为了获得先进制造模式扩散过程中的调控策略，首先得到影响扩散过程的现实因素。先进制造模式的扩散可以从两个视角来看，即微观视角（从企业采纳角度）及宏观视角（从产业发展角度）。为此，需要分析影响先进制造模式扩散的宏观及微观因素，以及它们与扩散过程之间的关系。

宏观角度主要是从行业发展角度，分析先进制造模式在整个制造行业中的扩散因素，包括已采用者的影响能力、政府宣传、中介机构数、高校数、技术指导中心数目、银行贷款能力。其中已采用者的影响能力主要是已采用者的示范作用，政府宣传能力是指政府宣传对于企业实施该先进制造模式的影响力。中介机构数目和技术指导中心数目直接影响相对应的先进制造模式技术支持力度。银行贷款能力是指银行对制造业企业的贷款规模等方面的限度。

微观角度主要是分析单个企业在采纳先进制造模式的过程中各

种因素的影响作用。包括以下因素：消费者需求、竞争对手竞争压力、模式风险性、模式优越性、企业文化与先进制造模式适应度、政府税收支持力度、银行提供贷款、企业财务状况、人力资源水平、企业规模、组织结构与环境适应度。以上原因可以分为两部分，首先是企业实施先进制造模式的意愿的影响因素，包括消费者需求、竞争对手竞争压力、模式风险性、模式优越性、企业文化与先进制造模式适应度。这些因素主要通过影响企业实施先进制造模式的意愿来决定企业是否实施先进制造模式，而政府税收支持力度、银行提供贷款、企业财务状况、人力资源水平、企业规模、组织结构与环境适应度等因素则主要通过影响企业实施先进制造模式的能力来影响先进制造模式的扩散。

通过以上的分析，可以分别从宏观和微观两方面对先进制造模式扩散过程中的影响因素进行动力学分析，建立先进制造模式扩散的宏观及微观动力学模型如图 4.3、图 4.4 所示。

从建立的先进制造模式影响因素的宏观模型与微观模型中可以看出，影响先进制造模式扩散的因素有已采用者的影响力、银行贷款能力、政府宣传、技术指导中心设置、高校对先进制造模式的研究、先进制造模式的中介机构、企业文化与先进制造模式适应度、竞争对手竞争压力、模式优越性、模式风险性、消费者需求、企业规模、企业财务状况、银行提供贷款、人力资源水平、政府税收支持力度、组织结构与模式适应度。根据这些因素对宏观和微观模型的系统动力学分析，得到这些影响因素中意愿方面的影响（如已采用者影响力、企业文化与先进制造模式适应度等）要大于技术和能力方面的影响（如高校对先进制造模式的研究、人力资源水平等），这与实践中先进制造模式的应用是比较接近的。造成这种现象的原因是先进模式的选择、实施、推广是一项长期的系统工程，其长期性与复杂性导致了实施先进制造模式的企业不能获得短期可见的效益，要长期坚持先进制造模式的推进就首先要加强企业对实施先进制造模式重要性的认识，影响企业实施意愿的因素起主要作用。而技术因素在促进最初一批企业实施先进制造模式时的作用较为明显，但随着技术的扩散后续企业实施先进制造模式的意愿则成为了影响先进制造模式扩散的主要因素。

宏观模型讨论了宏观因素对于行业实施先进制造模式的影响，而微观模型讨论了不同因素对单个企业实施先进制造模式过程的影响。先进制造模式扩散因素影响的机理是：单个企业实施先进制造模式是行业先进制造模式扩散的基础；各个企业实施先进制造模式后将提高企业利益相关者满意度从而提高行业整体的利益相关者满意度，进而增强行业内企业实施先进制造模式的意愿。同时，行业内先进制造模式普及率的提高带来的企业利润率提高等标杆效应又对单个企业实施先进制造模式产生了促进作用。因此，宏观及微观模型之间存在着必然的联系，符合现实中先进制造模式扩散的规律。

根据以上宏观模型与微观模型，考虑影响先进制造模式扩散的宏观及微观因素，同时结合不同扩散模型的参数分析，可以进一步分析不同类型扩散过程的调控策略。

10.2　单模式扩散的调控策略

针对某种先进制造模式的扩散过程而言，根据上述的单模式扩散模型，影响其扩散的参数为 q_2，g_2，q_1，g_1，θ。如果要加快先进制造模式原型系统的扩散，那么可以通过增大 q_1，g_1（或 q_2，g_2）或减少 θ 来实现。增大 q_1，g_1（或 q_2，g_2）意味着提高先进制造模式原型系统的固有扩散率，或者原型系统的政府影响系数。对应于现实中的调控策略为：加大已采用原型系统者的影响力、加大银行贷款、加大政府宣传，设置原型系统技术指导中心、研究企业与先进制造模式原型系统的适应程度、加大政府税收支持、提高人力资源水平等。减少 θ 则意味着减少原型系统向改进型系统的转换率，意味着对改进型系统的研究和应用减少。如果要加快先进制造模式改进型系统的扩散，则可以通过减少 q_1，g_1（或 q_2，g_2）或者增大 θ 实现。对应于现实中的调控策略为：加大已采用改进型系统者的影响力、加大银行贷款、加大政府对于改进型系统的宣传，设置改进型系统技术指导中心、研究企业与先进制造模式改进型系统的适应程度、加大政府税收支持、提高人力资源水平、加大高校对于先进制造模式改进型系统的研究等。同时，根据灵敏度分析的结果，对于先进制造模式原型系统扩散影响程度较大的策略为：影响改进型系统的固有扩散率及政府影响系数的策略（例如已采用改进型系统企业的影响力、政府对于改进型系统的宣传，设置改进型系统技术指导中心等），其次为影响原型系统的固有扩散率及政府影响系数的策略（例如已采用原型系统者的影响力、政府对于原型系统的宣传，设置原型系统技术指导中心等），最后是影响原型系统向改进型系统转换率的策略。由于先进制造模式改进型系统的先进性，决定了最终企业会趋向于选择改进型系统，因此，加快改进型制造模式扩散的调控策略更具现实意义。

10.3　多模式扩散的调控策略

针对某种先进制造模式的扩散过程而言，根据上述的多模式扩散模型，影响其扩散的参数为 g，p_1，p_2，p_3，q_{11}，q_{12}，q_{13}，q_{21}，q_{22}，q_{23}，θ_{12}，θ_{13}，θ_{23}。如果要加快先进制造模式 A 系统的扩散，那么可以通过增大 g，p_1，q_{11}，q_{21} 实现。增大 g，p_1，q_{11}，q_{21} 意味着提高政府对于没有实施能力的潜在采用者的影响系数、潜在模式 A 采用者的外部影响系数、从有能力的潜在采用者到模式 A 的内部扩散系数、从没有能力的潜在采用者到采纳模式 A 的内部扩散系数。对应于现实中的调控策略为：加大已采用模式 A 的影响力、加大银行贷款、加大政府宣传，设置技术指导中心、研究企业与先进制造模型 A 的适应程度、加大政府税收支持、提高人力资源水平等。如果要抑制先进制造模式 A 系统的扩散，那么可以通过增大 p_2，p_3，q_{12}，q_{13}，q_{22}，q_{23}，θ_{12}，θ_{13} 实现。增大 p_2，p_3，q_{12}，q_{13}，q_{22}，q_{23}，θ_{12}，θ_{13} 意味着提高潜在模式 B 采用者的外部影响系数、潜在模式 C 采用者的外部影响系数、从有能力的潜在采用者到模式 B 的内部扩散系数、从有能力的潜在采用者到模式 C 的内部扩散系数、从没有能力的潜在采用者到采纳模式 B 的内部扩散系数、从没有能力的潜在采用者到采纳模式 C 的内部扩散系数、从采纳 A 模式企业向采纳 B 模式企业的转换率、从采纳 A 模式企业向采纳 C 模式企业的转换率。对应于现实中的调控策略为：加大已采用模式 B 的影响力、加大已采用模式 C 的影响力、加大 B、C 模式采纳者银行贷款、加大政府对于模式 B 及 C 的宣传、设置模式 B 及模式 C 的技术指导中心、研究企业与先进制造模型 B 及模式 C 的适应程度、加大政府税收支持、提高人力资源水平等。如果要加快先进制造模式 B 系统的扩散，那么可以通过增大 g，p_2，q_{12}，q_{22}，θ_{12} 实现。增大 g，p_2，q_{12}，q_{22}，θ_{12} 意味着提高政府对于没有实施能力的潜在采用者的影响系数、潜在模式 B 采用者的外部影响系数、从有能力的潜在采用者到模式 B 的内部扩散系数、从没有能力的潜在采用者到采纳模式 B 的内部扩散系数。对应于现实中的调控策略为：加大已采用模式 B 的影响力、加大模式 B 采纳者的银行贷款、加大政府对模式 B 的宣传，设置模式 B 的技术指导中心、研究企业与先进制造模型 B 的适应程度、加大政府税收支持、提高人力资源水平等。如果要抑制先进制造模式 B 系统的扩散，那么可以通过增大 p_1，p_3，q_{11}，q_{13}，q_{21}，q_{23}，θ_{13}，θ_{23} 实现。增大 p_1，p_3，q_{11}，q_{13}，q_{21}，q_{23}，θ_{13}，θ_{23} 意味着提高潜在模式 A 采用者的外部影响系数、潜在模式 C 采用者的外部影响系数、从有能力的潜在采用者到模式 A 的内部扩散系数、从有能力的潜在采用者到模式 C 的内部扩散系数、从没有能力的潜在采用者到采纳模式 A 的内部扩散系数、从没有能力的潜在采用者到采纳模式 C 的内部扩散系数、从采纳 B 模式企业向采纳 A 模式企业的转换率、从采纳 B 模式企业向采纳 C 模式企业的转换率。对应于现实中的调控策略为：加大已采用模式 A 的影响力、加大已采用模式 C 的影响力、加大 A、C 模式采纳者银行贷款、加大政府对于模式 A 及 C 的宣传，设置模式 A 及模式 C 的技术指导中心、研究企业与先进制造模式 A 及模式 C 的适应程度、加大政府税收支持、提高人力资源水平等。如果要加快先进制造模式 C 系统的扩散，那么可以通过增大 p_3，q_{13}，q_{23}，θ_{13}，θ_{23} 实现。增大 p_3，q_{13}，q_{23}，θ_{13}，θ_{23} 意味着提高政府对于没有实施能力的潜在模式 C 采用者的影响系数、潜在模式 C 采用者的外部影响系数、从有能力的潜在采用者到模式 C 的内部扩散系数、从没有能力的潜在采用者到采纳模式 C 的内部扩散系数。对应于现实中的调控策略为：加大已采用模式 C 的影响力、加大银行贷款、加大政府宣传，设置技术指导中心、研究企业与先进制造模式 C 的适应程度、加大政府税收支持、提高人力资源水平等。如果要抑制先进制造模式 C 系统的扩散，那么可以通过增大 g 实现。增大 g 意味着加大政府对模式实施能力的潜在采用者的影响系数。对应于现实中的调控策略为：加大政府对于先进制造模式的宣传、加大政府税收支持、提高人力资源水平等。同时，根据灵敏度分析的结果，对于先进制造模式扩散影响程度较大的策略为：潜在模式采用者的外部影响系数（例如已采用者的影响力、政府对于系统的宣传、设置系统技术指导中心等），其次为影响不同系统之间的转换率的策略（例如已采用不同系统者的影响力、政府对于不同系统的宣传，设置系统技术指导中心等），最后是影响没有实施能力的潜在采用者系数的策略。由于不同先进制造模式具有各自的特色及先进性，决定了企业会趋向于选择适合自己的系统，因此，不同先进制造模式的调控策略都具有一定的现实意义。

10.4 多阶段扩散的调控策略

针对某种先进制造模式的扩散过程而言，根据上述的多阶段扩散模型，影响其扩散的参数为 g_1', q_0', α', g_2', q_1', q_2'。如果要加快先进制造模式从未知到潜在采用者的扩散过程，那么可以通过增大 g_1', q_0', α', g_2' 实现。增大 g_1', q_0', α', g_2' 意味着提高外部机构推动先进制造模式的影响系数、未知者向其他类型企业转变的扩散系数、有能力企业的比例、外部机构对有意愿实施先进制造模式但没实施能力的企业所提供的支持。对应于现实中的调控策略为：加大银行贷款、加大政府宣传，设置系统技术指导中心、研究企业与先进制造模式的适应程度、加大政府税收支持、提高人力资源水平等。如果要加快先进制造模式采用者的扩散过程，则可以通过增大 q_2'。对应于现实中的调控策略为：加大已采用者的影响力、研究企业与先进制造模式改进型系统的适应程度。同时，根据灵敏度分析的结果，对于先进制造模式扩散影响程度较大的策略为：影响先进制造模式采用者能力的策略（例如银行贷款、人力资源改善等）；其次为影响从知晓到采纳的扩散系数的策略（例如加大已采用者的影响力等）；再次，为影响外部机构对没有能力企业提供支持的策略（例如银行贷款、政府宣传，设置技术指导中心）；最后是影响未知者向系统采纳者转换系数的策略。

从先进制造模式采纳者数量的变化规律看，采纳者数量是随着时间变化并且按照"S"形曲线增长的，上界渐进线 $\lim\limits_{t \to \infty} z = M$，其演化过程可以分为四个阶段：

（1）第一阶段（$0 < t < t_1$），称为生成期。这表明先进制造模式扩散的速度与加速度递增，规模演化曲线呈指数型增长。在成长速度曲线上升段的拐点处，加速度达到最大值。此时，影响先进制造模式扩散的各因素协同作用达到最大值。这是一个先进制造模式发展的初期，先进制造模式的应用刚刚形成，需要努力适应和调整，处于一个磨合阶段。

（2）第二阶段（$t_1 < t < t^*$），称为成长期，也是先进制造模式应用实施的"起飞"阶段。该阶段先进制造模式扩散的速度继续递增，但加速度减少，增长性质为准线性。说明当先进制造模式的发展渡过"起飞"前的困难时期后，扩散将演化为一个新阶段，应用前景广阔，需求逐步明朗化。成长速度达到最大值，该时刻是该先进制造模式发展的"鼎盛点"。

（3）第三阶段（$t^* < t < t_2$），称为成熟期。该阶段时，先进制造模式扩散的速度与加速度递减，增长性质仍为准线性，但增长的动力明显减弱。加速度的负值达到最大，这一时刻称为"成熟点"。在该点到来之前，先进制造模式扩散较为稳定。

（4）第四阶段（$t_2 < t < +\infty$），称为稳定期。该阶段时，先进制造模式扩散速度递减，加速度为负，即先进制造模式扩散的增长变得越来越慢，越来越接近极限值，直至几乎完全停止。此时，新的更具竞争力的先进制造模式将会再一次替代现有先进制造模式。

以上分析表明，先进制造模式的生命周期的规律性符合事物的发展规律，不断继承和发展，不断推陈出新。另一方面，在先进制造模式扩散的不同阶段，外部因素（诸如政府、高校及中介机构等）在不同的扩散阶段对扩散过程的影响不同。因此，可以根据先进制造模式扩散模型的仿真分析，获得各个扩散阶段的关键影响因素，采用相应的干预措施促进先进制造模式的扩散。在先进制造模式发展的生成期（多数企业从未知到知晓的阶段），外部影响对其发展具有重要作用，可以通过宣传、建立示范企业、为企业提供资金等手段加快企业对先进制造模式优势的了解；在先进制造模式的成长期（多数企业评价及决策阶段），政府及中介机构可以通过对企业提供资金、技术等促进先进制造模式的扩散；而在先进制造模式发展的成熟期（多数企业处于拟实施阶段），政府及中介机构则可以通过设置技术转移及应用指导中心等促进先进制造模式的发展；在先进制造模式的稳定期，无需过多的外部干预，先进制造模式即可按照其自身规律发展，此时外部干预效果也不明显。另外，政府也可以从模型中获得先进制造模式扩散的规律，从而制定更有效的产业政策，促进先进制造模式的合理、健康发展。

10.5　先进制造模式扩散的调控模式

推进先进制造模式扩散，加快先进制造系统的实施不仅需要政府的政策引导，更需要企业的积极参与以及社会的大力支持。对先进制造模式扩散的调控需要关注多方面的因素，例如包括技术、融资以及体制机制等一系列问题。其中政府发挥引导的职能主要体现在政策引导以及塑造鼓励企业应用先进制造系统的市场环境，调动企业发展先进制造模式的积极性，以及提高对于先进制造系统的投资热情。企业运作的职能主要是表现在市场行为，企业作为市场经济的主体，如果企业意识到应用先进制造模式可以为其提供机遇，那么企业就会积极改造现有制造模式施用先进制造系统，从而提高施用制造企业的市场竞争力。先进制造模式扩散的调控是一项复杂的系统工程，由上向下包括：政府以及行业层面上的政策、法规、标准以及理念传播；公众对先进制造模式的认可度；企业实施先进制造模式的策略等。因此构建"以企业为主体，政府引导，行业监督"的运行模式，是促进先进制造模式扩散的有效途径。图 10.1 所示为本书构建的先进制造模式扩散调控模式。

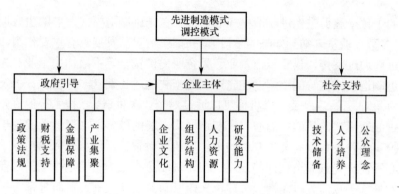

图 10.1 先进制造模式扩散调控模式

10.5.1 政府对先进制造模式扩散的调控策略

根据先进制造模式扩散影响因素的分析可知，政府对先进制造模式的扩散起着非常重要的作用。相关的政策法规的制定，对实施先进制造模式企业的财税支持以及对产业园区建设的推动等措施对促进先进制造模式的扩散具有至关重要的作用。先进制造模式的应用与推广离不开政府的政策引导和有效推动。为了对先进制造模式的扩散进行有效地调控，政府需要加强宏观管理和技术、资金方面的支持，制定相应的政策法规。

1. 关于先进制造模式扩散调控的政策法规建设

为强化对先进制造模式的管理，政府需要充分利用法律法规这一强制性力量。相关法律法规政策的制定与完善对于促进先进制造模式扩散，规范先进制造模式应用具有非常重要的意义。

（1）以法律法规的形式制定对先进制造模式扩散的干预措施。法律自身的特性保证了措施的强制性与稳定性、连续性。例如美国政府对于企业创新的干预政策中有过半数以上是以法律形式出现的。又如国外许多发达国家利用法律手段治理企业环境污染问题，即通过制定法律法规和相关标准实现保护环境和绿色生产的目的。发达国家的环境保护经验证明，法律法规是有效的干预手段。

（2）制定有针对性的政策法规。如美国的创新产品中 90%来自中小企业，美国学者曾对某一阶段进入市场的 635 个创新项目进行研究，发现就企业规模而言，小企业创新数量是大企业的 3.5 倍，其创新产品市场化速度比大企业快 27%，而且大量高新技术项目也多出自中小企业，因此中小企业是美国技术创新的主体。为此，美国政府专门针对中小企业制定法律，如《小企业法》《小企业投资法》《小企业技术改革法》和《小企业创新发展法》等，以进行技术创新的扶持。除此之外，美国政府还制定了行业技术创新政策，使政策指向更加明确，从而获得了更加明显的政策效果。我国政府在对先进制造模式的扩散进行调控时也可以参照美国这种模式，针对施用先进制造模式的企业制定鼓励与保护性的政策法规。

（3）为企业实施新技术搭建良好平台。先进制造模式的经济效益、社会效益、环境效益三方面的综合效益只有在较好的政策环境中才能显现作用，恰当的政策可以为先进制造模式的应用提供制度保证，而良好的政策需要政府职能的准确定位。因此要深化体制改革，使无所不管的政府转变到公共服务职能上来，这样才能使政府专注于教育、生产，执行法律和政策、协调政府部门与企业的关系，并为企业提供各种指导、咨询服务，还应鼓励和支持、帮助企业中的社会组织活动，同这些组织特别是一些非赢利组织建立联系，以便掌握和了解企业技术进步的情况。

（4）知识产权保护。实施国家知识产权战略就是要通过在国家层面上形成目标一致，相互协调的政策法规，合理确定科技成果及知识产权的归属，切实保护知识产权和所有者的合法权益。建立政府和企业之间在技术标准领域的协调机制。在一些具有我国本土市场优势或已经掌握核心技术的重点领域，加快自有技术标准体系的建立和实施。

2. 政府对先进制造模式扩散的财税支持

财税调控的主旨是对实施先进制造模式企业的所得税税前抵扣力度进行调整；完善对实施先进制造模式企业的税收政策；完善促进转制科研机构发展的税收政策，支持风险投资企业的发展，扶持科技中介服务机构；完善对先进制造模式扩散过程中各主体的财政补贴政策；完善涉及先进制造模式扩散的政府预算制定策略。具体包括以下三点：

（1）财政补贴政策。企业实施先进制造模式需要投入资金，由于企业的目标是追求利润最大化，而先进制造模式的效果并不是立竿见影的，这会削弱部分企业实施先进制造模式的积极性。因此，政府要充分利用财政补贴，鼓励企业实施先进制造模式，有效调控先进制造模式的扩散。对积极实施先进制造模式的企业进行财政补贴；对于开发和利用新技术的企业实行贷款贴息政策，从而引导企业实施先进制造模式。

（2）税收调节。应把涉及先进制造模式方面的税收征收办法包括在政策法规中，一方面政府可以通过税收优惠政策鼓励企业积极实施先进制造模式；另一方面政府可以按照由低到高、循序渐进的原则不断提高制造业的技术标准和环保要求，对不符合技术规范与环保、能源要求的企业征收一定税率的惩罚性税收促进企业转向实施先进制造模式。

（3）财政预算。企业实施先进制造模式具有明显的外部效应，为促进企业实施先进制造模式，政府可以制定相关税收优惠政策，在财政预算中重视对研究先进制造系统、实施先进制造模式等方面的投入。

3. 完善先进制造模式实施的金融服务体系

完善的金融服务体系包含有以下内容：政策性金融对先进制造模式的支持，引导商业金融支持先进制造模式扩散；改善针对中小型企业实施先进制造模式的金融服务，加快发展风险投资事业；建立支持先进制造模式扩散的多层次资本市场，支持展开对实施先进制造模式企业的保险服务，完善针对施用先进制造模式企业的外汇管理政策。

（1）先进制造模式融资体系。对于实施先进制造模式的制造企业来说，先进制造模式资金供给体系是其实施先进制造模式的保障，政府应发展多元化的先进制造模式融资方式。主要包括：

① 拓宽直接融资渠道。例如发行先进制造模式方面的股票、债券等进行融资；引导信誉度较好和资本结构健全的制造企业发行企业债券；鼓励符合上市条件的制造企业上市；成立政府资金投入和社会各方资本参与的多元化融资方式，建立先进制造模式基金等。

② 促进先进制造模式的间接融资。包括成立先进制造企业信贷部，开发适合先进制造模式施用企业的贷款品种。

（2）先进制造模式中介服务体系。先进制造模式中介服务体系的目标是服务先进制造模式扩散和实现金融支持，该体系是将中介服务机构作为主体，将市场机制作为动力，进而实现先进制造模式扩散组织网络化、服务产业化、功能社会化的先进制造模式扩散与金融服务。针对先进制造模式施用企业的融资问题，政府应积极营造有利于推广先进制造模式的金融环境，为先进制造模式扩散和金融服务提供专业化指导，提升先进制造模式施用企业的经营管理水平，增强先进制造模式企业的市场竞争力，从而推动企业快速推进先进制造模式实施。

（3）信用担保体系。信用担保体系旨在建立全国或全球性信用机制。这种信用机制需要各个国家以及公司之间的紧密合作，是以市场作为导向对先进制造模式进行评估，从而促进高效率的先进制造模式的扩散。通过对特定先进制造模式的效益等进行评估，可以对实施该先进制造模式的企业进行有效的信用担保，降低先进制造模式实施企业的融资成本，解决先进制造模式实施企业融资困难的问题。因此，政府应该鼓励金融机构积极主动地建立信用担保体系。

4. 引导实施先进制造模式企业的产业集聚

产业集聚具有如下效益：①外部规模经济；②技术创新效果；③竞争效益。结合之前对先进制造模式扩散影响因素的分析可以发现以上三种效益对于先进制造模式的扩散具有至关重要的作用，因此促进产业集聚对于调控先进制造模式扩散具有重要意义。

10.5.2　企业在先进制造模式扩散中的主体作用

1. 企业文化建设

对于实施先进制造模式的企业，不论在市场需求、反应速度、产品种类、生产产量、员工素质等方面都提出了比传统企业更高的要求，需要去处理大量的不确定性问题，需要企业有较高的敏捷性和适应能力，以适应外界环境的变化。一个具有敏捷性和自发性文化特征的组织比具有控制性和稳定性的组织更可能去处理那些不确定性问题，更能够适应外界环境的变化。也就是说群体文化和发展文化类型并隐含有敏捷性取向的企业具有更有效地实施先进制造模式的能力，更易获得成功。采取先进高度柔性和外部取向的企业，一方面能很好地满足多变的市场需要；另一方面这样的企业需要高素质人才，而高素质的人才才能的充分发挥，要求组织结构为其提供扩大的管理幅度和具有自我决策的工作职能。因此，企业在实施先进制造模式时应该对其企业文化进行审视和改进。

（1）评价企业文化类型。为更有效地推进先进制造模式在企业内部的实施，企业应在了解自身现存企业文化的基础上，根据竞争价值模型进行自我评价，找到所处的位置，分析企业实力和存在的问题，为成功实施先进制造模式打下基础。发展文化具有洞察力、创造力、适应性、外部支持、资源的获取力和成长性等方面的特征，评价时重点在于企业是否具有成长性、创造性和创新性方面；群体文化具有关注、委派、士气、讨论、参与、开放等方面的特征，评价时重点在于企业是否具有团队精神、参与意识、开放讨论方面；理性文化具有关注企业业绩、生产率、利润、方向、果断等方面的特征，评价时重点在于企业是否具有手中的工作、完成的效率和效果；等级文化具有测量、文件的提供、信息管理、稳定性、控制连续性方面的特征，评价时重点考察企业管理中使用的大量的控制和过程是否高度规范化。

（2）鉴别不同先进制造模式实施的目标的不同。不同的先进制造模式其实施的效果会有所不同，而另一方面企业根据自身发展的需要，其实施先进制造模式的目标也有所不同。但是技术方面的目标在短期是可以实现的，如通过员工的培训使他们在短时间内掌握操作的技巧和方法，而管理方面的目标有时在短期内无法见效，需要长期运作，改变企业文化的类型，适应先进制造模式实施的需要。

（3）规划先进制造模式的实施计划。先进制造模式的实施一方面需要较长的时间和巨大的资金投入，另一方面作为企业文化建设也需要有一个培育和发展的过程。因此，在实施先进制造模式之前应很好地规划先进制造模式的实施计划，以便在实施的过程中能够分步分阶段进行；降低实施过程中的不确定性。企业文化的建设也应该作为实施计划中的一部分以保证实施顺利进行。

（4）重视培育企业的创新精神。在企业内部树立重视创新的价值观，让创新成为企业员工的自觉意识和行为准则，促进企业技术创新和先进制造模式的发展。通过物质奖励和精神鼓励等激励手段提升员工创新意识，积极展开员工培训提高员工的创新技能和对新技术新概念的接受能力。

2. 组织变革与信息化

过去企业的组织形式在很大程度上受泰勒原理的影响，把整个工作过程按照功能划分为很多最简单的动作。这在大批量生产形势下是一种很有意义的组织形式，因为其可以利用非熟练劳动力大批量地制造产品。但随着产品的复杂程度不断提高和企业内部的非生产性活动不断增加导致的企业内部功能划分的变化造成的组织结构过分复杂和生产过程效率不高等问题很容易导致企业在国际竞争中失败。这种组织形式同样不利于新背景下企业实施先进制造模式。

为了与先进制造模式的实施相适应，企业组织结构的设计应遵循如下原则：

（1）顾客驱动原则。使顾客满意应作为实施先进制造模式的企业经营管理决策的主要驱动力。与传统企业不同的是，实施先进制造模式的企业不是简单地将顾客要求结合到企业新产品或服务开发的过程中，而是将满足顾客需求作为企业所有活动的基本原则。此时，顾客是整个企业组织的中心，无论是组织功能集成、技术的集成还是信息的集成，其最终的目标是整个企业组织的中心，即其最终的目标是共同指向顾客的。也可以说，顾客满意应作为实施先进制造模式的企业这个社会技术系统的系统目标，它将成为评价企业内部所有活动的最终标准，也是唯一的标准。

（2）柔性化原则。实施先进制造模式的企业的生产系统具有柔性优势，它可以经常根据市场需求对产品进行调整。而要使这种优势得以充分发挥，必须使企业组织管理模式相应地柔性化，将过去等级分明、高度集权、机械式的组织结构和管理模式转化为动态的自我调节的有机模式。然而，柔性化并不是指组织结构本身会因企业外部环境的变化而频繁发生调整，它所强调的是组织结构总是能依靠自身的职能变化来适应外部环境的变化，也就是说，实施先进制造模式的企业的组织结构在外部环境发生变化的时候，首先不是立即分解出新的组织机构来适应环境的变化，而是在原有的组织结构中发生职能扩张，用弹性变化来对付外部环境的不稳定性。柔性化策略可以包括部门之间的功能互补，功能界面模糊化，组织结构的网络化，以及组建多功能团队等。

（3）精简高效原则。先进制造模式的先进性主要体现在可以通过对技术的全面科学管理来消除生产过程中一切无用的和不起增值作用的环节，为顾客提供尽善尽美的产品，以最少的投入获得最大的产出。然而必须相应地去除组织中冗余的机构、人员和多余的管理环节，否则技术的先进性不仅难以体现，甚至使生产效率比以前更为低下。这主要是因为多余组织机构和人员的存在会大大降低信息传递的速度，造成信息传递的失真，从而影响到先进制造系统自动控制功能的实现，降低整个系统的灵活性和反应速度。组织精简的一个主要方面就是减少中间管理层次，扩大管理幅度，使以前高耸式的组织机构尽可能扁平化，先进制造模式在实施的过程中广泛地采用了各种信息技术，而信息技术的应用使中层管理人员传统上作为信息传递中转站的作用已逐渐被计算机所取代，高层管理人员处理信息的能力大大增加，管理幅度进一步扩大。总之，先进制造技术的采用要求建立起精简高效的组织管理模式，同时它又为组织精简创造了必要的前提条件。

（4）过程导向原则。实施先进制造模式的企业强调组织在变化环境中的适应性和应变能力。而以专业分工为基础的传统组织理论仍是以职位和部门这些"实体"作为组织的基本构件的，这种组织设计方法在提高每一个部分效率的同时带来的却是接口的复杂化和效率的低下。心理学家奥尔波特早在五六十年代就指出企业作为一种社会系统，它和其他社会系统一样，其基本构件不应该是实体，而应该是活动或事件，也就是后来哈默提出的"企业过程"。哈默指出要以首尾相接的、完整的整合性过程来取代以往碎片式、不易看见的也难于管理的"隔裂性过程"，在生产作业方式上，以平行作业替代传统的流水线作业，以灵活的多技能的任务导向的团队工作方式替代先前僵硬的按职能划分的工作方式。

在企业管理信息化方面；企业外部商业环境的变化给企业的经营活动带来了巨大的压力，这些变化驱使企业采取必要的行为来获取和维持其竞争优势。不同企业所面临的外部环境是不同的，因此所需的敏捷性水平也存在显著的差异。过低的敏捷性会使企业丧失市场机会，过高的敏捷化水平会同时提高企业的运营成本，两者对企业获取竞争优势都是不利的，因此企业首先要根据自身所处的环境判断自身所应具备的敏捷性水平。敏捷性水平的实现，需要以信息化为技术支撑，在确定企业所需要的敏捷性水平后。企业应该按照实现敏捷性所必需的水平来完成企业信息化改造。在信息化过程中不但要在通信设备上进行投入，更要在人员信息化能力上加大投入。在信息化过程中不但要在先进的硬件设备和管理系统上投入，更重要的是与自己企业现有管理模式的协调与合理过渡，并在过渡的过程中逐渐培养本企业的信息人才。

3. 人力资源规划

人力资源管理系统作为企业组织行为管理系统对于先进制造模式的应用具有重要影响。先进制造模式的应用能否更好地转化为企业创新能力，其根本还在于人的因素，很多国内外应用先进制造技术效果不佳的企业，究其原因在于企业只重视技术上的投入和信息集成，而忽视了组织管理和人的因素，没有相应的组织管理与这些技术相配合。人力资源管理作为资源优化的组织行为管理手段对于先进制造模式的有效应用起到非常好的强化作用。

例如，与传统的制造系统相比，诸如 FMS、CIMS 这样的先进制造系统在实施运行时具有以下特征：①系统中各项活动的依赖性提高；②制造线上的人员数目减少；③向每个员工的投资提高；④制造系统的局部故障对整个系统的影响更大；⑤系统的状态和输出对人的技能，具有的知识和工作态度的变化更为敏感，而且对人的脑力劳动比体力劳动更为敏感；⑥系统故障的成本增加。因此，为适应这些特征，采用 FMS、CIMS 的企业必须提倡新的企业文化，变革人力资源的组织方式和提高员工的素质。企业在人力资源规划时要达到下列目标：①建立一支具有高度柔性、高知识水准的，有能力求解问题的、互相协作联系的、富有责任心和奉献精神的员工队伍；②建立新的人事和管理制度，采用尽可能扁平化的管理层次和尽可能少的工作分类以适应员工及企业文化的需要；③建立管理部门和员工之间常态高效的协作关系以适应新技术带来的变化。

此外，在企业内部，要针对不同类型，不同的技术应用层级建立不同的鼓励制度，对于优秀员工应加强激励。通过完善企业内部分配制度，给予人力资本所有者一部分企业所有权，使其地位有实质性的提高，推进知识产权的营运。让技术、管理等生产要素参与企业分配，通过实施技术股、管理股充分调动广大科技工作者、管理者的积极性。通过实施认股制度对现行的薪酬制度激励弱化进行矫正，达到提供长期鼓励机制、增强企业凝聚力、强化创新意识的目的。

4. 企业研发

制造类企业只有充分注重研发投入和自主创新才能及时的提出和吸收新的制造理念与制造技术，为先进制造模式的实施提供便利条件。应该建设和完善以企业技术中心为核心、产学研有机结合的自主创新体系。构筑企业科技创新平台，建设和完善企业自主创新体系是培育和提升核心技术、自主知识产权和世界知名品牌的前提条件和关键途径。企业研发平台与研发团队在研究新技术，新理论时应遵循以下原则：

（1）协作原则。在知识更新频繁，知识量迅速增长的时代，员工个人试图掌握产品创新要求具备的各种知识，成为一名真正的全能选手是相当困难的。而产品创新面对的问题越来越复杂，涉及的领域越来越广泛，单靠某一方面的特长已无法进行有效处理。这些变化表明产品创新需要依靠不同领域各有所长的员工群体相互协作，共同研究制定解决问题的有效方法。产品创新过程的敏捷化体现的是智慧、专业和技能的群体互补，通过建立动态协作团队，把营销设计和工艺制造等不同部门具有不同技能、知识和经验的员工集中起来，以有效地识别复杂市场环境下的市场机遇，并及时地做出响应。

（2）并行原则。产品创新过程的敏捷化以并行工程作为实施的重要基础，不仅追求实时、并行的行动，而且依赖集成、协同的动态协作团队解决产品创新面对的复杂问题。这意味着敏捷化管理增进了整个产品创新过程数据信息的共享，包括设计方案的获取，产品功能和工艺过程的改进，生产制造计划的调度，用户意见的反馈以及市场营销战略的调整等各个方面的信息，加强了营销、设计和工艺制造等各个部门的协同参与。这种信息共享方式不是由计算机通信和数据库的形式决定的，而是由并行的运行状态确定的，产品创新过程的敏捷化力图建立新的信息结构和交换方式，以解决信息的可获取性、有效性、共享性问题，满足对并行性、约束性和一致性的要求。

（3）开放原则。产品创新过程的敏捷化力图营造一种开放的环境，促使每个员工的知识和才干为他人所追求，学会尊重差异和增进彼此之间的依赖，学会从贬值的文化向增值的文化转化。在这一环境下，员工是产品创新中知识的贡献者，代表与其他员工合作所能获得的创造性思维和知识的来源。新的开放环境使员工认识到他们之间目标和利益的一致性，认识到每一个员工的工作绩效对整个产品的创新，对其他员工利益的积极影响，从此增进员工之间的交流和学习，共享他们的知识、见识，挖掘创造才能，加强相互之间的感情联络，提高凝聚力。

（4）沟通原则。在产品创新过程中，设计员工应认识到工艺性、可制造性、可检测性、可装配性会影响新产品最终能否达到设计要求，能否生产制造出来投放市场直至获得成功。工艺制造员工也应看到产品创新必然会对以往的工艺产生更改和冲击，应及时参与设计过程。产品创新过程的敏捷化充分考虑员工希望得到认可和尊重的心理需要，通过积极有效的引导，使每一个员工都能无保留地，客观地阐述自己的观点，确保相互之间的有效沟通，真正用集体的智慧解决产品创新面临的各种问题。

（5）信息技术应用原则。研发创新过程中，由于员工的工作经历、专业背景和拥有的知识水平不同，对同一问题的描述往往采用不同的语言，各个部门也可能运用不同的作业系统。这一系列问题会阻碍营销、设计和工艺制造等不同部门员工的群体协作。研发创新过程的敏捷化通过建立完善的通信网络系统，实现各作业系统信息的有效交换，促进信息的利用更及时，市场环境信息的传递和决策的反馈更迅速。

10.5.3　社会资源对先进制造模式扩散的支持作用

1. 技术储备

当前我国在先进制造模式研发方面存在不少问题，如企业的技术创新能力较差，产品开发周期较长；制造工艺设备相对落后，高精尖技术的开发相对薄弱；企业专业化管理水平低，需要建立配套的评价体系等。针对我国制造企业现状，为推进先进制造模式的实施与扩散，社会各界可从以下几个方面为先进制造模式的扩散提供技术支持。

（1）构建企业间的研发联盟。企业间的研发联盟包括上下游企业之间以及竞争性企业之间的联盟两个方面。集群中产品的创新不可能仅仅依靠上游或下游单个企业来完成，下游企业了解市场最终需求，而上游企业掌握关键配件的技术，只有两者联合起来从事研究开发才能获得较好的效果。集群中同业企业之间的关系，一般来说是以竞争为主，但这并不意味着在局部不可以开展合作，比如共同投资进行研发活动。在实施上，例如，当企业委托科研院所进行一个项目开发时，企业需要投入的费用会比较大，而且研发的成果具有不确定性，此时可以根据共同投入、利益共享的原则，采取若干企业共同委托一个科研院所进行研发。这种同业之间类似的研发联盟可以减少重复研发投入、分散研发风险。因此，构建企业研发联盟，可以协调企业之间的关系，增进企业交流、消除本土之间的恶性竞争、有效整合本土研发资源、在行业中形成一个本土企业的研发共同体。

（2）构建产学研研发联盟。高校和科研机构是创新的源泉，同时，高校和科研机构掌握的高科技国际差距要比高科技产业的国际差距小得多。因此，大力推进产学研结合，并且推进高校和科研机构高科技成果产业化，就能尽快缩短高科技产业的国际差距，提升本土企业的自主创新能力。我国应该利用高校、研究院所在科学研究与初始创新上的技术优势，加强企业与高校、研究院所的联合，合理配置科技资源，寻求互补性优势技术的合作。

（3）成立科技成果专项基金，促进科技成果转化。长期以来，中国高校、科研机构每年都有大量的科技成果，然而往往由于缺乏资金，使得科技成果无法转化成生产力，造成研发成果的大量闲置，且由于缺乏激励，科研机构也缺乏继续创新的动力。因此，成立专门的科技成果转换专项基金，有助于科技成果转化为生产力，这也有助于提高自主创新的激励。

2. 人才培养

人才对于先进制造模式的扩散具有重要作用，因此，必须要顺应先进制造模式的发展趋势，构建适应先进制造模式实施要求的人才培养模式，可建立一种新型的"四位一体"的人才培养模式，该培养模式的主要组成部分包括政府、教育基地、认证机构和先进制造模式实施企业。

政府推动先进制造模式人才的培养，主要表现在以下几个方面：首先加强先进制造模式的宣传力度，促使培养制造业人才的各方面力量高度关注先进制造模式的发展；其次，政府应引导国际合作，加快引进国外高级先进制造模式方面的人才；再次，应加强完善先进制造模式人才方面的市场规范，从而为先进制造模式人才营造健康良好的流动平台；最后，政府应积极协调教育基地、认证机构和制造企业间的关系。

教育基地是构建"四位一体"人才培养模式中的主体力量。该主体力量主要包括高校、高职院校和培训机构这三个部门，它们按照人才类型和市场需求情况，发挥各自的优势，对于制造业人才进行专业性的培训.高校应该率先开展先进制造模式人才培养相关的专业研究，创新各先进制造模式人才培养模式，为其他部门提供有价值的建议和参考。高职院校主要是针对技能型的人才，为企业输送制造系统的操作人员，为提高培养效率，在培养方式的选择中，可以实行订单式培养模式提高其培养效率。培训机构主要是对先进制造企业从业人员普及有关先进制造模式的理论和提高先进制造技能的在职教育。

人才培养模式中的认证机构，其主要功能是对制造业人才开展再次培训，并鉴定制造业人才的培养结果。基于先进制造模式发展的要求，认证机构需要在培训过程中加入先进制造模式的内容。

企业是制造业人才的实践基地，为制造专业人才充分发挥其才华提供了机会，同时为继续培养制造人才提供平台，作为制造人才的需求者，企业直接决定了先进制造模式人才培养的规模和程度。

"四位一体"先进制造模式人才培养模式具有互动性和持续性的特征，互动性主要表现为政府、教育基地、认证机构和企业这四个部门具有相互扶持和帮助的关系。政府通过向社会不断宣传低碳理念，以及制定适当的政策调控为先进制造模式人才的培养营造良好环境；教育基地为政府提供规划型的先进制造模式人才，为先进制造企业提供管理型、技能型以及复合型的先进制造模式人才，并为教育机构提供研究型的人才，认证机构对人才的培养效果进行鉴定和证明；企业为教育、培训先进制造模式人才提供实践基地。可持续性主要表现为"四位一体"先进制造模式人才的培养模式具有长效性，先进制造模式的发展一开始，先进制造企业需要把实践的具体要求及时反馈给教育机构，逐渐建立校企合作的新型培养体系，提高人才培养的实用性、针对性，四个部分通过政府的积极协调，逐渐形成一个循环和良性互动的系统。

3. 公众理念培育

由于我国先进制造模式的理论体系尚不健全，整个社会对于先进制造模式的认识还较为模糊，对先进制造模式的理解不足，对实施先进制造模式的重要性认识不深入。中国制造业的发展与发达国家相比，存在着很大差距，政府、企业和消费者对先进制造模式的认识更是欠缺。衡量现代制造业的优劣，与其服务是否廉价优质和高效节能息息相关，制造强国的发展离不开先进制造模式的建立和扩散。因此，发展现代制造业应加强先进制造模式方面的教育，并在全社会树立推广先进制造模式的理念，将先进制造模式实施作为制造业繁荣不可或缺的一部分。

在推广先进制造模式的过程中，公众发挥着极其重要的作用。因为公众对于先进制造模式的认识程度将会决定企业推进先进制造模式的积极性与科研组织和政府机构对于先进制造模式发展的关注度。随着先进制造理念的不断深入，公众会将企业的制造模式与其产品优劣直接挂钩，迫使企业更加注重对新技术、新模式的采纳。为提升公众对先进制造模式的认识，政府需要加强宣传引导，通过互联网、报纸和广播电视等媒介进行宣传，从而全方位、立体式地使先进制造理念深入人心。

10.6　本章小结

本章根据先进制造模式扩散的动力学模型，讨论了先进制造模式扩散的调控策略。首先从宏观与微观两个层次分析了先进制造模式扩散的影响因素，随后讨论了包括单模式、多模式以及多阶段等多种形式的先进制造模式扩散的调控策略，然后明确了先进制造模式扩散的调控模式，最后，从政府、企业以及社会等三个方面讨论了调控先进制造模式扩散的措施与策略。

参 考 文 献

[1] 孙林岩. 中国制造业发展战略管理研究[M]. 北京: 清华大学出版社, 2009.

[2] 查振祥. 深圳高端制造业发展路径研究[M]. 北京: 人民出版社, 2010.

[3] 孙冰, 张敏, 王为. 东北地区制造业产业自主创新动力机制[M]. 北京: 科学出版社, 2012.

[4] 刘志彪, 江静. 长三角制造业向产业链高端攀升路径与机制[M]. 北京: 经济科学出版社, 2009.

[5] 陆军, 宋吉涛. 北京大都市区制造业空间集聚研究[M]. 北京: 北京大学出版社, 2011.

[6] 袁艳平. 战略性新兴产业链构建整合研究[D]. 成都: 西南财经大学, 2012.

[7] 巩顺龙. 基于新型工业化道路的"东北制造"技术创新战略研究[D]. 长春: 吉林大学, 2005.

[8] 肖高, 刘景江. 先进制造企业自主创新能力提升:关键途径与案例分析[J]. 科研管理, 2007, 28(3): 13-18.

[9] 陈同扬. 先进制造技术应用与人力资源管理关系的研究综述[J]. 机械科学与技术, 2007, 26(9): 1225-1228.

内 容 简 介

先进制造模式是指通过有效地组织制造要素从而达到良好制造效果的先进生产方法，它正在取代传统制造模式，从而使制造企业具有快速应对全球化、信息化环境中的市场竞争的能力。从扩散的视角来观察，先进制造模式在制造企业中被接纳、采用并具体实施的这一过程就是先进制造模式在制造企业中的扩散过程。本书从扩散理论的视角来研究制造业实施先进制造模式的客观规律，分析影响先进制造模式扩散的各种因素，建立数学模型来定量地描述扩散过程中各因素间的数量关系，探讨先进制造模式扩散的机制，并通过模型探讨干预先进制造模式扩散过程的方法与策略，以深入地认识先进制造模式扩散中的规律，推动先进制造模式的合理利用与健康发展。

本书在编写中注重研究现状的综述以及相关方法的应用，并通过案例进行说明。适合系统科学、管理学、先进制造管理、计算机科学等领域的研究人员、高校教师、研究生及高年级本科生等参考使用。